JOSÉ CECILIO DEL VALLE

HONDURAS, BOLÍVAR, NAPOLÉON Y OTROS ESCRITOS

ERANDIQUE
COLECCIÓN

HONDURAS, BOLÍVAR, NAPOLEÓN Y OTROS ESCRITOS
JOSÉ CECILIO DEL VALLE

©Colección Erandique
Supervisión Editorial: Óscar Flores López
Diseño de portada: Andrea Rodríguez
Administración: Tesla Rodas y Jessica Cordero
Director Ejecutivo: José Azcona Bocock

Segunda Edición
Tegucigalpa, Honduras—Noviembre de 2024

¿CÓMO DEBEMOS TOMAR UNA TAZA DE CHOCOLATE?

La sabiduría de Valle. ¿Quiere saber cómo se debe tomar una taza de chocolate? Nuestro prócer lo explica.

"Aquí tienen la costumbre de beberlo muy caliente, casi hirviendo, cosa que le quita todo el gusto porque si la lengua y el paladar se queman, no pueden sentir sabor de nada más que de fuego".

¡Ya lo saben!

¿Y qué piensa el redactor del Acta de Independencia de los pícaros?

"Un pícaro conoce a otro pícaro al momento por una palabra, un ademán, una mirada. Un justo tarda mucho en conocerle; no le conoce a veces hasta después de ser inmolado", escribe Valle.

Este libro está lleno de perlas literarias escritas por uno de los hombres más brillantes en la historia del Continente Americano. Una de ella, la polémica que sostiene con las autoridades, a quienes exige libertad para comercializar la carne que produce su hacienda.

Incluso, Valle no ve justo que se tenga que ofrecer dinero (lo que demuestra que eso de pedir bajo-bajo no es nada nuevo), a cambio de algunas facilidades para avanzar en el negocio.

Valle escribe: "Pero (el comerciante) sufre mucho cuando no se le permite hacer pactos sino en la sala de la municipalidad, a las doce del día, y ofreciendo precisamente algún dinero".

Honduras, Bolívar, Napoléon y otros escritos está dividido en tres partes: 1. Los análisis de Valles sobre varios países del mundo. 2. Las cartas y semblanzas de personajes famosos… menos Morazán. 3. Y temas varios.

Hablando del General, aunque fueron respetuosos rivales políticos (disputaron en dos ocasiones la presidencia de la Federación Centroamericana; en la primera ganó Morazán; en la segunda triunfó Valle), no le dedica el espacio que la figura del vencedor de la batalla La Trinidad se merece.

La decencia de Valle, su amor por la naturaleza, su admiración por la inteligencia de los grandes hombres de su época, su visión de una región unidad y fuerte, quedan plasmadas en esta selección de notas, realizada, debo aceptarlo, de manera antojadiza y arbitraria. Pero con cariño y respeto.

Es la segunda antología que Colección Erandique publica de José del Valle, como le llamaba el recordado maestro e historiador RAMÓN OQUELÍ, quien, a diferencia de la costumbre, no usaba el nombre Cecilio.

Valle es luz, una linterna para iluminar los pasos, las ideas y las decisiones de: gobernantes, legisladores, militares, políticos y pueblo.

Valle es manual de ética.

Valle es patriotismo en acción.

Valle es presente.

Valle es futuro.

De allí la importancia de que sea conocido por fin por los hondureños.

¡Porque Valle es más que un billete de veinte lempiras!

"Ni la riqueza, el poder, ni los cetros y coronas me hacen ilusión", nos dice en otro de sus escritos.

Honduras sería otra si aquellos que llegaron al poder hubieran aplicado las ideas del Sabio. Seríamos, sin duda, un país libre, con nuestras propias recetas para salir adelante.

Un gobierno que sea padre de los pueblos que dirige —expone— tampoco debe buscar compañías extranjeras para que vengan a levantar obras, y recibir sus productos y gozar privilegios por multitud de años.

¿Se les viene a la cabeza algún ejemplo?

Hay que leer a Valle, estudiarlo, imitarlo, amarlo.

Finalmente, Valle nos habla a todos con la siguiente frase: "¡Cuántos males se sufren cuando no se ha aprendido a ver futuro en el seno de lo presente!".

Algún día, los hondureños aprenderemos. Algún día.

ÓSCAR FLORES LÓPEZ
EDITOR

PAÍSES Y CONTINENTES

ÁFRICA

África, donde la naturaleza y el hombre parecen ligados para mantenerla sin comunicación, quemada en unos puntos por rayos que abrasan al viajero, cubierta en otros de montes de arena que lo sofocan, rodeada en unos lugares de costas peligrosas, cercada en otros de hombres que no permiten arribar a otros hombres, es el cuarto más tenebroso del globo, un país de muerte, una tierra de salvajes.

África, desde la caída de Tiro, Cartago y Egipto, no ha vuelto a ver luces en su suelo. Ha sido desde entonces el país de las tinieblas: es ahora el mercado donde se vende el hombre para ser esclavo del hombre.

No vendrán negros a las costas de América porque a los blancos interesa que no los haya. Cesará el comercio que ofende más a la razón; no venderá el hombre a sus semejantes; y la libertad de América hará que se respete la de África.

AMÉRICA

Los europeos ignoraron mucho tiempo la existencia de la América; y esa ignorancia fue feliz para sus indígenas.

Recordémoslo con gozo puro. La América es la que ha dilatado más los límites de la Botánica. Los sabios más grandes son los que han dejado la Europa para venir a la América a observar las riquezas vegetales de este inagotable continente.

Pero no se ha concluido hasta ahora, ni es posible que se concluya en un siglo la flora general de toda la América.

La América ha tenido tres épocas eternamente memorables: la de los siglos anteriores a su conquista, la de los tiempos en que estuvo sometida al gobierno de sus conquistadores, la de su justa y gloriosa emancipación.

La primera es de tinieblas para nosotros, Ignoramos el grado a que se elevaba la ilustración de los indígenas, no tenemos datos bastantes para medirla, desaparecieron sus archivos y monumentos; fueron destruidos unos por el tiempo, otros por el sable de los conquistadores; pereció la clase ilustrada, y quedó solamente la de indios, ignorantes y desgraciados; el imperio de la conquista los fue embruteciendo más; y a vista del estado en que los vemos parece inverosímil que sus mayores fuesen capaces de escribir una historia digna de este nombre.

La segunda no era propia para estudios de este género. En un país subyugado por la fuerza, donde la ley cerraba las puertas del Estado a los hijos de otras naciones, sólo existían dos clases de personas: conquistadores y conquistados.

Los conquistadores no tenían la opinión de imparciales donde hay necesidad más grande serlo. Se juzga por el contrario que sus intereses eran opuestos a la verdad; se les cree impelidos por ellos a suprimirla en algunos hechos y desfigurarla en otros. Los conquistados carecían de libertad para publicarla. Debían callar, o ser ecos de los conquistadores, sus acentos eran también sospechados de parcialidad. Y los hijos de otras naciones, alejados de nuestras costas, no habían sido espectadores de los sucesos; no tenían relaciones con los americanos; sólo oían la voz de los conquistadores; y eran prevenidos por el espíritu de rivalidad que existía desde entonces y continúa hasta ahora entre las naciones de Europa. Solís (autor de "Historia de la conquista de México"), hijo de Alcalá, presenta la conquista de México como una campaña de Santiago, un milagro de la cruz, una obra del cielo. Niza (Tadeo de Niza. Noble tlaxcalteca del siglo 16, autor de "Historia de la conquista de México"), hijo de Tlaxcala, lisonjea al gobierno española cuando refiere la de su patria, y Robertson, (Guillermo Robertson, 1721 a 1793, autor de "Historia de América") nacido en Escocia, manifiesta en su su pobra las influencias del país donde fue formado. La historia escrita por un conquistador o un conquistado tiene (en lo general sin perjuicio de excepciones) la presunción de obrepticia o subrepticia; la de suprimir verdades o publicar falsedades.

La tercera época ha sido de entusiasmo, de exaltación, divisiones y guerras intestinas. Cerca de tres siglos de gobierno absoluto produjeron resentimientos y enconos que estuvieron reprimidos por igual espacio de tiempo. Llegó al fin el de exhalarlos; se gritó independencia; y empezó la lucha, tan obstinada como sangrienta, entre los españoles que la querían conservar sometida, y los americanos que deseaban emancipar la América. Vencidos los primeros por la energía que da siempre el espíritu de libertad, empezó otra contienda tan horrorosa como la primera. Los que estaban acordes sobre la independencia de la América, no lo estaban sobre la forma de gobierno. Faltaban luces en las ciencias administrativas que no se han cultivado, faltaba experiencia en los actores que por la primera vez se presentaban en las tablas, faltaba el conocimiento científico de los pueblos a quienes se habían de dar leyes. Lucharon unos contra otros los que debían ser hermanos.

Es una la voz desde el Cabo de Hornos hasta Texas. Oponerse a la libertad de América hubiera sido luchar contra el espíritu del siglo, resistir las fuerzas de la opinión, ser injusto, y hacerse objeto de la execración. Guatemala, colocada en el centro de los movimientos del mediodía del septentrión, recibió al fin el que era preciso que tuviese. Las dos Américas han proclamado su independencia; y este suceso grande, más memorable que el de su descubrimiento, producirá en la marcha progresiva del tiempo efectos que lo serán también.

El movimiento, que en lo político es comunicativo como en lo físico, se propagó del antiguo al nuevo continente. También soy hombre, dijo al fin el modesto y sensible americano. Yo también he recibido de la naturaleza los derechos que ha sabido defender el europeo. Los grados de latitud hacen helado el polo, ardientes las costas de Honduras, bello al georgiano, negro al congo y cobrizo al indio. Pero el hombre es uno en todos los paralelos. Hay en Madrid más frío en invierno y más calor en estío que en Guatemala, dulcemente templada. Pero el madrileño no tiene más derechos, que el guatemalteco. Aquende y allende del océano, separados por montañas, o divididos por lagos o ríos, todos somos individuos de una misma especie, iguales y libres por naturaleza.

Cruzándose los indios y ladinos con los españoles y suizos, los alemanes e ingleses que vengan a poblar la América, se acabarán las castas, división sensible de los pueblos, será homogénea la población; habrá unidad en las sociedades, serán unos los elementos que las compongan.

La lengua castellana, hablada por naciones independientes de Castilla se irá mudando insensiblemente. Cada estado americano tendrá su dialecto, se multiplicarán los idiomas; y cada idioma será un método nuevo de análisis.

Los de América se irán hermoseando y elevando a proporción que se borren las sensaciones de tiranía y nazcan las de libertad; a medida que cesen de ser imagen de desigualdades injustas, y comiencen a ser expresión de la unidad social y la igualdad de los ciudadanos que la forman.

Los elementos, los principios, los métodos de las ciencias, poseídos ahora por un número mínimo de hombres, serán al fin populares. Habrá sabios entre los ladinos, habrá filósofos entre los indios, todos tendrán mayor o menor cantidad de civilización, y esta parte de la tierra será la más iluminada de todas.

Las rentas, los hospitales, la casa de moneda, las tropas, los palacios de justicia, no estarán reunidos en un lugar acumulando la riqueza, enorgulleciendo a sus hijos, dando a una Ciudad superioridad sobre todas. Se hará distribución justa para que haya equilibrio. Se establecerán en una provincia las rentas y su intendente, en otra las tropas y sus jefes; en otra los hospitales y sus administradores. Los hijos de una provincia tendrán entonces necesidad de los de otra; los de ésta la habrán de los de aquélla; se estrecharán los vínculos. Los pueblos no serán esclavos de una capital, y la sociedad será lo que debe ser: la compañía de socios, familia de hermanos.

La voz de haberse la América pronunciado independiente correrá por todo el globo. El asiático, el africano subyugado como el americano, comenzarán a sentir sus derechos; proclamarán al fin su independencia en el transcurso del tiempo; y la libertad de América hará por último que la tierra entera sea libre.

La América será, por último, lo que debe ser colocada en la posición geográfica más feliz, dueña de tierras más vastas y fecundas que las de Europa, señora de minerales más ricos, poblada con la multiplicación de medios más abundantes de existencia, ilustrada con todos los descubrimientos del europeo, y los que estos mismos descubrimientos facilitarán al americano, llena de hombres, de luces, de riquezas y de poder será en la tierra la primera parte de ella: dará opiniones, usos y costumbres a las demás naciones, llegará a dominar por su ilustración y riqueza, será en lo futuro en toda la extensión del globo lo que es al presente en Europa la rica y pensadora Albión.

Pero antes de llegar a esa cima de poder es necesario trepar rutas escarpadas, andar caminos peligrosos, saltar abismos profundos. No nos ocultemos los riesgos de la posición en que estamos. Publiquemos la verdad para que su conocimiento nos haga más prudentes.

Caerán los sistemas existentes, y se levantarán otros apoyados en bases más sólidas y observaciones más numerosas. El americano, dulce y sensible, dará su carácter a las artes y ciencias. Su imaginación fecunda creará nuevos géneros de poesía y elocuencia, otras ciencias, modelos nuevos de sentimental, tipos originales de bello. Si en la temperatura feliz de Italia fue donde se escribió el arte de amar, en el clima dulce de Quito es donde se hermoseará, glosará y perfeccionará.

La América no caminará un siglo atrás a Europa, marchará a la par primero, la avanzará después; y será al fin la parte más ilustrada por las ciencias como es la más iluminada por el sol.

Se mudarán las fisonomías y tallas, las organizaciones y caracteres. Esos americanos tristes y desmembrados, que sólo hablan ayes y suspiros, se tornarán en hombres alegres altos y hermosos como los sentimientos que darán su vida a su ser. No serán humildes como los esclavos. Tendrán la fisonomía noble del hombre libre.

Somos en el punto más peligroso de la carrera, nos hallamos en el período más crítico de los Estados. Vamos a formar nuevas instituciones, a hacer nuevas leyes, a crearlo todo de nuevo.

¿Una población heterogénea, dividida en tantas castas y diseminada en territorios tan vastos, llegará a unir sus votos sobre el Gobierno que debe constituirse? Las clases que han gozado, ¿serán bastante justas para dividir sus goces con las demás? Los que han sufrido ¿serán bastante racionales para no excederse en sus peticiones? La opinión, varía siempre según las temperaturas, los paralelos, intereses y estados ¿Podrá uniformarse en una extensión de tantos grados y climas?, La juventud, vana casi siempre y persuadida de un saber más grande que el que tiene, ¿respetará las luces de la experiencia juiciosa y previsora? ¿Los impostores de los pueblos olvidarán sus artes y sacrificarán a los del público sus intereses privados?.

La justicia es, en caos tan grande, el lazo único que puede ligar intereses tan contrarios; y la justicia en lo político es el mayor bien posible del mayor número posible.

Es necesario preferir la forma de Gobierno menos peligrosa en circunstancias tan críticas. Pero es necesario presentar un plan que tiende al bien del máximo, es necesario formar una Constitución que haga felices a todas las clases, es necesario dictar leyes que, lejos de dividir, hagan una a la sociedad; leyes que no sacrifiquen los derechos de unos para distinguir o aumentar los derechos de otros, leyes que ofrezcan iguales premios a méritos iguales, y sólo tengan por mérito los servicios útiles al bien del máximo, leyes que castiguen con iguales penas a delitos de una especie, y sólo tengan por delito la violación de los derechos del hombre, leyes que no sean el voto de una clase sino la expresión de la voluntad general de los pueblos pronunciados por sus representantes.

Si en todos los países la Constitución es la obra que más debe meditarse, en América es este deber más grande que en los demás.

Que los Americanos marchen gradualmente sin dar saltos precipitados pasando del extremo en que eran a otro absolutamente contrario, que aquellos que elija la voluntad de los pueblos para Legisladores de América formen una legislación que sea desarrollo exacto del principio grande de sociedad o compañía, que los escritores dignos de serlo trabajen en uniformar la opinión para que no haya divisiones sensibles, que el patriotismo de todos los ciudadanos se interese en que la América del Septentrión no sea, como la del Mediodía, teatro funesto de guerras intestinas, que se modere la ambición, persuadida de que primero es ser que tener empleos, y que es imposible ser no habiendo orden y tranquilidad; estos son los votos de la razón en nuestro actual estado, mis deseos y los de todos los que aman racionalmente la América.

No marchó la América con el Plan que exigía la magnitud de su causa. Lo que hace derramar más lágrimas, lo que penetra más la sensibilidad; lo que más horroriza a la naturaleza es lo que se vio en los países más hermoseados por ella. Sangre y revoluciones son los sucesos que refiere la historia; muerte y horrores son los hechos de sus anales.

Ya está proclamada la independencia en casi toda la América, ya llegamos a esa altura importante de nuestra marcha política, ya es acorde en el punto primero la voluntad de los americanos. Pero esta identidad de sentimientos no produciría los efectos de que es capaz, si continuaran aisladas las provincias de América sin acercar sus relaciones, y apretar los vínculos que deben unirlas.

Separadas unas de otras, siendo colocadas en un mismo hemisferio, el Mediodía no existe para el Norte, y el Centro parece extranjero para el Sur y el Septentrión. El reposo de las unas, no es un bien para las otras, las luces de aquellas no son una felicidad para éstas. Chile ignora el estado de Nueva España; y Guatemala no sabe la posición de Colombia.

La América se dilata por todas las zonas, pero forma un sólo continente. Los Americanos están diseminados por todos los climas, pero deben formar una familia. Si la Europa sabe juntarse en Congreso cuando la llaman a la unión cuestiones de alta importancia, la América, ¿no sabrá unirse en Cortes cuando la necesidad de ser, o el interés de existencia más grande la obliga a congregarse?.

Oíd, americanos, mis deseos. Los inspire el amor a la América que es vuestra cara patria y mi digna cuna. Yo quisiera:

1. —Que en la Provincia de Costa Rica o de León, se formase un Congreso General, más expectable que el de Viena, más interesante que las dietas donde se combinan los intereses de los funcionarios y no los derechos de los pueblos.
2. —Que cada provincia de una y otra América mandase para formarlo sus Diputados o representantes con plenos poderes para los asuntos grandes que deben ser el objeto de su reunión.
3. —Que los Diputados llevasen el estado político, económico, fiscal y militar de sus provincias respectivas, para formar con la suma de todo el general de toda la América.
4. —Que unidos los Diputados y reconocidos sus poderes se ocupasen en la resolución de este problema: Trazar el plan más útil para que ninguna provincia de América sea presa de invasores externos, ni víctima de divisiones intestinas.
5. —Que resuelto este primer problema trabajasen en la resolución del segundo: Formar el plan más eficaz para elevar las provincias de América al grado de riqueza y poder a que pueden subir.
6. —Que fijándose en estos objetos formasen: 1º. la federación grande que debe unir a todos los Estados de América; 2º. el plan económico debe enriquecerlos.
7. —Que para llenar lo primero se celebrase el pacto solemne de socorrerse unos a otros todos los Estados en las invasiones

exteriores y fuese divisiones intestinas, que se designase el contingente de hombres y dinero con que debiese contribuir cada uno al socorro del que atacado o dividido; y para alejar toda sospecha de opresión, en el caso de guerra intestina la fuerza que mandasen los demás Estados para sofocarla, se limitase únicamente a hacer que las diferencias se decidiesen pacíficamente por las Cortes respectivas de las provincias divididas y obligarlas a respetar la decisión de las Cortes.

8. —Que para lograr lo segundo se tomasen las medidas, y se formase el tratado general de comercio en todos los Estados de América distinguiendo siempre con protección más liberal el giro recíproco de unos con otros, y procurando la creación y fomento de la marina que necesita una parte del globo separado por mares de las otras.

Congregados para tratar estos asuntos los representantes de todas las provincias de América, qué espectáculo tan grande presentarían en un Congreso no visto jamás en los siglos, no formado nunca en el antiguo mundo, ¡ni soñado antes en el nuevo! Se crearía un Poder, que uniendo las fuerzas de 14 o 15 millones de individuos haría a la América superior a toda agresión, daría a los Estados débiles la potencia de los fuertes; y prevendría las divisiones intestinas de los pueblos sabiendo éstos que existía una federación calculada para sofocarlas.

Se formaría un foco de luz que, iluminando la causa general de la América, enseñaría a sostenerla con todos los conocimientos que exigen sus grandes intereses. Se derramarían desde un centro a todas las extremidades del Continente las luces necesarias para que cada provincia conociese su posición comparada con las demás, sus recursos e intereses, sus fuerzas y riquezas. Se estrecharían las relaciones de los americanos unidos por el lazo grande de un Congreso común, aprenderían a identificar sus intereses y formarían a la letra una sola y grande familia.

Se comenzaría a crear el sistema americano o la colección ordenada de principios que deben formar la conducta política de la América ahora que empieza a subir la escala que debe colocarla un día al lado de la Europa, que tiene su sistema y ha sabido elevarse sobre todas las partes del globo.

La América entonces: la América, mi patria y la de mis dignos amigos, sería al fin lo que es preciso que llegue a ser, grande como el continente por donde se dilata, rica como el oro que hay en su seno, majestuosa como los Andes que la elevan y engrandecen.

Una colección de mapas, de planos, de historia, de viajes, de floras, de ensayos y obras de todas clases escritas sobre la América sería un tesoro para los americanos.

Es necesario que los gobiernos vuelvan la atención a uno de los objetos más dignos de ocuparla; y yo quisiera:

1. —Que en la capital de cada uno de los Estados de América hubiese una Biblioteca pública formada de todas las obras escritas sobre la América, que todos los días se abriese y franqueasen en ella los libros, y que a más de esto se diese recado de escribir a quien lo pidiese.
2. —Que se estableciese en la misma capital una Academia americana compuesta de los hombres más ilustrados en cualquier ciencia, que los Académicos fuesen divididos en cinco clases o secciones, políticos, economistas, moralistas, físicos y matemáticos; que el instituto de cada clase fuese extractar de las obras escritas sobre la América lo más interesante en su ciencia respectiva, y que se publicasen los extractos en periódicos mensuales o semanarios.

Son incalculables los bienes de uno y otro establecimiento. Cualquiera los conoce, y no hay necesidad de indicarlos. El conocimiento de un país es el primer elemento de su riqueza.

No deben oírse en un gobierno justo aquellos sofismas con que en otros países a pretexto de conceder lo que se llama protección o sostener lo que se denomina sistema continental se han hallado los derechos de los pueblos para extender el territorio de un reino. Esas palabras protección y sistema continental son ya conocidas en la historia. Repitiéndose la primera una nación del Norte fue oprimida por quien se decía su protector. Haciendo resonar la segunda, otro tirano derramó la sangre de Europa.

Reconocer la independencia justa de Guatemala y no intervenir ni mezclarse en sus asuntos, es lo que interesa a la causa particular de esta y aquella nación, y a la general de la América.

Moral en los negocios privados de individuo a individuo Moral en los asuntos públicos de nación a nación, esta es la única política justa y sólida. Yo no creeré jamás en otra. Si un hijo de México no puede mezclarse en los asuntos de un hijo de Guatemala, el gobierno mexicano no debe intervenir en los asuntos del gobierno Guatemalano.

Los intereses de América exigen que respetándose mutuamente las naciones que la componen, los derechos de una no sean desatendidos por otra, exigen que todas guarden a sus vecinas la consideración que ellas mismas quieren para sí.

Si la Europa ha sido desgraciadamente una tierra de sangre y horror, si no han sido en ella duraderos los gobiernos, si se han sucedido unos a otros sacrificándose víctimas a cada tránsito, es porque no han respetado la justicia, que es la única base de bronce sobre la cual se puede fabricar con solidez. *Quod tibi no vis, alteri ne facias* (No hagas a otro, lo que no quieres para ti), es el verdadero derecho público, es la verdadera ciencia del gobierno.

Será feliz el pueblo donde los vecinos que viven en él respetan sus derechos individuales. Será feliz la nación donde los pueblos que la componen respetan recíprocamente sus derechos municipales. Será feliz la América si las naciones que existen en ella respetan del mismo modo sus derechos nacionales.

Es justa la independencia de América. Convendría para sostenerla, que las naciones de este Continente celebrasen tratados bien meditados de alianza. Pero ni la justicia de la causa, ni la conveniencia de auxilios recíprocos, da a una nación derecho sobre otra nación.

Si México lo tuviera sobre Guatemala, porque invadida la segunda, la fuerza agresora podría acaso penetrar en el territorio de la primera. Guatemala lo tendría sobre Panamá, porque atacada ésta, la fuerza invasora podría pasar a aquélla, que es limítrofe; Panamá lo tendría sobre Nueva Granada por la misma razón; Nueva Granada lo tendría sobre el Perú; y el Perú lo tendría sobre Chile; Chile lo tendría sobre Buenos Aires; y la América sería como la Europa, el país de la violación de los derechos más sagrados, el teatro de la guerra, el sepulcro de sus mismos hijos.

Ha indicado alguno que Guatemala se halla en imposibilidad absoluta de constituirse. No ha nacido en pueblo alguno de aquella nación, no podría formar la estadística de ella quien aventuró una expresión tan depresiva. El Congreso de Guatemala, compuesto de hombres que han nacido y vivido en sus provincias, de hombres que conocen y saben amarlas, tienen diversa opinión.

La mía no es de valor alguno; si lo fuera, pediría licencia para decir que he hecho algún estudio de Guatemala, mi patria carísima, y reunido más datos y estados que quien la ofende; que tiene los elementos necesarios, y bien administrada, será una de las primeras naciones de América. Sea lo que fuere, la calificación de este punto no corresponde a los congresos de otras naciones. Corresponde al Congreso mismo de Guatemala. No son las cortes de la antigua España las que deberían declarar si México tiene todos los elementos precisos para constituirse. No es el Congreso de la nueva el que debería calificar si existen en Guatemala. La decisión de los destinos de un Estado corresponde a él mismo. Si la independencia de una nación dependiera del juicio de aquella a que ha sido sometida, raras serían en la extensión de la tierra las naciones independientes. Los reinos de Europa no lo serían de Roma antigua; Holanda no lo sería de España; Portugal no lo sería de Castilla; los Estados Unidos no lo serían de Londres, la India estaría eternamente sujeta a los gobiernos europeos que la dominan; y las costas de África jamás serían libres de las naciones que tienen abastecimientos en ellas.

En Madrid se publicó el año anterior un papel en que su autor dijo que la América estaba dos siglos distante del grado a que es necesario subir para ser independiente. La América continúa, sin embargo, su marcha política, y va consolidando su independencia. Si en México ha dicho un individuo que Guatemala no puede constituirse, sigue patria mía, tu carrera; respeta en todo la justicia, no tengas otra política que la moral inspirada por el Criador del hombre, y elevada al sublime por nuestra santa religión; concilia con la beneficencia los intereses que sean divergentes; no olvides los principios de quien manifestó hasta la evidencia los males de las proscripciones o persecuciones injustas; haz conocer al mundo entero la justicia de tu causa. No lo dudes Dios la protegerá, y el Congreso de México sabrá respetarla. Los dignos individuos que lo componen saben que el hombre que ha estudiado más la historia de los pueblos, y derivado de ella verdades más importantes, dijo: "Las naciones conocen ya que su interés es el que debe dirigir sus negocios, y no se equivocan sobre la naturaleza de este interés. ¿Qué les importa el estudio vano a que se dedican los gabinetes de Europa, y consiste solamente, en cálculos de engrandecimiento en territorio o en influencia? El único estudio positivamente útil que tiene por objeto directo, no es el aumento de poder a expensas de la justicia y con ruina de los Estados vecinos, sino la prosperidad interior y la felicidad doméstica".

La región de las ciencias naturales es la Ecuatorial. Aquí es donde la vegetación, triste y monótona en otros países, se ostenta lozana, bella y variada; aquí es donde la naturaleza se desarrolla en dimensiones que no tiene en las otras zonas; aquí es donde suben a árboles los individuos de especies que en Europa son hierbas o arbustos; aquí es donde las gramíneas, las leguminosas, las malváceas, débiles, pequeñas y herbáceas en otras partes, se desenvuelven con una energía que asombrando al viajero, ¡Qué grande y majestuosa le hace decir, es la naturaleza de América!

Vivir en ella y no observarla, ser hijo suyo, y no conocerla es oprobio de la razón, y humillación del americano. No olvidemos nuestros derechos; pero volvamos los ojos a las fuentes de riqueza. Uno y otro, es lo que nos hará felices y elevará al punto de grandeza que podemos tener.

Propóngase pues, una confederación de todas las naciones de América. Los pormenores de obra tan grandiosa necesitarían de una consideración muy prolija y laboriosa; pero su principio debiera ser el establecimiento de una constitución, que se pareciese a la nuestra, por medio de la cual un congreso velase sobre las relaciones mutuas de los estados federados, sin que se mezclase para nada en sus regulaciones interiores; que velase sobre las relaciones de todos y de cada uno de los pop estados con las potencias extranjeras, y que manejase la fuerza reunida de todos los estados en defensa de aquel de sus miembros que fuese atacado.

Estas bases serían la mejor garantía de nuestro poder y tranquilidad y sus fundadores merecerían la admiración y agradecimiento de todas las venideras generaciones. El plan es practicable en este momento, pues las historias nos prueban que muy pronto después de la fundación de una nación, se suscitan motivos de disensiones, bien sea sobre la extensión de sus fronteras, bien sobre sus derechos, los de su comercio y otros muchos tópicos que agitan al género humano, y que se convierten muy luego en guerras que pasan de padres a hijos, arrestando el aspecto de la naturaleza y que empapan la tierra con lágrimas y sangre. Al presente no hay divergencia de intereses entre nosotros, y el plan que proponemos lleva por objeto el precaverla para lo venidero; más si por una fatalidad se suscitase, este mismo proyecto podía servir de correctivo.

Se dice que las naciones extranjeras verán con ojeriza esta alianza. A esto respondemos que su fuerza será suficiente para efectuar el bien y ver con indiferencia la rabia de los hombres injustos. Los tratados de mera alianza hasta el día no han tenido eficacia; todos se han terminado con disgusto y se han disuelto. Décimos además que los tiempos modernos nos presentan varios ejemplos; la santa Alianza es uno de ellos, y otro la confederación alemana, la confederación del Rhin; la unión de las tres coronas de Inglaterra, Escocia e Irlanda; los dominios del emperador de Austria; las alianzas de los tiempos de la edad media; las de las repúblicas antiguas de Grecia son otros tantos ejemplos.

Los errores de éstas nos amonestan y nos enteran del modo de evitar los males y formar nuestra unión bajo una base más sólida y duradera. El resultado que tuvieron aquellas de centralizarse en un punto, no puede tener lugar en la alianza que nosotros proponemos; nuestras regiones son muy dilatadas y demasiado enormes sus distancias; las federaciones antiguas y las de Europa podían meterse en uno de nuestros estados más pequeños; y por sus usos, lengua, y costumbres todos tendían a formar una sola nación; pero querer formar una sola nación de toda la América, sobre ser cosa absurda, es un imposible.

Este proyecto de confederación general para la América se somete al público como un medio de obtener fuerza en lo exterior y paz en lo interior. Todos los argumentos de humanidad, política, y razón nos llaman a consolidar el efecto fraternal entre los habitantes de este continente, y de guardarnos por medio de una vigilancia sagrada contra la más mínima discusión.

Habiendo sabiduría en los gobiernos establecidos en este continente ¿qué grande, rico y poderoso puede ser el nuevo mundo? ¿Qué rapidez de progresos puede haber en las nuevas repúblicas? ¿Qué inmensidad de bienes pueden gozar sus habitantes? ¿Cuántos talentos y capitales pueden unirse en la América?

Que la razón, ilustrada con la historia de las demás naciones, sea la que nos guíe, que si en el mundo físico se ordenan los cuerpos según el peso respectivo de su gravedad, en el mundo político se coloquen los hombres según sus talentos y cantidad relativa de su mérito; que no se dé veneno a Sócrates porque es sabio, ni se destierre a Arístides porque es justo; y la población más útil de algunos pueblos de Europa se trasladará a las repúblicas de América. Los hijos de otras naciones viendo que el mérito no es perseguido o ultrajado, volarían a un país donde fuese premiado o al menos respetado. Se aumentarían los géneros diversos de méritos; y la suma de ellos haría la felicidad de la patria.

ESTADO COMPARATIVO

	Laguas Cuadradas	Población	Potencias
América Española	468,000	16 millones	6
Europa	442,000	140 millones	16

	Gobierno	Religión	Lengua
Europa	Uno Republicano, y 15 monárquicos, casi todos absolutos (a)	La católica, la mahometana, la de los protestantes, y todas sus ramificaciones	La española, la portuguesa, la francesa, la italiana, la inglesa, la alemana, etc. (b)
América Española	Todos Republicanos	La católica	La española

Este pequeño cuadro manifiesta:
1. —Que la despoblación de la América es asombrosa en la extensión inmensa de su territorio. Cuatrocientas veinte y dos mil leguas cuadradas, menos fértiles que las de América, tiene en Europa 140 millones de individuos; y cuatrocientas sesenta y ocho mil leguas también cuadradas, más fecundas que las de Europa, sólo tienen en América 16 millones de habitantes;

(a) El imperio de Alemania, compuesto de diversos Estados, se cuenta por uno solo.

(b) Se habla de las lenguas dominantes, sin contar las de las provincias.

2. —Que las leyes, providencias, o medidas que tienden a despoblar las naciones son en América más funestas que en Europa y hacen en los unos males más grandes que en la otra. Seis millones de hombres falta emigrados o destruidos en la segunda serán una perceptible en su inmensa población. Pero un millón de hombres muertos en la primera serían vacío muy grande, que no se llenaría en muchos años;

3. —Que las conquistas (de intriga o de fuerza) detestables cualquier país donde haya Razón lo serían mucho más en la América donde todavía se sienten sus tristes efectos. No es el espíritu destructor, es el espíritu conservador el que se necesita en el mundo. Que se multipliquen los labradores que hacen brotar espigas a los desiertos; que se proteja a los artesanos que visten al pobre con sus tejidos; que no se pongan trabas a los comerciantes que llevan a un lugar menesteroso el superfluo de otro abundante. Pero los conquistadores que usurpan pueblos corrompiendo primero la opinión en los periódicos o papeles públicos, empleando después todas las arterias subterráneas de la intriga, amenazando seguidamente con la fuerza, y haciendo al fin uso de ella, serán siempre condenados por la Religión, execrados por la razón, enemigos del hombre, tigres de nuestra especie. El territorio de una nación es más sagrado que la de un ciudadano.

Los que violasen las fronteras de una República o reino serían más criminales que los que quebrantasen los mojones de una hacienda o cortijo. El que intrigase para vender o sujetar su Patria al gobierno de otro país sería reo más odioso que el homicida que mata a su semejante, o el parricida que da muerte a su padre. Es una la moral, una la ley. Si es prohibida la muerte u opresión de un individuo, debe serlo con mayoría de razón la muerte u opresión de millares de individuos.

4. —Que la América puede aumentar su población a un grado prodigioso, que la elevaría sobre todas las partes de la tierra. Si

422.000 leguas cuadradas tienen 140 millones de habitantes, 468,000 pueden tener (aún suponiendo iguales los casos) 150.284.360.

5. —Que la política de los congresos, asambleas o cortes debe volverse el objeto importante de dictar leyes protectoras de la población. Sin hombres no hay sociedad; sin medios de subsistencia no hay hombres. El talento no ha publicado jamás verdad más interesante para el nuevo mundo. Ella presenta en una línea la marcha que debe seguirse; ella manifiesta la necesidad de hombres, y el medio grande de multiplicar los hombres;

6. — Que pobladas como pueden serlo las tierras de América, se aumentarían en ella las Potencias que ahora no son más que seis: México, Centroamérica, Colombia, Perú, Argentina y Chile. Es muy difícil; es acaso imposible que elevada la población al máximum a que puede subir continúe toda ella regida por seis gobiernos. Si los que ahora existen mandan territorios inmensos, es porque esos territorios están desiertos; y las plantas que vegetan en ellos no tienen el derecho de petición. Cuando haya hombres que conozcan sus intereses; cuando en cada legua cuadrada existan ciudadanos que sientan toda la dignidad de este título y sepan estimar todos sus derechos, es natural que hagan uso del que creerían tener para no ser administrados por gobiernos muy lejanos. Cada potencia será dividida en diversas potencias; de cada República brotarán distintas repúblicas; el hijo de Yucatán o de las provincias internas no querrá ser gobernado por México a tantas leguas de distancia; se multiplicarán los Estados; y cada Estado, rico y poderoso por su independencia, aumentará las fuerzas o poderes de la América y gozará los bienes que asegura la proximidad de un gobierno paternal.

7. —Que en América hay homogeneidad más grande que en Europa en los elementos principales que constituyen la fuerza moral de una nación. La Religión que es el primero de ellos; la Religión que dilata su imperio más allá de los límites a que se extiende la ley es una en toda la América española. La lengua que se habla en ella; la lengua que ejerce en el hombre un poder tan grande ejerciéndolo en sus ideas y sentimientos es también una en todas las repúblicas hispanoamericanas. Los gobiernos que dan impulso a su marcha, y dirección a sus negocios se han levantado sobre bases semejantes, coinciden en los primeros principios de sociedad, y se tocan en los

puntos principales. Los americanos tiene un origen común. Todos a excepción de un pequeño número descienden de los españoles o de los indígenas, o de los indígenas y españoles. Las naciones de Europa están separadas unas de otras por los Alpes y Pirineos que la dividen, por la Religión que profesan, por los idiomas que hablan, por las costumbres y caracteres que las diversifican, por el origen árabe, anglo, franco, godo, etc. de que proceden. En América no hay barreras, no hay Pirineos, no hay Alpes. Todos los americanos son hermanos; descienden de unos mismos padres; profesan una misma Religión; hablan un mismo idioma; y regidos tres siglos antes de su independencia por un solo gobierno, sus usos, sus modales se semejan también en diversos aspectos.

Si hay en el mundo pueblos donde sea posible dar realidad a las ideas bien hechoras de amistad y alianza universal, la América es la que ofrece unidas en mayor número proporciones más felices. ¿Pero se gozarían todas las que presenta si proponiéndose por un rumbo proyectos de confederación general, se violara por otro la integridad de los territorios? ¿Produciría todos los efectos que promete la unidad de religión, idioma, y principios sociales si hollando esos mismos principios se violentara por una República con fuerza o intrigas a pueblos que han sido y quieren ser parte integrante de otra?

Yo no cesaré de repetirlo. La Justicia es la única que hace felices a las naciones y duraderos sus gobiernos; la justicia es el cimiento de mármol sobre el cual debe levantarse el edificio grande de las sociedades políticas. Si el espíritu de ambición o de codicia comenzara a existir en nuestras repúblicas, si la manía de las conquistas empezara a traspasar los linderos, todas las esperanzas de felicidad serían perdidas para la América. Dado el primer paso de injusticia se darían sucesivamente los demás; conquistado un palmo de tierra se querría conquistar otros, Comenzarían al fin las reacciones; desaparecería la paz y sosiego; y la América que se ha pronunciado independiente para ser feliz, sería el caos mismo de la infelicidad.

El asunto grande de la América se presenta cada día en aspecto más lisonjero. Cuatro son las bases principales que fundan sus esperanzas: 1. —La justicia de su causa; 2. —El reconocimiento de la Inglaterra y los Estados Unidos; 3. —La debilidad de España; 4. —

La necesidad el comercio europeo de los frutos y consumos americanos.

1. La justicia de nuestra causa es ya una demostración en el antiguo y nuevo mundo. Un océano inmenso está colocado entre la España y la América; y mientras exista esa masa divisoria de aguas, la voz de la naturaleza será inequívoca. Oyéndola los americanos han luchado por su independencia y están decididos a sostenerla. Olañeta, general que defendía en la otra América la soberanía del rey de España, fue derrotado, herido, y muerto en abril último. Se anuncia que Rodil, que se sostiene en el Callao, tendrá igual destino (*). El castillo de Ulúa es objeto del gobierno mexicano que con el auxilio de los empréstitos empieza a crear su marina, y en septiembre próximo esperaba para servicio de la nación un navío de guerra de más de 80 cañones, dos fragatas de 40 y dos bergantines.

(*). Efectivamente, Pedro Olañeta murió en Perú, no así el general José Ramón Rodil, que llegó a participar en las guerras carlistas y a presidir el Consejo de Ministros de Espartero.

2. La Inglaterra que es la nación más poderosa del mundo y los Estados Unidos, que son la primera potencia de la América han reconocido la independencia del nuevo mundo; y el ejemplo del fuerte tiene siempre influencias que también lo son. Si España por sí misma quiere reconquistar la América, es decir, si el gobierno de ocho a nueve millones de hombres quiere volver a tener sujetos a los gobiernos de catorce o quince millones de individuos, acordes en defender sus derechos la Inglaterra será espectador imparcial de la lucha. Pero si otra potencia tomando parte en ella, franquea auxilios a España, el poder Británico y el de los Estados Unidos se desplegará vigorosamente en defensa del nuevo mundo.

3. España es una lección viva que no deben olvidar jamás los gobiernos, fue en los siglos anteriores una de las potencias más respetables del mundo. No se ha variado su posición geográfica, no se han mudado sus elementos físicos, y sin embargo de esto es al presente uno de los Estados más débiles.

4. La América es el mineral inmenso que da a la Europa el oro y la plata que necesita para ser más rápida la circulación, es el país que le da las materias primas, y la plaza grande de los consumos. Los comerciantes europeos era preciso que sintiesen esta triple necesidad

y obrasen en consecuencia conformes con lo que sentían. No son ya de pequeños capitales, ignorantes y degradados como eran en los tiempos antiguos. Reuniendo las fuerzas del cálculo y la riqueza, de la ilustración y las relaciones son en los estados modernos un poder respetable que desde las lonjas o almacenes decide la paz o la guerra, las amistades o alianzas.

Los comerciantes de Inglaterra, siempre los primeros en la combinación de los intereses mercantiles hicieron representaciones enérgicas para que se reconociese la independencia del nuevo mundo; y su voz fue por último oída por el gobierno británico. Los comerciantes de Francia han hecho iguales peticiones; y el cálculo de las probabilidades inclina a pensar que su solicitud está al fin entendida. Todo es posible en las combinaciones de un gabinete. Pero los últimos pasos del gobierno francés, lejos de alarmar parecen dirigidos al reconocimiento deseado de la independencia de América. Se asegura que uno de los ministros franceses dio garantía formal a un comerciante que se la pidió para emprender negocio.

El cuadro de una nación donde se manifiesta su posición física y política, donde se descubren sus riquezas, y se indican sus recursos es de la mayor importancia para sus progresos. Le da opinión en el mundo culto, aumenta su representación, le facilita relaciones, extiende su comercio, y contribuye a su prosperidad.

Casi todas las provincias de América han tenido la felicidad de ser observadas en tiempos de luces por hombres eminentes en las ciencias.

No se verá en América el cuadro funesto que se vio en Europa cuando los triunviros de Roma en noche tenebrosa, en medio de truenos y relámpagos se dividieron entre sí el mundo entonces conocido. No se reproducirá en estas nuevas regiones la iniquidad grande que se cometió en las antiguas cuando en 1795 los emperadores de Rusia y Austria hollando todos los derechos dijeron: Los dos soberanos convencidos por la experiencia de lo pasado, de la absoluta incapacidad de la república de Polonia para vivir pacíficamente bajo sus leyes manteniéndose en un estado de independencia han reconocido con su sabiduría y su amor a la paz y felicidad de sus súbditos, que era de necesidad indispensable proceder a una división total de esta república entre las tres potencias vecinas, (Rusia, Prusia y Austria).

Todos los Estados de América saben que no son los conquistadores los que deben calificar la aptitud o incapacidad de las víctimas que quieren sacrificar; todos ellos conocen que el respeto mutuo de sus derechos recíprocos es el que ha de crear y conservar la felicidad general. Pero si la república de Centro América llegara a ser partida entre la mejicana y colombiana, ¿no se levantarían en tal hipótesis dos colosos enormes que harían temer por la libertad de los demás Estados del nuevo mundo? ¿El contacto de esos colosos no produciría la lucha de los dos, y la guerra de ambos no envolvería en desgracias a las otras repúblicas de América? Si en vez de ser enemigos o rivales, se unieran con los lazos de la alianza más estrecha, ¿esa misma alianza no sería una alarma para todo el nuevo mundo? Y la Liga Santa que desde Petersburgo, Viena y Berlín ha jurado la destrucción de todas las instituciones liberales ¿no calcularía con gozo la debilidad progresiva de las repúblicas complicadas en divisiones y guerras? Y cuando llegase el momento de la oportunidad ¿no las atacaría, exhaustas sin fuerzas ni recursos? ¿Y esa desgracia no sería general para todas sin exceptuar a la colombiana y mejicana?

La América no sufrirá en lo sucesivo la ecuación original que ha hecho su infelicidad: la ecuación que no había visto algebrista alguno.

Las leyes que antes tenían el carácter de españolas, porque eran formadas por españoles tendrán ahora el carácter de americanas porque serán formadas por americanos.

Los representantes de los pueblos que debían antes de salir de un hemisferio y pasar al otro, atravesar el océano y sufrir nuevos climas, entorpecerse acaso por la influencia poderosa de temperaturas distintas; ser víctimas tal vez de achaques malignos, aumentar los gastos y multiplicar las dietas, llenarán sus funciones en el continente mismo donde han nacido.

El Congreso formado antes de un cuarto de americanos y tres cuartos de españoles, será en lo futuro compuesto sólo de americanos o de españoles aclimatados en la América. La legislación que, dividida España y América, tendía al bien de Ja la primera, concentrada ahora sólo en la América, mirará sólo por felicidad de ella.

Se va a instalar en Panamá el Congreso general de la América; y en esa dieta expectable donde se van a reunir plenipotenciarios de todas las nuevas repúblicas, sería importante que se acordase la expedición que debe recorrer el Nuevo Mundo y ser costeada por los Estados que existen en él.

Recorrida la América por viajeros dignos de contemplar esta naturaleza grande, rica y majestuosa; determinadas las posiciones geográficas de los puntos o lugares principales, observadas las temperaturas y elevaciones de ellos, clasificados los minerales, vegetales y animales que la hermosean y pueden enriquecer, reconocidos los puertos y bahías de sus costas, distinguidos los hábitos, caracteres, costumbres y organizaciones físicas de sus indígenas, corregidos su mapa y los de las repúblicas que hay en ella; formada en fin la geografía de sus minerales, la de sus plantas y la de sus animales, levantando cartas exactas que designen las zonas de ellos y expresen las escalas de temperaturas y elevaciones respectivas en que se crían y viven, ¡cuánto se extenderían las ciencias! ¡Cuánto se mejorarían las artes! ¡Cuánto adelantarían las industrias! ¡Cuánto se mejorarían los métodos! ¡Qué progresos!, ¡qué riquezas!, ¡qué revoluciones habría en el sistema general de los conocimientos humanos!

Las repúblicas aumentarían las tablas de sus riquezas, el Nuevo Mundo aparecería más grande, el Congreso de Guatemala tendría nombre; y el de Panamá se haría inmortal en los anales de la América. Pido, pues, que el Congreso se sirva acordar que los ministros plenipotenciarios enviados a la Asamblea General de Panamá exciten el celo de ella para que se digne decretar una expedición científica compuesta de geógrafos, astrónomos, naturalistas, etc., costeada por los gobiernos de las repúblicas de América y destinada a recorrer y observar los puntos principales del Nuevo Mundo.

He visto en el Águila mexicana un artículo que ha llamado mi atención. Dice que el presente no es el momento de la oportunidad para formar la Confederación americana; que no puede acordarse ni con esta república porque a más de la revolución que la divide, no podría cumplir sus empeños, ni con la Colombia porque Bolívar la gobierna arbitrariamente, y aspira a la dominación absoluta, ni con la del Perú porque la amenaza un rompimiento formal con Colombia, etc. Yo no sé qué idea (altamente depresiva) se tiene de nuestra república. En ella existen elementos grandes, y un gobierno ilustrado sabría desarrollarlos... suponga cierto cuanto dice el autor del artículo ¿Será prudente fabricar a la faz de la Europa el mal estado de la América, y las dificultades de unirse las repúblicas en alianza para defender sus derechos? ¡Con qué gozo leerá Fernando VII el artículo del Águila! y cuánta extensión darán a sus esperanzas los enemigos poco justos del nuevo mundo. No se hagan alianzas, si no se juzga conveniente. Pero no nos deprimamos unos a otros. Si es idéntica la causa que defendemos, ¿para qué debilitarla cuando no podemos darle nueva fuerza?

Es obra extremamente difícil la de abolir gobiernos antiguos, crear otros nuevos y consolidarlos, especialmente, en países donde no hay ilustración. Las repúblicas de América necesitan todo el máximo de la prudencia para no dar traspié en la carrera que han comenzado. De otra suerte sería terrible el cumplimiento de lo que dijo Montesquieu: *"Dans les lieux mêmes ou l'on a le plus cherché la liberté, on ne l'a pas toujours trouvee".*

("En los lugares donde más se ha buscado la libertad es donde menos se la encuentra".

Es muy interesante la miniatura que hace Ud. (José Pecchio) de las naciones de esa parte hermosa del mundo. Yo la he contemplado atentamente y manifestado a diversos amigos. Quisiera que los gobiernos de América la tuviesen siempre delante de los ojos. Ellas le darían lecciones importantes para no equivocar su marcha.

Pero yo no sé qué genio maligno se place en nuestros extravíos. No hay todavía en las nuevas Repúblicas una sola que pueda gloriarse de tener ya consolidadas sus nuevas instituciones.

El Congreso de América, instalado en Panamá, acordó su traslado a Tacubaya. Pero no ha abierto hasta ahora sus sesiones. Lejos de abrirlas, se ha publicado en el Águila mejicana, periódico ministerial un artículo digno de atención. Se dice en él, que el objeto primero del Congreso es acordar la confederación de las repúblicas, y que el estado político de éstas embaraza la ejecución de un pensamiento tan grande. El origen de tan triste posición está en los españoles que no aman la independencia del nuevo mundo, en los eclesiásticos que aborrecen las formas republicanas, y en los aristócratas que detestan las instituciones liberales. Yo no olvido las palabras del Barón de Humboldt.

Pradt es el escritor grande de la América, nuestro abogado y defensor a la faz de los reyes enemigos de nuestra libertad. Los demás impresos dan noticias de sucesos importantes en lo político, e interesantes en lo económico. Yo aprendo mucho observando y comparando desde la soledad de mi gabinete el movimiento de las diversas repúblicas de América. Cada una de ellas es libro más luminoso que los volúmenes de Europa, o los rollos de Grecia y Roma.

Un Estado no debe mezclarse o tener intervención en el gobierno de otro. En la América no debe imitarse la política injusta de la Europa. Que Chile se constituya como le parezca, que Guatemala elija el gobierno que le convenga, que México forme la Constitución que le interese. Ni Chile tiene derecho para mezclarse en los asuntos de Guatemala, ni en Guatemala lo hay para introducirse en los de México, ni en México puede haberlo para intervenir en los de Chile y Guatemala. Si unos Estados quieren mezclarse en la administración de otros, la América será como la Europa, un caos de sangre, de muerte y de horror.

Treinta años corridos desde 1789, dice de Francia un hijo suyo (Dupin, Forces), han sido 30 años de desgracias, crímenes y errores. Veinte y dos años pasados desde 1810, digo yo de la América, mi patria, han sido 22 años de equivocaciones, sangre y lágrimas.

ARGENTINA

La república Argentina, que sabe sostenerse en sus relaciones exteriores, da también su atención a las interiores. Su gobierno general ha sabido descubrir las intrigas subterráneas con que el del Brasil ha procurado fomentar la discordia entre los Estados que componen la federación; ha seguido una marcha firme, y se ha interesado en la organización de la hacienda, que debe ser uno de los primeros objetos de las nuevas repúblicas.

Se ha publicado el plan de las nuevas poblaciones inglesas del Río de la Plata, se ha determinado el espacio que debe ocupar cada ciudad, las calles que debe tener, el foso que debe circundarla, etc.

Buenos Aires, que desde 810 empezó a gritar independencia, no ha podido en 17 años uniformar la opinión sobre la forma de su gobierno. Y rehúsa del mismo modo y de la misma razón que el Perú admitir los agentes diplomáticos de Bolivia.

ASIA

El Asia, cortada por desiertos tristes que dificultan las comunicaciones; cubierta de tártaros al Norte y de conquistadores al Mediodía; infectada en algunos lugares de la religión de Mahoma, que aumenta las fuerzas de la tiranía, reuniendo en un solo individuo los poderes del monarca y sacerdote supremo, y hace a los hombres siervos del gobierno y a las mujeres esclavas de los hombres; plagada en otros de la Brahma, que manda adorar a los déspotas y sufrir en paciencia sus agravios y violencias, es desde la antigüedad el país de las supersticiones, el teatro del despotismo, la tierra donde los reyes de Persia se hacen respetar como divinidades, y el Emperador China gobierna su imperio como monarca absoluto y le mantiene cerrado a las relaciones libres con el mundo.

BRASIL

Tres caracteres principales distinguen a esa vasta porción de nuestro continente. El Brasil es en todo el nuevo mundo, el único pueblo que ha visto en su suelo a un rey de Europa. El Brasil es en toda la extensión de la América la única nación que ha jurado gobierno monárquico. El Brasil es entre los nuevos estados el primero que ha declarado guerra a otro estado. Son diversas las cuestiones que pueden hacerse a vista de la organización política que presenta la América en su actual posición.

¿Podrá ser duradera una monarquía establecida entre tantas repúblicas? ¿Si las monarquías de Europa han hecho desaparecer las repúblicas que había en ella, las repúblicas de América harán desaparecer la única monarquía que existe en su seno? ¿Un emperador sostenido por los principios conservadores de los tronos verá con indiferencia las repúblicas donde se proclaman principios contrarios a los tronos? ¿Repúblicas que aman su libertad e independencia de

Europa verán sin recelo a un príncipe de Europa, individuo de una de las familias reales de Europa? Ya comenzó la guerra entre el Brasil y Buenos Aires. Los papeles públicos manifiestan los triunfos de los republicanos sobre los imperiales... ¡Ojalá se termine en breve una guerra tan desastrosa! Ojalá conozcan todos los Estados de América que su grande ocupación no debe ser la de empeñarse en luchas destructoras sino consolidar pacíficamente sus nuevos sistemas. ¿Pero será conveniente que los gobiernos de Europa intervengan en las diferencias de los de América? ¿No habrá peligros en esa intervención? He aquí otro punto digno del de Panamá. El Congreso sabrá calcular bienes y males; él sabrá si bien deben abrirse las nuevas repúblicas a intervenciones de aquella naturaleza, o si en lo político debe haber entre ambos mundos un valladar tan grande como el océano que los separa en lo físico.

John Mawe escribió *Viajes a lo interior del Brasil*. En su obra hay noticias importantes y mineralógicas de los lugares principales de aquel país. Y de los de Buenos Aires.

Andrew Grant escribió la Historia del Brasil y en ella hay una exposición geográfica de aquel imperio.

CENTROAMÉRICA

Son poco las costas. Pero esta insalubridad no es exclusivamente propia de las Américas. Todas lo son, antes de ser pobladas en Europa y en Asia, en África y en Holanda, ¿Eran sanas las costas pantanosas de las Provincias Unidas? ¿Lo son ahora las de Italia que en más de 300 millas de playa tienen una atmósfera impura y malsana? El poder del hombre se extiende a climas y temperaturas. Que su brazo corte las selvas que mantienen la humedad y putrefacción, que su mano limpie y hermosee lo que es bruto y salvaje, y las costas siendo menos húmedas más despejadas y bellas, serán más saludables y dignas de ser habitadas.

La lógica es una. Si ha sido exacta en Europa, debe serlo también en América. Creer que a los anglo-bárbaros que comenzaron a fundar la Inglaterra convenía poblar sus costas, y que para los americanos sería impolítico o dañoso hacer lo mismo, es delirar torpemente, o hablar con el labio lo que no se siente en el pecho.

Teniendo Guatemala 1.400 leguas de costas en derredor de 20.920 de superficie ¿cuántos millones será capaz de producir en las tres creaciones minerales, vegetal y animal?

Merced al descuido con que se ha visto la población, un área de no 20.920 leguas cuadradas sólo tiene un millón y medio de individuos, una provincia más vasta que España, más dilatada que Inglaterra tiene aún el quinto de la población que existe en una y otra.

La figura del territorio de esta república es la de un polígono triangular. Su vértice está en la provincia de Panamá, y su base en la línea la que separa de Nueva España.

Altura. La misma montaña que saliendo de las aguas del océano Austral pasa por la América del Sur, angostándose en el istmo de Panamá y extendiéndose después, atraviesa el territorio de nuestra república. No se han medido todavía las alturas de los puntos más elevados. Pero los vegetales de tierras frías, templadas y calientes, producidos en abundancia, manifiestan la escala hermosa de elevaciones sobre el nivel del mar, desde la temperatura abrasadora de la costa, hasta la del hielo y de algunos grados bajo el cero en la estación del frío.

Población. La de esta República es más grande que la de la Isla de Cuba, que según los últimos censos sólo sube a 700,000 individuos, más grande que la de Venezuela que solo tiene 900,000, más grande que la de Nueva Granada, que solo cuenta 1.800.000, más grande que la del Perú, que solo numera 1.400.000, más grande que la de Chile, donde se calculan 1.100.000, más grande que la de Buenos Aires, donde se computan 2.000.000. En Guatemala calculan unos tres y otros dos millones largos de habitantes, Todas las probabilidades son en su favor. No ha habido en ella desde muchos años peste alguna desoladora, no ha sido víctima de las guerras devastadoras que han sufrido Colombia y México, las tierras son fértiles, las substancias baratas, el sexo fecundo y el peso de las contribuciones mucho más suave que en Nueva España, y las demás naciones de América y Europa.

Permítaseme hablar de las provincias centrales de América. No es ilusión, no es delirio. Es vaticinio alegre de la razón. Comayagua, León y Costa Rica, gobernadas por genios, serán ricas, poderosas y felices. Su posición geográfica es más ventajosa que la de todas las provincias de este Continente. Están en el centro de ambas Américas; y pueden ser el Emporio del mundo. Tienen puertos al Norte y al Sur, pueden dilatar sus relaciones con el antiguo y nuevo Continente, pasar al uno las producciones del otro, ser el cauce de las riquezas de ambos.

La fecundidad de sus tierras es prodigiosa. Se suceden unas a otras las cosechas en un solo año, la vegetación es colosal en sus costas. Los artículos que pueden cultivar y exportar son muchos. Añil, algodón, grana, azúcar, bálsamo, zarza, etc., todo se produce bien en sus fértiles tierras.

Esta es la distribución de Partidos que ha hecho la Diputación provincial de León de Nicaragua. No tenemos todos los datos necesarios para juzgar de ella. Pero la suponemos, fundados en el celo de aquella corporación, aproximada a la exactitud posible. Deseamos que las Diputaciones de Comayagua, San Salvador y Chiapas hagan también la de sus territorios respectivos; y completándose al fin la de todos, publicaremos gozosos el cuadro grande de esta vasta hermosa superficie de tierra.

No han sido formadas por la razón la división económica, la eclesiástica, la militar y la forense de lo que antes se llamaba Reino de Guatemala. Parecen hechas a la aventura sin fijar los principios que debían servir de base.

El Gobierno que en una provincia se concentra en el espacio pequeño de 18 leguas de longitud sobre 13 de latitud, en otra se extiende a un área de 28 leguas de E. a O. sobre 30 de N. a S. El poder que se dilata en unas a 200,000 individuos es reducido en otras a 25,000. Y si los asuntos civiles y eclesiásticos de un Partido se terminan a 30 o 40 leguas de distancia, los de otro no pueden fenecerse sino atravesando 200, 300 o 400.

Ved aquí producida por la división injusta de territorio, la desigualdad de fortunas, origen de vicios, causa de la miseria en unos y de la riqueza en otros.

Es uno el Juzgado de alzadas para terminar en último recurso las diferencias de los mercaderes de Cartago y León, Tegucigalpa y Comayagua, San Salvador y Chiapa; una la Audiencia para decidir en apelación y súplica los pleitos del de Matina y San Juan, de Trujillo y Omoa, del Realejo y Sonsonate, de Soconusco y Suchiltepeque, etc

El hijo de Cartago despojado de su propiedad no puede pedir que se le ampare en ella sin caminar 400 leguas atravesando el Partido de Costa Rica, la provincia de León, la de Comayagua, la de San Salvador y la de Guatemala.

¿Cómo es posible amar o cómo puede imaginarse que el interés sude en hacer productiva una propiedad que la mala fe puede arrebatar y el dueño no encuentra en 100 leguas en torno a un Tribunal que le ampare?

Son fecundas las tierras y feliz la posición. Pero la ley es injusta, o poco previsora. Brota riquezas nuestro sistema físico; pero sofoca estas riquezas nuestro sistema político.

Lejos de nosotros el pensamiento de dividir unas de otras las provincias. Es preciso que haya un centro de unión; y sólo esta unión puede dar fuerzas a provincias débiles por el atraso de su población, débiles por su pobreza y miseria.

Pero manteniéndose unidas con el vínculo que debe estrecharlas con el lazo que sabrá formar la razón es la que se ocupa en formarlo, parece necesario que una división menos injusta de territorio haga más enérgicos los Gobiernos, derrame con más igualdad la riqueza, procure con más celo el equilibrio y funde, en este equilibrio el plan de administración que debe hacer felices a todos los individuos del sociedad, a todos los hijos de la familia.

Las bases de una división aproximada al grado posible de exactitud son la extensión territorial, la población y la proporción respectiva de contribuciones. Pero ninguna de ellas debe serlo exclusivamente.

Si el hijo de México ama su independencia, el hijo de Guatemala sabe estimar la suya. Si es justa la causa del primero, debe ser sagrada la del segundo.

El hombre del Norte o del Mediodía, de la zona tórrida o glacial desea siempre su mayor bien posible; y es tan grande el que resulta a las naciones de tener su gobierno en su mismo seno, que en todos debe suponerse el amor más intenso a la independencia.

Guatemala independiente de México será nación soberana, se constituirá como exijan el sistema físico, económico y moral de sus pueblos; tendrá un Congreso que le dicte leyes propias del clima de sus provincias y carácter de sus habitantes, pondrá su gobierno en manos de sus mismos hijos, su suerte dependerá de ella misma, sus destinos serán los que ella quiera Sean.

Guatemala sometida a México sería provincia remota de Nueva España, tendría a 500, 800 y 1,000 leguas de camino intransitable, el gobierno supremo; sería casi nula su representación comparada el número de sus diputados conde de los de esta nación; sería costoso y atrasado el despacho de sus asuntos existiendo a tanta distancia el centro de su administración.

Comparando unos con otros los bienes que les promete la independencia, y los males a que las condenaría la sujeción a México las provincias de Guatemala, puestas en libertad de elegir, no podían vacilar en la elección. Por instinto, si se les negara la nacionalidad debían preferir lo que les interesa, por instinto debían repugnar lo que les daña.

Guatemala no es un pueblo de hurones o cafres, de mecos o comanches. Conoce sus derechos, y por conocerlos proclamó su independencia del gobierno español, por conocerlos pronunció la de México.

No podía ser más solemne ni más reiterado su pronunciamiento. Ha expresado su voluntad de diversos modos y con distintos idiomas, la ha manifestado con hechos y palabras. La diputación provincial de Guatemala manifestó al Congreso de México, en oficio de 26 de abril último, que la unión de aquella nación con México fue decretada de un modo violento; que las provincias de San Salvador, Granada, Costa Rica y otras, quedaron tan disgustadas que quisieron sostener su independencia de Nueva España con las armas en la mano; que la marcha progresiva de las cosas acabó de fastidiar a los pueblos en tanto grado, que aún aquellos que antes dieran muestras de adhesión al Imperio Mexicano, dejaban percibir el estado violento en que se hallaban, que en Guatemala hay hombres que saben apreciar su libertad e independencia, que todo hacía temer un movimiento funesto; y que para prevenirlo (haciendo lo que deseaba la voluntad general), se había creído conveniente el decreto de 29 de marzo en que se convidaba a las provincias a elegido diputados, que Guatemala se hallaba tranquila en la elección de sus representantes, y veía con bastante placer que aún las provincias separadas anteriormente volvían a formar un todo con su capital.

Los diputados de Chiapas, León, Tegucigalpa, Escuintla, Chiquimula y Sacatepéquez, que asistían al Congreso de México y tienen el carácter de naturales y vecinos de Guatemala, manifestaron en Mayo siguiente los derechos de aquellos pueblos a su independencia y libertad.

Posteriormente reunido en Guatemala el mayor número de los diputados que corresponden a aquella nación, se instaló su Congreso el día 24 de junio último. El pueblo explicó su gozo con todos los idiomas de la alegría, los cuerpos le felicitaron con iguales sentimientos; y el 10 de julio de 1823, tan grande para Guatemala como el 15 de Septiembre de 1821, se acordó la acta memorable que en lo sustancial dice así:

"Los representantes de las provincias unidas de Guatemala, considerando que la incorporación de ellas al extinguido Imperio Mexicano, verificada solo de hecho fue una expresión violenta, no acordada ni pronunciada por órganos legítimos y contraria a los intereses y derechos sagrados de los pueblos nuestros comitentes, y opuesta a su voluntad... en su nombre, con su autoridad y conformes en todo con sus votos, declaramos solemnemente: que las expresadas provincias son libres e independientes de España, de México y de cualquiera otra potencia así del antiguo como del Nuevo Mundo, y que en su consecuencia son y forman nación soberana, con derecho y en aptitud de ejercer, como los otros pueblos libres de la tierra".

Esta Acta es de la naturaleza. Habla su idioma, y está escrita con sus caracteres. No la firmaron física o materialmente los diputados que no podían firmarla por no haber llegado aún a la ciudad de Guatemala. Pero la suscribieron los corazones de todos los pueblos. La voz de un solo diputado hubiera sido la expresión de la voluntad general, porque la voz de la independencia es voz de la naturaleza.

No fue sin embargo un diputado el que la acordó. La decretó la mayoría de todos los diputados que corresponden a la nación guatemalteca; y esto solo bastaba para que fuesen independientes de México, aun aquellas provincias cuyos representantes no habían llegado a Guatemala a la fecha en que fue acordada.

No es preciso que en unas cortes estén los diputados de todas las provincias para que sus acuerdos las obliguen con generalidad. El principio de la mayoría respetado en todas las naciones, debe serlo en

Guatemala. En todas ellas la voluntad de la mayoría ha bastado para acordar decretos y leyes. En ninguna se ha exigido la totalidad de vocales para la instalación y acuerdos de las corporaciones o poderes; solo con la mayoría se instaló y funcionó la junta central de España; solo con la mayoría se instalaron y dictaron leyes, las cortes de Cádiz; solo con la mayoría decretaron las mismas cortes la constitución política de la monarquía española; solo con la mayoría se instalaron en Francia los cuerpos legislativos que tuvo sucesivamente; solo con la mayoría se instaló y acordó leyes y decretó el Congreso de México; solo con la mayoría declaró el mismo Congreso nulos el plan de Iguala y tratados de Córdoba, y libre a la nación para constituirse como convenga a sus intereses; solo con la mayoría acordó el mismo Congreso que la del futuro que se va a instalar, es bastante para que se instale legítimamente. Si la mayoría de ciudadanos es suficiente con los gobiernos democráticos, la de representantes debe serlo en los representativos.

Decir que los acuerdos que el Congreso de México, donde jamás se ha reunido el número total de sus individuos, obligan aun a las provincias cuyos representantes no han asistido a sus sesiones, y proponer lo contrario cuando se habla del de Guatemala, sería sensible para los que desean que la verdad sea una, y los principios idénticos en todos los países del mundo.

Las provincias, cuyos diputados no habían llegado a la capital de Guatemala, el día en que pronunció su independencia justa de México, no habían indicado voluntad contraria a la de ser independientes. No era prueba o indicio la demora de los mismos diputados. Diversas causas podían haberla producido. Las aguas en una estación tan abundante, el arreglo de intereses domésticos, incidentes inesperados, motivos imprevistos, todo esto pudo embarazar su marcha y diferir su llegada.

En esta capital existen algunos individuos electos diputados para el congreso de Guatemala, desde junio que tuvieron aviso oficial de su elección, lo manifestaron al de México, desde setiembre hicieron presente la orden que habían recibido del gobierno de Guatemala para retirarse de esta a aquella capital. No les despachó el Congreso de México sin duda por los asuntos que ocuparon su atención ni en julio ni en agosto, ni en setiembre; y en octubre se acordó que no se hallaban en el caso de retirarse los diputados de aquellas provincias cuyos representantes no estaban en el Congreso, el día que se pronunció su independencia de Nueva España. El congreso de México pronunciando este acuerdo determinó tácitamente que los diputados electos para el de Guatemala por Sololá, Chiquimula, Escuintla y Tegucigalpa no se hallaban en el caso de retirarse a Guatemala, porque no estuvieron en la sesión en que se pronunció independiente.

El Congreso de México no despachando la solicitud de los mismos diputados que deseaban ir a Guatemala, a manifestar sus votos por la independencia de su patria, no les otorgó el permiso que solicitaban.

La causa que pudo influir para proponer que no se hallaban en el caso de retirarse era, que las provincias deben expresar su voluntad por medio de sus representantes, y no habiendo asistido estos al Congreso de Guatemala, ignoraba el de México, la voluntad de aquellas. Pero si los diputados de Escuintla, Chiquimula, Sololá, Tegucigalpa son los que más han sostenido en México la independencia de su patria, ¿podía existir respecto de ellos la causa que se expresa?

Llegando a Guatemala el día grande de su independencia, los diputados que faltaban, sus votos debían ser precisamente en contra, o en apoyo de la libertad de su patria. En uno y otro caso debía ser ley el acuerdo de la mayoría, en ambos debían quedar obligados a respetarla y cumplirla todas las provincias, en los dos debía ser para todas, base fundamental de su constitución. En nada se alteraba el acta de independencia. Una provincia no debía ser desmembrada de las demás. Todos debían respetar la ley de unidad. Acordada por la mayoría del Congreso mexicano la independencia del gobierno español, ¿podrían unirse con España las provincias cuyos representantes no hubiesen asistido a la sesión?

Las provincias cuyos diputados no habían llegado a la capital de Guatemala el día 1º. de julio último quedaron obligadas al acuerdo de la misma fecha pronunciado por la mayoría. No era precisa ratificación alguna. Pero aun lo que no era necesario ha sido hecho.

Llegaron a Guatemala los diputados que faltaban; y con unanimidad de votos se acordó el 1º. de octubre el acta que en sustancia dice así:

"El Congreso constituyente de las provincias unidas de Guatemala, teniendo presente que al pronunciar en 1°. de julio último la declaración solemne de su absoluta independencia y libertad, no estaban los diputados de Comayagua, León y Costa Rica; que están ya los de las dos primeras, que si no están los de la tercera, son repetidos los testimonios de su decisión a ser libres; que por formal declaración de su Congreso provincial, está ya unida dicha provincia con las demás que constituyen este nuevo Estado por tanto, el Congreso, en nombre y con autoridad de todas las provincias confirma y ratifica solemnemente y por unanimidad de sufragios, la declaración de independencia absoluta y libertad pronunciada en 1° de julio de este año".

Así es como Guatemala en actos repetidos y solemnes ha declarado su independencia absoluta, así es cómo todas aquellas dignas provincias están acordes en el sentimiento justo de ser independientes de Nueva España, así es cómo en aquella nación hay armonía y unidad en el punto primero de su constitución.

El gobierno y Congreso de México reconocieron sus derechos en la sesión memorable de 1° de julio último. El ministerio de Estado, órgano del primero, manifestó que siendo libre Guatemala para constituirse como quisiese, debía retirarse de su territorio la tropa mexicana; y convencido el segundo de esta verdad, se sirvió acordarlo así.

Han reconocido, por consiguiente, que Guatemala debía de oponerse al estado que tenía en 1821, cuando proclamó su independencia del gobierno español; han reconocido que restablecida a aquel estado, tenía derecho para reunirse en cortes y constituirse como les pareciese; han reconocido que es nación soberana porque solo aquellas que lo son tienen derecho para constituirse como les parezca y sí México lo es como Guatemala; si un gobierno no puede tener intervención en los negocios de otro gobierno, el de México conoce que no debe haberla en el de Guatemala.

La intervención del uno en el otro podría ser de dos maneras 1a.; desatendiendo el reconocimiento que hizo de los derechos de Guatemala para construirse como le parezca, diciendo que no la tiene por nación soberana; y mandando la fuerza necesaria para mantener sometidas a todas las provincias: 2a., dando protección directa o indirecta a los que se empeñaron en la sujeción de Guatemala a México.

Lo primero sería contrario a las luces del siglo repugnado por la razón y resistido por la justicia; no daría derecho alguno a México sobre Guatemala, irritaría a aquella nación, la llenaría de entusiasmo por su libertad, haría que sus hijos la defendiesen con energía, se derramaría sangre, se facilitarían invasiones extrañas, se daría a la causa justa de América el golpe más funesto, se desacreditaría en el mundo entero el gobierno de México.

Lo segundo sería también contrario a los principios del siglo indecoroso para el gobierno de México, desaprobado por la razón, y condenado por la justicia, alentaría a los que tuviesen interés individual en la sujeción de Guatemala, fomentaría intrigas subterráneas, engendraría partidos, dividiría a aquella nación, haría nacer guerras intestinas, debilitaría a esa porción hermosa de la América, aventuraría su suerte exponiéndola a agresiones extranjeras; desopinaría al gobierno de México, y la suspicacia diría que era una conquista simulada.

El sello grande que debe marcar a un gobierno es la prudencia Si queremos dar crédito al nuestro, caminemos gradualmente guiados por ella, Guatemala, colonia primero, y provincia después, conoce las rutas por donde han sido llevadas las que eran colonias españolas, sabe cuál ha sido el régimen provincial con que han sido administrados los partidos, pero no tiene experiencia de la senda o camino de las naciones independientes y libres. Es necesario obrar con detenimiento y circunspección, es preciso guiarse por la prudencia que jamás da un paso sin meditar las consecuencias.

Obrando de esta manera los hombres pacíficos, de luces, caudal o talento probado en algún género de industria, emigrando de lugares que amenazan erupciones vendrán a fijarse en el nuestro, hará progresos la población, adelantarán nuestras artes, se extenderá nuestro comercio, se aumentará el número de ciudadanos beneméritos; y este pueblo que tiene tantos derechos a mi gratitud será sin convulsiones ni sacrificios elevado al goce de la felicidad que le deseo, y formará el objeto constante de mis pensamientos, de mis trabajos, de mis sacrificios y de mis intereses.

Toda creación es difícil, cualquiera que sea su género. Añadir perfiles a lo que está bosquejado, avivar luces u oscurecer sombras en lo que ha sido pintado no es obra muy ardua. Sacar las cosas de la nada, concebir el cuadro, pasar a la tela todo lo bello que existe en la mente, es el máximum de la dificultad.

Se trata de crear una República donde no había más que una colonia regida por un gobierno lejano, se trata de hacer ciudadanos a hombres que por tres siglos habían sido formados para que no lo fuesen jamás, se trata de desarrollar la multitud de gérmenes que existen escondidos en una extensión vasta de miles de leguas, se trata de abrir canales, mudar el curso de las aguas, descuajar montes y taladrar montañas, se trata de luchar con la naturaleza y hacer culto lo que era bruto. He aquí en la serie de dificultades el último término de la progresión.

Guatemala cuenta muchos siglos desde que empezó a existir. No tiene historia alguna de los anteriores a su conquista no hay un cronicón de aquel en que fue conquistada; y le falta aún esto de los posteriores. Está a merced de los papeles fugitivos que quieran publicar partidos contrarios, divididos en sus intereses, opuestos en sus pensamientos. No existe una Historia que fije la opinión pública en Europa y en América por la imparcialidad de su narración, la filosofía de su doctrina, y la elocuencia de su estilo. No se ha formado el cuadro que debe presentarle las causas que la han llevado de un estado a otro estado, los resortes que la han puesto en movimiento, los agentes que la han elevado o deprimido. Son muertos los siglos corridos. No recibe experiencia de ellos. Vive en el momento presente, no ve lo pasado, no presiente lo futuro; y montada sobre un torrente no sabe si las aguas la llevan al edén, o la arrastran a un abismo.

Nosotros hemos nacido en el Estado, andamos sobre su territorio, respiramos su atmósfera; vivimos con sus habitantes. No lo conocemos sin embargo como es preciso conocerlo; y sin ese conocimiento es difícil dictar leyes y acordar medidas que estén en armonía con él. El estudio de la Historia no es un estudio vano. Es necesario para saber gobernar.

Guatemala es la parte más felizmente situada en este continente, es una de las porciones más hermosas del nuevo mundo, es el bello central de la América.

No es una masa inmensa de tierra como la Rusia o Nueva España, o un palmo pequeño como la Helvecia o la Holanda. Es un medio feliz entre la extensión excesivamente vasta de los reinos que por ser demasiado grandes están yermos y mal administrados, y la pequeñez extremadamente mínima de aquellos Estados que por ser muy cortos no pueden tener riqueza ni fuerzas.

Guatemala situada en medio de las dos Américas, entre los dos océanos, el Pacífico y el Atlántico, tiene de área 26.159 leguas cuadradas, desde el Istmo de Panamá hasta la línea que la separa de Nueva España. La cordillera que sale de las aguas en el Cabo de Hornos y se dilata por Sur América, es la que sigue por Guatemala y se extiende por el territorio mexicano. Teniendo por vértice el Istmo de Panamá y por base la línea divisoria de Nueva España, la figura de lo que se llamaba Reino de Guatemala se aproxima a la de un polígono triangular regado por diversos ríos de distintas direcciones. El del Golfo, el de Motagua, el de Ulúa, el de León, el de Aguán, el de los Limones, el de los Plátanos, el de la Fantasma, el de Mosquitos, el de San Juan, el de Chamelecón y el Tinto, fertilizan la banda del Norte. El de Huista, el de Salamá, el de Jicalapa, el de Michatoya, el de los Esclavos, el de Paz, el de Sonsonate, el de Lempa, el del Viejo, el de Nicaragua y el de Nicoya, fecundizan la del Mediodía.

Hallándose situada en medio de las dos Américas, su posición la hace centro de nuevo mundo, la coloca casi a igual distancia de los pueblos de ambos Continentes, le facilita relaciones con unos y otros y la destina a ser el emporio del comercio y el punto de más grande sociedad, riqueza y poder.

No hay germen alguno de riqueza que no exista en un territorio de posición, extensión y figura, elevación y naturaleza tan ventajosa. El minero puede trabajar minas de los metales más preciosos, del oro y la plata, del fierro, cobre y plomo en la misma cordillera que ha dado tanta riqueza a México y al Perú. La agricultura halla tierras de todas calidades para los diversos métodos de cultivo temperaturas para casi todas las clases de vegetales, aguas para facilitar sus riegos, alturas pendientes y valles para variar sus siembras. El comercio abriendo caminos en unos lugares y componiéndolos en otros, tiene para el giro interior y exterior las producciones más importantes de los tres reinos y los puertos más ventajosos para extender sus especulaciones. La marina puede encontrar todos los elementos necesarios para formarse y elevarse al grado más alto de poder.

Montañas dilatadas de cedros y otras maderas de construcción cubren las costas a lengua de agua, sin otro costo que el de cortarlas y labrarlas; las breas y los alquitranes, de que se hacen extracciones para la otra América, son abundantes, el cobre y el hierro lo son también en los minerales de diversas provincias, el algodón es fruto de este suelo que se vende a ocasiones a un precio que no costea los gastos del cosechero, y la lona que se hace de él, se estima en la navegación del Sur. Los cables de henequén son, según dice Ulloa, de más resistencia y duración que los de cáñamo; y el henequén es común en estos países; los jornales son aquí más baratos que en otros lugares; y en las costas inmediatas a los puertos hay haciendas ricas de ganado vacuno.

Más de un millón de individuos poblaban parte de este hermoso territorio a mediados del siglo pasado. No ha habido en este período causas extraordinarias de desolación, y la fecundidad del sexo es en estos países bien conocida.

...las leyes no se forman entre los horrores de la discordia. Se meditan en el silencio de la paz con el reposo del orden. Si en vez de pensar en nuestra común felicidad maquinamos nuestro mal recíproco, si en lugar de ocuparnos en los trabajos pacíficos de la legislación, nos abandonamos a las disputas sangrientas de las divisiones intestinas, no gozaremos jamás de nuestra Independencia, nos sacrificaremos unos a otros; y en medio de cadáveres, cansados al fin de derramar sangre, nos sentaremos sobre escombros y ruinas a contemplar las de Guatemala, y llorar nuestras desgracias.

Monarquía de reyes indígenas, provincia sometida al de España, República Central gobernada por un capitán general de acuerdo con una Junta Consultiva, provincia sujeta al Emperador de México, República Central regida por un Poder Ejecutivo compuesto de tres individuos, República Federal dirigida por un Presidente y cinco Jefes de Estado; tales son las formas que la mano del tiempo ha ido dando a Guatemala. ¿Recibirá todavía otras en lo sucesivo? ¿Cesará de ser lo que es? ¿El genio de la revolución seguirá aún variando escenas y presentando otras piezas en las tablas?

En lo presente está siempre el germen de lo futuro. Contemplemos atentamente lo uno, si queremos ver lo otro en toda su luz.

Centro América ha tenido la suerte general a todas las naciones del mundo. Ha sufrido revoluciones sucesivas en su sistema social. Fue primero dividida en naciones de indios gobernadas por reyes indígenas; después provincia de España conquistada por la fuerza, posteriormente provincia de México sometida por la intriga y por la violencia, y al fin República independiente y libre.

Estos son los cuatro períodos de su existencia política. El primero es tenebroso porque lo es siempre todo origen en los hombres y en los pueblos. El segundo ha sido ilustrado por la historia y se conservan los códigos y documentos que le dan luces abundantes. El tercero y el cuarto son de nuestra época. Hemos sido testigos de todos los acaecimientos ocurridos; y continuamos espectadores de los que va desenvolviendo el tiempo.

Para evitar males tan graves como trascendentales los pueblos deben hacer selección de hombres capaces de impedirlo. Este punto es base fundamental de todos los demás. El gobierno llama a él todas las atenciones porque los errores o equivocaciones serían decisivas de nuestros destinos.

Son diversas las especies de gobierno porque lo son también los modos con que puede hacerse la combinación de autoridades. Pero las manos que dirección a los asuntos son las que hacen variar el aspecto de una administración. En un mismo gobierno sin variar su esencia ni mudar su legislación, Floridablanca dio ser a la nación que apenas la tenía, y Godoy la arrojó a los abismos.

No olvidéis, pueblos, la verdad grande que presenta la Historia de todas las naciones. El gobierno que influye más en la felicidad general es el mejor administrado. Del acierto o desacierto en las elecciones va a pender nuestra felicidad o destrucción.

La ley ha puesto en vuestras manos el derecho a elegir a los de legislar, gobernar y juzgar. Vuestra voluntad va a decidir vuestra suerte.

Elegid hombres penetrados de la necesidad de ser independientes de las dos Españas antigua y nueva, si queréis serlo en lo sucesivo;

elegid a aquellos que hayan dado pruebas inequívocas de adhesión a vuestra independencia absoluta si queréis consolidarla; elegid a aquellos que llenos de consejo y prudencia puedan guiarnos con ella a igual distancia de la licencia que olvida los deberes y el despotismo que destruye los derechos; elegid a aquellos que tienen energía bastante clavarse sobre los intereses mezquinos de individuos o cuerpos decretar leyes que tiendan al mayor bien posible del mayor número posible; elegid a aquellos que siendo rectos como la línea que tira el para geometría sin inclinación a un lado ni otro, puedan administraros justicia con igual rectitud; elegid a aquellos que hayan aprendido la ciencia difícil del gobierno y la experiencia aún más dificultosa de saberla aplicar al momento y circunstancias en que se halla la nación.

Pero haciendo elecciones que os hagan honor, desoyendo la voz de la intriga y despreciando las artes de la seducción, no olvidéis que conservación del orden es el primer bien de una nación. Se ha escrito en diversos tempos y países contra las elecciones populares; se ha pensado que no puede haber en ellas el acierto que se juzga privativo de una cámara; se ha creído que son origen de divisiones o partidos, de movimientos o revoluciones. Manifestad, ahora que vais a fijar vuestros destinos, que los pueblos de esta República saben elegir con juicio y mantener el orden de sus elecciones. Acreditad al mundo entero que si las populares han sido tempestuosas en otros países, en Guatemala son de paz, sosiego y tranquilidad.

Obrando de este modo las naciones extranjeras reconocerán la independencia absoluta de ésta; y consolidada como es justo, planteando el nuevo gobierno y dedicada la atención a las fuentes de estos Estados serán en la América, el centro de la paz y riqueza, esta felicidad al mismo tiempo que las convulsiones agitan desgraciadamente al Norte y al Mediodía.

Guatemala conoce y respeta a la verdad. La América no debe estar sujeta a la Europa. Centro de América debe ser independiente del Norte y del Mediodía. Este es el pronunciamiento justo de Guatemala; y para que no sea ilusorio, para que esta digna nación, debilitándose por divisiones, no sea presa de invasiones externas, sus hijos, unidos en opiniones y sentimientos, quieren tener la fuerza irresistible de la unión.

Formemos de todos los espíritus un solo espíritu, y de todas las voluntades una sola voluntad. Que se vea a todos los Estados dispuestos a enviar sus fuerzas a cualquier punto donde pueda ser atacada nuestra libertad, que se conozca por los hechos que estamos unidos en el punto importante de defenderla y haremos por ella cualquier sacrificio por costoso que sea.

Independencia absoluta, resolución noble de sacrificarnos si es preciso para conservarla, orden y tranquilidad para que aventureros extraños no aprovechen la ocasión de encontrar divididos a los pueblos; vigilancia de Argos para observar a los que lleguen a nuestros puertos; cien ojos sobre los que quieren mezclarse en nuestros asuntos sin ser ciudadanos ni acreditar títulos para serlo; respeto a la ley a para que el mundo entero vea que si amamos la independencia no es por abandonarnos al vicio, sino porque sabemos cuáles son nuestros derechos y no tenemos voluntad de ser esclavos.

En dos territorios de igual superficie si el uno es de bosques y baldíos, y el otro de pueblo y tierras Cubierto tensión territorial no podría ser medida justa ni dar la igualdad respectiva que es d objeto grande de la división.

La población es una base variable que obliga por sus progresos o retrocesos a estar mudando los límites territoriales de cada provincia, forma secciones extremadamente desiguales; y quebranta linderos designados acaso por la naturaleza.

La mayor o menor cantidad de contribuciones haría que la riqueza fuese el origen de la mayor o menor felicidad de los hombres, uniría a la aristocracia orgullosa de los títulos, la aristocracia insolente de la plata; y arrastraría a ver este metal como la fuente del bien o el principio de los derechos.

La división de provincias y secciones de provincias debe hacerse en razón compuesta del territorio, población y contribución. Combinando estos tres elementos con imparcialidad y sabiduría es como puede hacerse una obra que a más de los bienes que promete parece en nuevo sistema una guna de las que exige la necesidad. Ella provendría los males que origina al fin en el curso del tiempo una distribución irracional del territorio; ella acercaría a todas las provincias en derredor de un centro común, ella establecería la igualdad posible de los pueblos; y esta igualdad apretando los vínculos y distribuyendo la riqueza los haría felices a todos.

Los elementos grandes de la riqueza de un pueblo son la extensión, feracidad y posición de sus tierras; la justicia de sus leyes, protectoras de las personas y propiedades; el celo activo de su gobierno; la libertad de sus individuos para cosechar y exportar los frutos que convenga a su interés individual; y la facilidad de comunicaciones por agua y tierra para la extracción breve y poco dispendiosa de los géneros y frutos, Guatemala posee en grado eminente todos los principios de prosperidad. En toda la extensión de la América, es la que se halla en posición más feliz. Tiene una legislación que respeta a los propietarios, dignos siempre de la protección de los poderes porque están unidos con la patria por vínculos estrechos. La rige un gobierno justo en sus providencias y liberal en sus principios. Y todos los agentes de la industria rural, fabril y mercantil tienen el derecho sagrado de dar libremente a sus intereses la dirección que les parezca.

Cada época ha presentado dificultades más o menos graves. La verdad es siempre la que tiene mayor número de enemigos; los que intentan decirla son los que se ven más amenazados. Pero otras repúblicas han sido sin embargo más felices que la nuestra. No sé qué hado triste hace derramar lágrimas en los paralelos que se forman. Centro América, tan distinguida por la naturaleza, queda siempre atrás en lo que es obra de arte.

En esta zona feliz donde la tierra entera parece tornarse vida, en la tórrida donde la naturaleza ha creado lo grande y majestuoso, está situada la provincia de Guatemala entre los 8 y 16 grados de latitud boreal, en el centro de las dos Américas, en medio de los dos océanos que bañan la inmensidad del Globo.

Guatemala es una situación tan feliz, que en pocas semanas se puede comunicar con las dos Américas, con la Europa, con el África y con el Asia. Su posición geográfica la llama a ser agricultora y marina, a tener las riquezas que da la una y las relaciones que facilita la otra. Guatemala, colocada en la posición más feliz de la América, extendida sobre una área de ciento cincuenta mil millas cuadradas de tierras de diversos grados de temperatura y fertilidad y poblada de dos millones de individuos de diversos talentos y aptitudes, tiene los elementos más preciosos de prosperidad, las semillas más fecundas de riqueza, los principios más activos de lo grande. Bien administrada, por un gobierno que quiera, sepa y tenga las facultades precisas para desenvolver aquellos gérmenes, Guatemala no sólo puede ser nación independiente, sino rica también fuerte y poderosa. Pero mal administrada, por un gobierno que no quiera o no sepa o no esté bastante autorizado para desarrollar sus elementos, Guatemala no podrá ser pueblo independiente y libre, grande ni rico. Ved esas tierras tendidas, fértiles y bien situadas. Serán jardines, si el propietario, dueño de ellas, quiere y sabe labrarlas. Serán malezas, abrojos o gramas, si no tiene voluntad o pericia para cultivarlas. Mirad ese joven robusto y disperso para recibir la educación más feliz. Será pequeño si su preceptor no quiere que sea grande; pero será sabio si su maestro quiere que sea ilustrado. Un pueblo de dos millones de individuos, colocado en lo mejor del nuevo mundo, tiene principios o recursos que no temo llamar inmensos.

Guatemala está colocada en posición más feliz que Colombia y Nueva España; es señora de tierras fecundas que en diversos artículos dan dos y tres cosechas al año; hay en ella escala verdadera de temperaturas; sus montañas son criadoras de los metales más preciosos; su suelo brota vidas por todas partes. Pero desconocidas en el mundo ¿pueden ser valores tantas riquezas? ¿Brilla el Diamante, o tiene precio el Rubí escondido entre las peñas, ignorado de todos?

Yo quisiera que los jefes de los Estados, penetrándose de la importancia de la estadística, nos remitieran para ir formando la de esta República, los datos o noticias que reúnan sobre los puntos siguientes:

1. ¿Cuál es el grado de latitud del pueblo cabecera de cada partido? 2. ¿Qué grado señala el termómetro en las estaciones principales del año? 3. ¿Qué vientos son los que soplan o dominan sucesivamente en ellas, sin son secos o lluviosos, cálidos o fríos? 4. Si hay rayos y temblores y en qué meses son más frecuentes? 5. ¿Cuántas leguas cuadradas se calculan en la extensión de cada partido? 6. Si el terreno es plano, montañoso, arcilloso, calizo, ¿pedregoso o arenoso? ¿Si está cubierto de bosques o desnudo de ellos? 7. Si hay ríos y lagunas, y cuál es el curso de aquéllos, ¿y la extensión de estas? 8. ¿Si hay volcanes encendidos o apagados? 9. Si

hay minas, ¿Cuál es su posición y qué metales producen? 10. ¿Cuáles son las frutas, hortalizas, plantas medicinales, maderas, granos, etc.? 11 ¿Cuáles son los animales principales terrestres, acuátiles y volátiles? 12. ¿Cuál es el número total de habitantes, expresando el de hombres y el de mujeres, el de labradores, el de hacendados de ganado, el de comerciantes y el de artesanos? 13. ¿Cuál es la estatura ordinaria de los naturales del partido, si son pequeños o grandes, flacos o corpulentos? 14. ¿Cuáles son las enfermedades crónicas o accidentales, epidémicas o endémicas de qué remedios hacen uso comúnmente y qué resultados tienen en lo general los que emplean? 15. ¿Cuáles son los vicios dominantes, en qué clases y en qué estaciones del año? 16. ¿Cuáles los artículos principales de la agricultura del partido, cuántas fanegas de cosecha da una de sembradura en cada uno de ellos, cuál es el método de cultivo que se observa, y cuál el de administración en las haciendas de ganado? 17. ¿Cuáles son las artes u oficios que se ejercen en el partido, cuáles las más lucrosas, y qué otros podrían establecerse fácilmente? 18. ¿Cuáles los artículos de importación y exportación en el Estado y cuál su balanza respectiva? 19. ¿Cómo se hacen los transportes o conducciones: cuántas arrobas carga un caballo, una mula, un burro, cuánto es el flete que se paga y en qué lugares habría facilidad de hacer camino de ruedas? 20. ¿Cuáles son los impuestos o contribuciones que forman la hacienda pública de cada Estado y a qué total ascienden sus ingresos y egresos? 21. ¿Cuántas compañías hay de milicia cívica y activa en el Estado? 22. ¿Cuántas escuelas de primeras letras y cuál es el método de enseñanza que se sigue? Si hay colegios, qué clases son las que existen y cuál es el libro elemental que se explica.

La independencia absoluta es nuestro primer derecho y el fundamento de los demás. El espíritu público es la garantía más firme de la independencia; y la libertad justa de imprenta es la que forma y dirige el espíritu público. Siendo independiente, esta nación, sus destinos dependerán de ella misma.

No es el Norte ni el Sur el que nos enviará empleados. Nosotros mismos elegiremos a nuestros legisladores, a nuestros jefes, a nuestros jueces. Si el hijo de Roma conquistando, destruyendo, talando a los pueblos se enorgullecía de ser romano, nosotros, proclamando nuestros derechos y respetando los de nuestros vecinos, nos gloriamos de ser guatemalanos.

Sus tropas no serán divisiones militares de soldados extranjeros que vengan a atropellar nuestros fueros y hollar nuestros derechos. Serán regimientos de guatemalanos formados y disciplinados para defender la libertad de los guatemalanos.

Sus individuos no tendrán que emprender largos viajes, consumir mucho tiempo, y erogar muchos gastos para interponer recursos ante el Tribunal Supremo de Justicia que resida en Pekín, Calcuta, en México o en Bogotá.

Hagamos cuentas exactas, sofoquemos el interés mal calculado de familia o de individuo; no oigamos las voces fieras del orgullo sino los acentos de la razón. ¿Queremos que nuestra patria sea libre, independiente y señora de sí misma, o colonia o provincia de otros pueblos?

Los pueblos de esta República admiran los progresos de los norteamericanos desde la época feliz de su independencia; saben que los mexicanos dicen que los han hecho desde que son libres; oyen las mismas voces en Colombia, Buenos Aires y Chile; y volviendo los ojos a su propia historia ven que sus puertos, cerrados antes a todo el mundo, han sido después de nuestra libertad abiertos a todos los pueblos; ven que los derechos gravosos en el tiempo de los gobiernos español y mexicano, son al presente más moderados que en las demás naciones; ven que el precio de sus frutos de exportación se ha aumentado y el de los géneros de importación ha bajado; ven que casas extranjeras les ofrecen en empréstito los millones de pesos que necesiten para consolidar su gobierno y mejorar todos los ramos de industria; ven que distintos extranjeros ofrecen mineralogistas, máquinas y fondos para el laboreo de nuestras minas; ven que la libertad justa de escribir y publicar pensamientos, prohibida antes se ve antes severamente, está ahora permitida por la ley fundamental; ven que la ilustración ha hecho progresos y va circulando por todas partes; ven que las que eran provincias obligadas a ocurrir hasta esta capital para sus asuntos de gobierno, justicia, guerra y hacienda, son al presente estados libres que tiene en su mismo seno las autoridades y tribunales que necesitan; ven que nuestra constitución política da a los pueblos de esta nación derechos que la de México no concede a los de aquella República; ven que nuestros aranceles de comercio son sin comparación más equitativos que los de nueva España; ven que los cupos con que deben contribuir nuestros Estados son menores que los designados a los de México; ven que nuestra deuda nacional no es ni la quincuagésima parte de la de México; ven que cualquier caminante solo con un paje atraviesa el territorio de nuestra República sin necesidad de escoltas; ven que en Chile, Buenos Aires, en Colombia y en México ha habido más revoluciones o perturbaciones del orden y tranquilidad que en Guatemala; ven que esta República oscura anteriormente por ser desconocida, y sosteniendo la representación de que es digna en las naciones extranjeras; ven que han nombrado cerca de ella Colombia un plenipotenciario, los Estados Unidos un encargado de negocios y la Inglaterra un Cónsul; ven que poblados por labradores y artesanos extranjeros los campos fecundos del Ulúa, el comercio que ha elevado a La Habana haría poderoso al Estado de Honduras; ven que abierto en Nicaragua el canal de que se trata para la comunicación de los océanos, será esta nación el emporio grande del comercio de todo el mundo.

Dos millones de hombres que aman su independencia; 25 mil leguas cuadradas de tierras fecundas, bañadas de los mares; y los millones de pesos que se quieran ofrecidos en empréstitos para hacerlas productoras son elementos abundantes para ser independientes y felices. Quien lo niegue, no habla de buena fe. Excitará a risa, o acreditará designios ocultos.

El congreso general constituyente de los Estados Unidos Mexicanos reconoció nuestra absoluta independencia en decreto de 20 de agosto de 1824. La reconoció porque era justo su reconocimiento; la reconoció porque veía en esta República elementos bastantes para ser libre y soberana.

Después de aquella fecha los elementos no han sido aniquilados, ni los hombres mudados. El celo del supremo poder ejecutivo que dirigió entonces sus destinos manifestó sus trabajos en 25 de febrero último la apertura de las sesiones del congreso federal, demostró los progresos que por ellos había hecho la República y presentó la nación tranquila avanzando en su carrera.

Ninguna nación de la América española ha hecho en igualdad de tiempo y circunstancias progresos tan rápidos. Pero supóngase que lejos de hacerlos hubiéramos retrogradado desgraciadamente... ¿Daría este retroceso derecho alguno a México para hollar nuestros derechos y hacer dependientes a los que son libres? Un pueblo no deriva sus fueros, libertades y soberanía de las prosperidades perpetuas que goce. No habría en tal hipótesis nación alguna libre en todo el mundo porque no hay una que no tenga alternativamente prosperidades y reveses.

Si los reveses de una nación dieran derecho para volverla al yugo, México mucho tiempo ha que debía estar bajo el de España. Han sido grandes sus desgracias. Las ven los viajeros; y las atesta la historia. Si Guatemala es pobre, como se dice en los periódicos de México, esa misma pobreza hace necesaria su independencia porque la libertad es la que enriquece a los pueblos, la que desarrolla sus gérmenes de poder, la que eleva y engrandece. Porque la América está pobre y despoblada se ha pronunciado independiente de España para enriquecerse y poblarse. Pueblos miserables, ignorantes y desnudos son gravosos en vez de ser útiles. Si Guatemala es tan despreciable como se pinta en el cuadro del Sol y del Águila Mexicana; si era carga para la antigua España y lo sería para la nueva, México no debe pensar en ella ni temer que Castilla vuelva a reconquistarla. Objetos grandes son los que deben desocupar a México. Guatemala es minutísima.

Si a pesar de serlo, España se ocupara en su reconquista, un raciocinio muy sencillo podría calmar los cuidados. Dos millones de individuos se calculan por lo menos en esta República. Si no quieren ser españoles, su número, su amor a la libertad y las montañas de sus costas sabrán defenderlos de la agresión que se intentase. Si quisieran ser libres españoles, México no tendría derecho para coartar su voluntad. Son libres; pueden por serlo formar sociedad con quien les parezca; pueden pedir auxilios a quien les agrade.

Guatemala no quiere ser onerosa para México. Lo único que desea es que se respeten sus derechos y la integridad de su territorio; que no se le deprima o envilezca a la faz de las naciones; que no se olvide que la cuestión sobre Chiapas está todavía pendiente, y una comisión nombrada el año anterior por el supremo poder ejecutivo ha manifestado la nulidad del acta de unión con México acordada por la junta de Ciudad Real.

No es esto lo que conviene a las naciones de América, ni son los odios recíprocos de unas contra otras los que deben fomentarse en los papeles públicos. La liga, la confederación y amistad es la que debe procurarse en repúblicas nacientes que tienen una misma causa. No es Guatemala la que ha ofendido a México. Los periódicos de México son los que han agraviado a Guatemala. En ellos es donde se dice que vosotros, Pueblos de Guatemala, sois incapaces de ser libres, no tenéis virtudes, no conocéis vuestros intereses y debéis por vuestra inmoralidad e ignorancia estar sometidos a México.

Si hijos o vecinos de Guatemala han ofendido a algunos de México, ¿por qué no se conserva a la disputa o contienda el carácter personal que debe tener, por qué se le da el de nacional, por qué se agravia a los pueblos y se insulta a la República, porque se descubren miras que alarman a las provincias y deben llamar imperiosamente la atención de sus gobiernos?

Que los hombres de luces las empleen especialmente en tres puntos: 1°. Impugnar la doctrina funesta de intervenir el gobierno de una nación en los asuntos de otra; 2°. Manifestar la necesidad del gobierno que hemos adoptado para no correr los riesgos a que está expuesta una nación que no habiendo consolidado todavía su independencia sea regida por un sistema central (a); 3°. Indicar a los jefes de los Estados las medidas que conviene acordar en las actuales circunstancias, especialmente las de aquella policía que debe ser Argos sobre los que vengan o hayan venido de Nueva España, o vayan a aquella nación. La República de Centro América, distinguida por su posición geográfica en este vasto continente, colocada en la parte más ventajosa del nuevo mundo, no es sin embargo de esto conocida como merece.

(a) Soy el primero en confesar los defectos grandes del sistema federal. Pero también lo soy al manifestar que en nuestra actual posición es absolutamente necesario; y cada Estado debe sostener sus fueros y libertades.

La Europa ignora la inmensidad de sus tesoros la variedad de sus temperaturas, la fecundidad de sus tierras, la diversidad de sus producciones, la riqueza de sus tierras, la diversidad de sus producciones, la riqueza de sus minas, la liberalidad de su sistema legislativo, la protección ofrecida a los extranjeros, el movimiento político de los pueblos y el estado actual en que se halla. Nuestras relaciones exteriores, extendidas ahora más que en los tiempos antiguos de sujeción a España, no tienen aún toda la latitud que puede haber. Nuestra independencia no ha sido todavía reconocida expresamente por gobiernos que han reconocido la de otras repúblicas y reconocerán la de esta luego que tengan más conocimientos de nuestros progresos. Y la primera potencia de la tierra; la Gran Bretaña que elevada a una altura asombrosa observa desde ella los pasos de la América, y calcula todos sus intereses, no puede por falta de datos o noticias dar al espíritu de especulación toda la extensión que exigen los intereses recíprocos de estos y aquellos pueblos.

Se han proyectado expediciones costosas, llenas de riesgos de toda especie, para hacer descubrimientos, se han sacrificado hombres ilustres, dignos de ser inmortales, en viajes penosos, emprendidos con aquel fin. Desde Magallanes hasta Humboldt se ve una serie de viajeros distinguidos que han arrastrado peligros de todo género para reconocer una costa, descubrir islas, o enriquecer la historia natural. Desde 1519 gasta 1803 se ven en 284 años corridos de una a otra fecha, fondos de la mayor consideración gastados para aumentar los conocimientos de los minerales, de las plantas, o de los pueblos.

De tantas expediciones dispuestas por los gobiernos muchas no han sido útiles, como sería la que emprendiese para reconocer las tierras, los minerales, las plantas, los animales y todas las producciones de esta república.

El espíritu de especulación medita en Londres las que pueden ser productoras de riquezas y creadoras de relaciones nuevas de comercio. Se proyectan compañías para explotar nuestras montañas y elevar nuestra minería al grado más alto de riqueza; se proyectan para abrir canales y caminos que faciliten las comunicaciones u hagan gozar al comercio las ventajas de la rapidez, se proyectan para poblar nuestros desiertos y cultivar nuestros baldíos.

No es dudosa la utilidad de unas compañías que se proponen objetos de intereses tan grandes. Los gobiernos les deben toda la protección de que son dignas ¿Pero no sería infinitamente más útil una asociación que se formase con el fin preciso de enviar a esta República una expedición científica de geógrafos, botánicos, mineralogistas, etc., que, recorriendo toda su superficie, reconociesen nuestras montañas, nuestras tierras, nuestras plantas y animales; descubriesen todos los criaderos de riqueza, designasen los lugares más ventajosos para ser poblados por colonias de europeos, indicasen las empresas más dignas de ser acometidas en beneficio general del cultivo y comercio, determinasen la posición geográfica de los principales lugares de la República, levantasen últimamente la carta o mapa de estos Estados, públicas en la Flora de esta nación, formasen el cuadro de sus minerales y colectasen para su estadística? Emprendiéndose este trabajo, ¿no serían indicados todos los demás que deben proyectarse? ¿Sabiendo cuáles son los climas más análogos a la constitución de los europeos, no se facilitaría la emigración de los que deben poblarlos y enriquecerlos con su trabajo? Conociéndose las clases diversas de tierras, su exposición, elevación y temperatura, ¿no sería fácil designar las especies de frutos y métodos de cultivo que les convengan? Habiendo datos del lugar donde están situadas las minas, de su inmediación o distancia a los puertos, de los montes que puedan darles madera, de la escasez o abundancia de aguas que haya para los trabajos, de los pueblos que pueden proveer de operarios, y de todas las demás circunstancias que debe haberse en consideración, ¿no se allanaría la formación de compañías para trabajar minas con todos los datos precisos para su mejor éxito?

Y teniendo a la vista un mapa exacto de esta a República, ¿el genio de la especulación no tendría la carta donde debe hacer sus combinaciones y meditar sus proyectos?

El conocimiento del campo donde debe operarse es el primer elemento de toda empresa. Acometiéndose la que propongo, despachándose la expedición que indico, las ventajas serán recíprocas para la compañía que la costee y para la República donde debe obrar.

La compañía recogerá todos los conocimientos necesarios para meditar especulaciones de colonización, de agricultura, de manufactura o fábricas, de minas, de perlas y piedras preciosas, etc.; logrará multitud de accionistas que habiendo seguridad en los tratos concurrirán gustoso a las empresas que se mediten; reunirá acciones de valor que ofrezcan en su venta ganancias ciertas y crecidas; y en sus proyectos habrá trabajos que correspondan a las esperanzas de quienes los han de emprender.

Nuestra República tendrá materiales útiles para levantar su Estadística sobre bases sólidas, título; tendrá la carta de sus temados sabios dignos de este exacta y capaz de dar idea de sus posiciones y ventajas; tendrá varias de sus riquezas; minerales, vegetales y animales; sabrá todo lo que es y todo lo que puede ser en lo sucesivo; y ocupará, siendo conocida, el lugar que debe haber en el mundo. Todas son ventajas de la más alta importancia y de influjo decisivo en los destinos de estos pueblos. Convencido de ellas, deseoso del bien de una nación de la cual tengo el honor de ser hijo y ciudadano, me tomo la libertad de presentar mis pensamientos y ofrecer mis deseos.

Yo quisiera:

1º. Que el espíritu especulador que medita en Inglaterra proyectos de riqueza, útiles para aquella y esta nación, se ocupase en formar una compañía anglo-guatemalana y que la que se formase dispusiese y costease una expedición científica, compuesta al menos de un astrónomo, un ingeniero-geógrafo, un mineralogista, un botánico, un geólogo, un físico-meteorologista, un médico, los dibujantes y artistas correspondientes.

2º. Que teniendo presentes las mejores instrucciones formadas para otros viajes se trabajasen por la comisión que nombre la compañía las que sean más útiles para llenar el objeto de la expedición.

3º. Que ésta presentase sucesivamente al gobierno general de la nación y particular de cada uno de los Estados de esta república las instrucciones que recibiere y arreglada a ellas recorriese todo nuestro territorio y comenzase y acabase sus trabajos.

4º. Que el gobierno de cada uno de los Estados diese las órdenes convenientes a los jefes políticos respectivos para que se franqueasen a la expedición los auxilios necesarios y se guardasen a los individuos que la compongan toda la consideración que son dignas.

5. Que los mismos Gobiernos nombrasen jóvenes aplicados que acompañando a la expedición y estando a las órdenes del jefe de ella recibiesen las luces que deben y pueden ser tan importantes a la nación.

6º. Que terminado el viaje, la expedición presentase al gobierno de cada Estado una copia de los trabajos que hubiesen concluido y fuesen al mismo Estado para que conservando cada gobierno lo que fuese relativo al distrito de su mando, tuviese en su archivo los elementos de sus estadísticas y los publicase para instrucción universal de todos.

7º. Que la compañía que hiciese a esta República el bien de enviar la expedición científica fuese distinguida por el gobierno en la protección de las especulaciones que meditase sobre minería, agricultura, industria, colonización o comercio.

Desde los confines de Nueva España hasta el río de Chiriquí, último término de Costa Rica, hay un espacio dilatado de tierra, fecunda y variada en sus calidades, temperaturas y elevaciones.

En ese espacio vasto y hermoso está la República de Centro América tocando por el oeste con la de México, por el sudeste con la de Colombia, por el norte con el Atlántico y por el sur con el Pacífico. Allí existen los cinco Estados que la forman por ahora: allí viven los pueblos de que se componen los Estados.

Su posición geográfica manifiesta toda su importancia política. Basta ver la carta del continente y las secciones en que se divide para conocerla a los primeros momentos de reflexión.

Es preciso que exista la República de Centro América para conservar la armonía y mantener el equilibrio entre las del nuevo mundo. ¡Si desapareciera de sobre la faz de este continente, cuantas consecuencias tristes comenzarían a desarrollarse desde aquel instante!

La nación mexicana respeta los derechos de Centro América. El congreso que representa a la primera reconoció en 1824 la independencia absoluta de la segunda y ha repetido pruebas de aquel reconocimiento en 1826. Yo no hablo a las generaciones presentes. Escribo para las futuras que les sucedan. No impugno opiniones. Quiero que se consoliden más las que se tienen a favor de la soberanía de nuestra nación.

Si la república de Centro América se agregara a Nueva España, la de México aparecería entonces respectivamente como un coloso que alarmaría a la América en general y a Colombia en particular.

Guatemala, regida por los siglos anteriores por el gobierno absoluto en el presente ha cerrado las fuentes de instrucción pública, sufrió la misma suerte a que fueron condenadas las demás provincias de América. Estaba como ellas atrasada en todos los ramos de conocimiento, era obscura o tenebrosa, ignoraba sus derechos, no conocía su dignidad, y la ignorancia, causa constante de pobreza y miseria, fue también en nuestros pueblos productora de los mismos efectos.

La República de Centro América, ignorada y aislada en el mundo, no podía hacer progresos rápidos en su carrera; no podía poblarse, y enriquecerse sin atravesar los espacios de tiempo por donde han pasado las naciones que sin auxilio de otras han querido elevarse por sus propias fuerzas.

Darla a conocer en sus aspectos físico y político; descubrir la fecundidad de su suelo, la riqueza de sus montañas, la escala de sus temperaturas, y la variedad de sus producciones, publicar las leyes que abren sus puertos, y ofrecen al extranjero tierras, cartas de naturaleza, asilo y protección, excitar el espíritu de especulación que busca en la América campos para cultivar, minas para explotar y desiertos para poblar; atraer labradores, artesanos, capitalistas y sabios que pueblen, enriquezcan, y den impulso más grande al movimiento de civilización, era abreviar los períodos de su marcha y acelerar sus progresos; era extender sus relaciones y ponerla en contacto con los pueblos más cultos de la tierra; era darle los poderes incalculables de la ilustración, era facilitar el reconocimiento de su población, cooperar a que tenga toda la representación una independencia, digna, y trabajar para que sea en el transcurso del tiempo una de las primeras potencias del nuevo mundo. Este era el plan, el objeto, y el deseo de mi alma cuando concebí el pensamiento de publicar el Redactor General.

Días ha que se habla de la correspondencia de algunos que no tienen opinión de adictos a nuestra absoluta independencia, que se infiere la comunicación subterránea de noticias falsas en el todo o alteradas en parte. En un número del Sol se afirmó como un hecho positivo que centenares de léperos reunidos habían obligado al S. P. E. a revocar la orden dada por el jefe político para que se suspendiese la de PP. Recoletos; en otro se dijo que cartas dirigidas de Guatemala comunicaban que el comandante Cáscaras había recibido declaración al Obispo de Nicaragua sobre haber dicho que pasaron dos comisionados a solicitar la reunión de esta república con la mexicana, en otros se han publicado noticias de igual falsedad y trascendencia.

Ya lo he dicho antes. En toda revolución, siempre que se pasa de un sistema a otro de gobierno, queda, aun después que ha cesado el movimiento, un máximo que se place en las instituciones nuevas, y un mínimo que suspira tristemente por las antiguas. Es precisa una policía prudente de precaución en tales circunstancias. La dicta la razón que no conoce partidos, ni se decide por intereses; y en todos los pueblos del mundo donde se ha oído su voz se ha dedicado la atención a decretar o hacer lo que inspira.

Si hay policía y medidas de precaución aun en las naciones donde está ya consolidado el sistema de gobierno ¿será justo que no las haya en las de América donde todo es naciente?

Yo no he dicho que debe establecerse un tribunal de vigilancia.

Viendo razones fuertes en contra; viendo razones poderosas a favor; deseoso del acierto; y amante siempre de mi patria en todos tiempos y circunstancias dije:

"Deseo que se examine detenidamente si convendrá crear en cada Estado un tribunal de vigilancia, y que se publiquen las razones que se ofrecen a favor y en contra de su establecimiento para decidir con acierto un punto de tanta importancia".

Contraídos mis deseos a este punto preciso, no me ataca ni el que juzgue conveniente el establecimiento de aquel tribunal ni el que lo considere dañoso. Uno y otro, el defensor y el impugnador, presentando cada uno sus razones respectivas, harían puntualmente lo que deseo.

Para impugnarme es necesario probar que no debe examinarse si conviene crear el tribunal de vigilancia; y ese punto me parece improbable en un país donde el genio profundo del raciocinio, acostumbrado a descubrir conveniencias o daños donde menos se esperaban, no se precipita jamás a creer indigno de examen lo relaciones con la patria.

No he propuesto que se examine si conviene establecer tribunal de justicia. He querido que se examine si conviene crear un tribunal de vigilancia. Lo uno es muy distinto de lo otro. El consejo de Estado propuso tribunales de justicia; y la constitución habla de tribunales y comisiones de justicia.

Es odiosa la clasificación, y sin ella no pueden formarse los Estados. ¿Pero he sido yo el que la he provocado? ¿Hay en el Redactor un solo número en que se llame a los serviles o a los liberales sedientos de empleos y sueldos'?

Era preciso definir las palabras servil y liberal. Pero ¿no está ya formada esa definición? ¿El acto solo de llamar sedientos de honores y dinero a los liberales no manifiesta que ya se ha definido esta palabra?

¿Cuando no lo estuviese, cabría dificultad en que tu publicases tu definición y yo la mía? ¿Y qué si no son acordes, se formasen dos o tres estados según la que tu dieses, y otros tantos según la que yo presentase?

Cuando propuse los unos, no me acordé del otro, no lo tuve presente, no pensé en él. Mi intención es sana, mi pluma no es agresora. Defiendo mis derechos cuando soy provocado, no agravio a nadie cuando no soy ofendido.

Si juzgas que he querido alguna vez sublevar pasiones y suscitar odios populares, yo exijo la satisfacción que corresponde y dicta la justicia. Si no se diere la que aconseja la prudencia, yo protesto publicar la contestación que demanda el honor, y convendrá mucho a la causa pública.

Un agravio da derechos que no pueden ser dudosos. ¿Si en Nueva España se publican papeles ofendiendo a esta república, no tendremos el de reimprimirlos y circularlos con las notas correspondientes para que los pueblos vean las injurias con que se les deprime en México? ¿Puede esto ser disputado? ¿Puede haber riesgo o peligro?

No es personal la contienda en que a la faz de todos se ofende en papeles a una nación en tera, no es individual o privada la causa en que se disputan a una república los elementos para ser feliz.

Yo no he dicho o indicado que hay necesidad de que los pueblos entiendan las injurias con que se les agravia en México. Esta es adición hecha por el Indicador. He propuesto que se circulen con notas los papeles depresivos de la república para que los pueblos vean las injurias con que se les ofende en aquella capital; y este concepto es muy diverso del que se supone.

Los pueblos no tienen necesidad para conocer y amar sus derechos, de verse deprimidos o agraviados en periódicos mexicanos, han sabido amarla, y sabrán sostenerla. Pero leyéndolos siempre que se publiquen, viendo la injusticia con que se les quiere humillar, ajar y degradar, ¿no será más vivo de entusiasmo de su causa? ¿No arderán más los fuegos de su libertad?

Eran encendidos los que habían en el pecho noble de los españoles cuando Bonaparte y sus legiones ocuparon la península. ¿Cómo podían dejar de serlo a vista de la agresión más injusta que refieren las historias?

Las juntas supremas trabajan sin embargo para mantener inflamado el espíritu público, soplaban, por decirlo así, las llamas del patriotismo; y sus deseos y conatos tuvieron resultados muy felices.

Los pensamientos de la América no pueden ser dudosos a quien vea tantas expresiones inequívocas. Desde los linderos más lejanos de Chile hasta California y Tejas es uno el idioma que se habla: Independencia, República, Constitución. Pero recibidas de la antigua España gacetas depresivas o diarios injuriosos a la América, los periodistas reimprimen los artículos más expectables y con notas que evidencian su injusticia los hacen rodar por todas partes porque los pueblos vean los negativos con que se les ofende, o el tono con que se les deprime.

Esta fue la medida que se propuso en uno de los papeles de Sur América para mantener vivo el entusiasmo del nuevo mundo; y la misma indiqué en el Redactor para conservar encendido el fuego patriótico de Centro América. Si de la primera no se dedujo que había necesidad de hacer entender a los pueblos sus agravios u ofensas, para hacerles conocer la importancia de su independencia; de la segunda tampoco deben deducirse consecuencias que serían igualmente falsas. He aquí hecho el descubrimiento. El tribunal de justicia que has querido batir es molino. No es gigante.

En el pensamiento que propuse no se ha tratado de conocer privativamente o a prevención con otros jueces, de cierto género de delitos. Se ha tratado de vigilar; y las dos palabras tienen significaciones muy distintas no solo en el Diccionario de la lengua vulgar que hablan todos, sino también en el Vocabulario de ambos derechos o del idioma que solo hablan los juristas.

Las acciones de los hombres son diversas aun siendo relativas a un género. En ellas o en sus autores hay verdadera escala o gradación desde la indiferencia o estupidez incapaz del bien y del mal hasta la malicia que amenaza subversión total de los Estados.

Aquel ciudadano parece un ser nulo. Ni se penetra de gozo viendo las prosperidades, no se afecta de sentimientos viendo los reveses de su patria. Es un corazón petrificado, sin alma, sin sensibilidad.

Otro deja traslucir en su rostro cierta tristeza en los acontecimientos gloriosos, o cierta alegría en los sucesos adversos de su nación. Parece un germen de malignidad que empieza a desarrollarse.

Otro pronuncia tímidamente o con voz baja algunas palabras cortadas. Esto no puede ser, dice descubriendo lo que su pecho quisiera que no fuera posible... Es justo... Pero no hay elementos...

Otro escribe a extraños noticias falsas o alteradas para ir desacreditando a la República y hacer cuanto puede para que no tenga opinión ni se consolide su sistema. Otro pinta a los mismos extraños peligros inminentes a las personas y propiedades. La República se va a desplomar, y la caída de su enorme masa hará polvo a los buenos si no viene a salvarlos una fuerza protectora.

Otro indica los puntos por donde puede entrar esa fuerza, presenta planes, y se une con ella para atacar a su patria infeliz.

En esta serie de ciudadanos, que he figurado o fingido solo para hacer más clara la verdad, se ve una escala de acciones, todas diversas entre sí, pero todas dirigidas a un fin. Los primeros deben verse con absoluta indiferencia, los siguientes deben ser objeto de vigilancia; y los últimos merecen procesos y penas. Hay remedios preventivos, remedios sorpresivos, remedios reparadores, remedios penales; y cada una de estas clases designa departamentos diversos, gubernativos unos, judiciales otros, de vigilancia aquellos, y de justicia éstos.

Pero supóngase que no he hablado de tribunal de vigilancia, sino de tribunal verdadero de justicia. Es hermosa la causa que defiendo. El pecho me late de gozo al contemplarla. No me arredro aún en aquel supuesto.

Las medidas que propuse manifiestan solamente, que una nación pasa de un Estado a otro político porque así lo quiere el máximum de sus individuos; pero hecha aquella transición queda siempre un mínimum que la mira con tristeza o repugnancia, no solo en Guatemala sino en todos los países donde hay revolución; manifiestan que dado el salto de un sistema a otro, es preciso establecer una policía de vigilancia, conservadora de las nuevas instituciones, para que se mantengan inalterables sin las reacciones que las artes del mínimum pudiera ocasionar; manifiestan que siendo débil el mínimum que aborrece el nuevo sistema, y fuerte el máximum que lo ama, debe extenderse el celo a vigilar que la debilidad del mínimum contra la fortaleza del máximum.

1º. La existencia de la sociedad política que se llama República Federal de Centro América no depende de la opinión o voluntad de un ciudadano, pueblo, departamento, o estado sino de la voluntad universal de todos o el mayor número de ciudadanos pronunciada libremente del modo que expresa la ley. Ningún hombre privado, ningún hombre público puede destruir esa sociedad. Todos los que en ella tienen autoridad la han recibido de los pueblos. La nación es el origen inmediato de toda autoridad legítima. ¿La habrá dado la nación para que la destruyan a ella misma?

2º. La existencia de los Estados que forman la república no depende de la opinión o voluntad de un ciudadano, pueblo, etc., sino de la voluntad general expresada en la ley que los ha creado. La República Federal de Centro América es una sociedad política compuesta de cinco sociedades políticas. Si ningún individuo puede destruir la república, ninguno podrá tampoco hacer que dejen de existir los Estados.

3º. La existencia de los poderes supremos de la República y Estados no depende de la opinión o voluntad de un ciudadano, etc., sino de la voluntad universal manifestada en la ley que ha mandado que existan, hacer que apareciesen. Si un individuo pudiera hacer que apareciesen o desapareciesen los poderes supremos de la república y Estado, ese individuo sería árbitro o señor de los destinos y existencia de la república y Estados. Si la existencia de la república y estados no depende de ningún individuo, la de los poderes supremos de la república y estados tampoco debe ser dependiente de ninguna voluntad individual.

4º. La existencia del congreso, senado, asamblea, etc., no depende de la opinión o voluntad de un ciudadano, pueblo, etc., sino de la voluntad general expresada en la ley que dice: Haya congreso, senado, asamblea, etc. El congreso, senado, asamblea, etc. son poderes supremos y la existencia de los poderes supremos no depende de la opinión o voluntad individual.

Son diversas las garantías que deben asegurar su existencia. Fijamos ahora la atención en tres principales libertades de imprenta, forma de gobierno y empleos.

1º. La libertad de imprenta forma el espíritu público de las naciones, y ese espíritu es la garantía más grande de las instituciones liberales. La libertad de imprenta da a conocer las miras, y hace entrever los planes más escondidos. Es útil para crear el bien y provechosa para evitar el mal.

2º. El sistema federal produce males que es preciso confesar. Pero da bienes que tampoco deben desconocerse, y es además necesario en nuestra actual posición.

En las capitales existe lo más fuerte de los partidos. Si la intriga del mínimo que no sea adicta a la independencia llegara a tener influencia dominadora en los poderes legislativo, ejecutivo y judiciales consecuencias serían muy funestas.

En la república de Centroamérica los que aman las nuevas instituciones dicen: Sostened el sistema federal; penetraos de su necesidad en las actuales circunstancias. Si adoptáis el centralismo, las provincias volverán a estar sometidas a Guatemala, y desde Guatemala podría maquinarse alguna mutación funesta, o intentarse vuestra esclavitud a otra nación.

3º. Los empleos son los que fían los poderes de la nación a los funcionarios que los sirven. Las manos de los arquitectos son las únicas que pueden dirigir y construir edificios. Las manos de los independientes son las únicas que pueden consolidar nuestra absoluta independencia. No olvidemos estas palabras de un escritor: Creer que se puede entablar un nuevo orden de cosas con los mismos elementos que se oponen a él, es una quimera.

La Asamblea nacional mandó en decreto de 28 de mayo de 24 que cada año se celebrase el 24 de junio el aniversario de su instalación. El 20 de junio último se pasó oficio al jefe político de orden del gobierno federal para que las autoridades del Estado concurriesen a la catedral a la misa de gracias. El jefe político contestó que dándoseles el lugar que les correspondía, asistirían desde luego, pero que en caso contrario no podían concurrir y celebrarían el aniversario de Santo

Domingo. El gobierno federal manifestó el 23 que si no concurrían a la catedral dictaría las providencias correspondientes para que no fuese infringida la ley. El jefe político hizo presente el 24 que el gobierno del Estado de quien dependía, le había dado orden expresa para que obrase como había indicado, que no hacía más que cumplir su providencia y no creía haber infracción de ley. Las autoridades del Estado fueron a Santo Domingo a celebrar la función. Las federales no la celebraron aquel día. El gobierno de la federación dispuso que se celebrarse el 26 siguiente y manifestó lo ocurrido al congreso nacional. Este teniendo presente (dijo) que las autoridades del Estado se prestarían a un acto tan digno de la nación, acordó que se celebrase el aniversario el 25, y que el gobierno federal hiciese cumplir el decreto citado de 28 de mayo. El gobierno federal mandó que las autoridades del Estado concurriesen sin excusa ni pretexto, el jefe político dio cuenta jefe del Estado, oído el dictamen delatado, y el teniendo en consideración (así se explicó) que se habían infringido el decreto que declara a los jefes de Estados únicos conductos de comunicación, y el artículo 64 de la constitución que prohíbe a las autoridades federales ejercer otras facultades sobre la población donde residan que las concernientes a conservar el orden, mandó que no se cumpliesen las que se comunicasen por otro conducto que el dispuesto por la ley, que no concurriesen las autoridades del Estado si no se les daba el lugar que les correspondía; y que si se empleaba la fuerza para hacerlas concurrir, diese cuenta por violento el jefe político, debiendo aún en el último caso sostener con dignidad y energía los derechos del Estado. El jefe político hizo presente al gobierno federal la orden anterior al que conducir a palacio al jefe político para que dictase en él sus órdenes a había a fin de que asistiesen las autoridades del Estado, y el comandante encargó al capitán C. José Antonio Ariza que fuese a casa del jefe político y llevase un piquete de tropa para que lo condujese en el caso de resistirse. El jefe político no estaba en su casa, tuvo la prudencia de excusar resultados y se presentó en palacio.

El gobierno del Estado en los oficios dirigidos al jefe político dijo que teniendo en consideración la urgente de preparar edificios para los poderes del mismo estado en cumplimiento del artículo 3 del decreto No.49 de la asamblea constituyente mandó que se pidiesen las casas que se indican, que se agotasen los recursos de persuasión y prudencia antes de llegar a ocuparlas y que se garantizasen a los propietarios el puntual y preferente pago del alquiler dándose a los ciudadanos que la habitaban y ahora 15 días primero, y tres después para que pudiesen buscar otras para su habitación. Se cortó felizmente esta incidencia, no vimos que el gobierno federal enviase cincuenta hombres a la casa del ciudadano Francisco Aguirre para sostenerle.

Solo Guatemala no ha sido recorrida por viajeros dignos de observarla en los tiempos en que las ciencias han avanzado más, solo Guatemala no ha tenido sabios modernos que publiquen la inmensidad de sus recursos, y el precio infinito de sus elementos; solo Guatemala está casi ignorada todavía, como la joya escondida en el criadero bruto donde ha sido formada.

Hemos tenido historiadores que han escrito los anales de nuestra patria. Remesal publicó la historia general de las indias occidentales y la particular del gobierno de Guatemala. Fuentes (Francisco de Fuentes y Guzmán, nacido en la Antigua Guatemala en 1643 y fallecido en 1700, descendiente de Bernal Díaz del Castillo),) trabajó también la de esta nación. Torres, Macario y Gómez escribieron igualmente Apuntamientos de bastante mérito. Pero al Norte y al Sur de este vasto continente han ido de Europa sabios distinguidos que han sabido registrar aquellos países, observarlos y publicar la inmensidad de sus tesoros y al centro no ha venido ninguno a la época misma en que el espíritu de descubrimientos llevaba viajeros hasta las costas de Nueva Holanda y los mares más australes del otro hemisferio.

Uno de mis deseos más constantes ha sido que esta nación sea conocida en la inmensidad de sus recursos naturales para que tenga crédito y opinión de que es digna.

De las cosas de esta república solo pueden formar juicios exactos los hombres imparciales que residan en ella y sepan pensar. Pero sea lo que fuere, yo sigo en mi opinión. Centroamérica es una Rosa; y no está tan encerrada en su capullo que no deje percibir alguna fragancia. Su añil, su grana, su oro, su plata, etc., han enriquecido a muchos. Su patriotismo es reconocido en países extraños; y el Conde las Casas le ha hecho en algunos puntos la justicia de que es digna.

El cuadro que hace Ud. (José del Barrio) de México es triste. El de esta república no es lisonjero. Sigue la guerra civil. En la acción de Chalchuapa triunfó la tropa de Guatemala el 1 de marzo último; en la de Mejicanos triunfó la del Salvador el 12 del mismo; y las noticias posteriores parece que son tristes para el gobierno de Guatemala. El último empréstito se ha cobrado aquí con las bayonetas, los hombres se han tomado con patrullas en las calles, en sus casas, y en la iglesia. Yo recuerdo el pensamiento de Hume.

Hay dos puntos extremos: uno de depresión y otro de exaltación. Cuando las cosas llegan al primero adelantan; y cuando tocan en el segundo declinan. Hay inmensidad en los recursos naturales de esta república. Es feliz su posición geográfica, son fecundas las tierras, diversas las temperaturas, o prodigiosa la vegetación, ricas las montañas, grande y majestuosa la naturaleza. Pero todavía no la ha cultivado la mano poderosa del arte. No tenemos hombres, y falta la ilustración que da vida a los pueblos.

No sé si a usted lo mismo que me sucede a mí. Yo me ruborizo al considerar que soy centroamericano y que en Centroamérica suceden cosas tan originales. ¿Qué dirán las naciones extranjeras? ¿Y qué publicará la Historia cuando escriba la de nuestra revolución?

Existen en ella elementos fecundos de riqueza. Tenemos en su área tierras fértiles, en sus montañas minerales ricos, en sus climas diversidad de temperaturas. Pero no tenemos los hombres necesarios para servir los empleos que debe haber en el sistema adoptado. Donde encontrar 80 y tantos individuos dignos de ser legisla dores, 10 capaces de ser senadores, 20 y tantos aptos para ser Consejeros para presidente y vice-presidente de la República, 10 para jefes y vice-jefes de los cinco Estados, y multitud de otros para Magistrados, jueces, jefes de departamentos, etc.?

El Centro de América puede serlo de luces y riquezas. Está colocado en medio de un continente inmenso, inagotable de preciosidades. El Atlántico baña al Norte sus costas, y dándole puertos por aquel lado, le facilita las comunicaciones de la América Septentrional, de la Europa y el África. El Pacífico fecunda al Sur su litoral, y proporcionándole puertos por aquel rumbo, lo abre a las relaciones del Asia y de la Oceanía. Un lago grande y hermoso de 150 leguas de bojeo puede facilitar la unión de los mares que circundan la

República y hacer que sea centro de civilización y comercio. Una cordillera empinada, dividida en ramales diversos, atraviesa de un extremo a otro, y alzándola sobre d nivel del mar, varía las temperaturas y forma escalas útiles desde el calor que abrasa, hasta el frío que hace tiritar. Ríos de aguas frescas y claras, partidos en riachuelos más o menos grandes, deslizándose por las laderas, llegan hasta el Océano fertilizando las tierras de su tránsito. Vegetales de todas clases presentan en ella otra escala tan maravillosa como la de los climas. Mangles en las playas, cedros en las costas, árboles de países templados en el medio, plantas del Norte en las alturas, deleitan al viajero que camina desde los puertos hasta las poblaciones del centro.

No es una hipérbole nacida del amor al país natal. Es una verdad de hecho, patente a todos los ojos. Son inmensos en Centro América las ventajas de su figura, de su posición, de su suelo, y de todos los seres físicos que la pueblan.

Penetrado de ellas un Gobierno digno de este título, puede hacer iguales o mayores prodigios que los operados por el de otros países menos distinguidos. La naturaleza presenta los gérmenes en abundancia: la mano del hombre debe desarrollarlos, y el Gobierno, para hacer que se ejecute esta operación, la más importante de todas, debe dar su protección a los cooperadores primeros de ella.

Son dilatadas las tierras fértiles y hermosas de esta República, es vigorosa y admirable la vegetación; hay escalas de temperaturas desde el calor abrasador de Suchitepéquez hasta el frío intenso de Moscoso. Pero faltan cabeza para servir como corresponde todos los oficios establecidos por el sistema de gobierno adoptado. Se han creado empleos, y no se han formado hombres para desempeñarlos.

Olvidada de los viajeros que han venido a este continente ha sido en nuestro Planeta una parte siempre en sombra que jamás ha recibido luces que la hagan visible al mundo. No se conoce toda la inmensidad de sus recursos, se ignoran los gérmenes que tiene de prosperidad; y apenas se escribe su nombre en la carta de América.

Yo reconocido a los honores que le debo de diversa especie debo interesarme en su gloria, y procurar que haga en el mapa figura más brillante o menos triste. Las divisiones que se han hecho no han sido muy felices, ni era fácil que lo fuesen en países donde la población está derramada por territorios extensos, y los pueblos parecen fundados a la aventura, sin hacer la mejor elección de lugares para su fundación.

En la República, el Estado de Guatemala tiene 600.000 individuos y el de Costa Rica no llega a 100.000.

Los deseos de la República no están todavía satisfechos. Sigue esto sin consolidarse hasta ahora. No se han concluido aún las elecciones de las Autoridades federales. Son diversos los partidos, y gran de la intriga. Veremos los resultados, y calcularemos las consecuencias. La América es una masa inmensa que se ha puesto en movimiento. ¿Cuál será el Poder que lo hará cesar?

Si el de Guatemala ha tenido diversas formas en el movimiento sucesivo de los siglos, si ha sido primero dividido en monarquías pequeñas de indígenas, después provincia sometida al gobierno español y al presente es un Estado soberano en su administración interior, este orden en los períodos más interesantes de su historia indica el que debe seguirse en sus cartas geográficas.

Yo quisiera: 1º. Que se levantaran con la exactitud posible tres cartas grandes: 1: La de Guatemala monárquica; 2:. La de Guatemala provincia del gobierno español; 3: La de Guatemala soberana en su administración interior.

Estos tres cuadros unidos presentarían el general de todo el Estado en los diversos Seres o Existencias que ha tenido sucesivamente.

El primero descubriría nuestro origen, pequeño y obscuro como el de otras naciones, haría ver lo que fuimos y serviría de punto fijo para lo que hemos andado. El segundo nos recordaría que un Estado independiente y poblado, pero ignorante y pobre, puede ser conquistado por hombres pequeños en números, pero más ilustrados, ricos y fuertes. El tercero presentaría nuestro actual estado, la verdadera posición de los pueblos, la carta que debe tenerse a la vista para legislar y gobernar.

Si es necesario, todos los días, debe pensarse en ella y trabajarse en todos los tiempos hasta que se forme con exactitud. No preguntemos si ya llegó el momento de ocuparse en este trabajo. Desde que empezamos a existir unidos en Sociedad Política, debimos pensar en él. No hay épocas para lo que es preciso todos los días.

...un mundo nuevo que no ha mucho tiempo empezó a existir por sí mismo, no ha consolidado todavía sus gobiernos; y agitada por guerras intestinas, no ha tenido la paz necesaria para pensar en calma y cultivar, con tranquilidad, las artes y las ciencias.

Han corrido algunos años desde la libertad de nuestros puertos, se han hecho en Europa publicaciones importantes para todos los ramos de riqueza, no dejan de hacerse cada mes y se marcha rápidamente a la perfectibilidad. Pero el movimiento de la civilización vista en aquel punto, termina, respecto de nosotros, en el cabo de San Vicente o en el estrecho de Gibraltar. El océano que empieza allí y llega a Omoa, parece innavegable. No sabemos, como exigen nuestros intereses, cuáles son los descubrimientos que se hacen, los instrumentos que se inventan, para los métodos que se simplifican, los diarios que llevan luces a los campos y talleres. ¿Se han leído las Memorias de la Sociedad instituida perfeccionar los métodos? ¿Circulan en nuestros Estados el "Semanario de Agricultura y Artes", "El Industrial", destinado a propagar las luces e invenciones útiles, los "Anales de Agricultura", ¿el "Diario de conocimientos Usuales y Prácticos"?

Europa no existe en este aspecto para Centroamérica, Estamos fuera del siglo XIX, vivimos en otro siglo, aislados todavía en este punto, sin las relaciones que tanto nos interesan, ocupados casi exclusivamente en lo que se llama Política, hablando continuamente de derechos.

Éramos súbditos del gobierno español en una de las Provincias menos adelantadas de América; y de repente, sin aprendizajes preparatorios subimos al Trono de los legisladores para organizar Repúblicas, formar Estados y dictar leyes fundamentales.

Es triste la marcha de las cosas, y no sé hasta dónde nos arrastrará el movimiento que tienen.

La América es en lo político, lo mismo en lo físico: La tierra de los temblores. A la revolución de 826, 27, 28 y 29 que sufrió esta República, siguió la de 30 y 31; y a la de esos años ha sucedido la empieza en el presente.

Los autores de la Constitución de Centroamérica manifestaron muy poca previsión. Crearon una República Federal compuesta de 5 estados: Declararon soberanas, en su Administración interior a los Estados; no dieron, en último análisis al Gobierno de la federación otras facultades que la de cumplir las leyes, pedir consejo a los Senadores que les enviasen los estados, dar los empleos a los sujetos propuestos por los Senadores que les enviasen los estados y mantenerse con los cupos que le enviasen los estados sino alcanzan, como sucede en efecto, las rentas miserables de la federación. Dieron al Gobierno nacional una existencia precaria, dependiente de los Estados. Los gobiernos de estos han ocupado las rentas de aquél, lo han obscurecido, no ha quedado más que una sombra y no sé si aún esta sombra desaparecerá.

COLOMBIA

Don Francisco Antonio Zea, hijo de la provincia Antioquia en la Nueva-Granada, es otro americano que da honor al nuevo mundo. Fue discípulo del Sr. Mutis, botánico de la expedición de Santa Fe, y autor de memoria sobre la quina y otras producciones útiles. Trabajó con Bolívar en la libertad de su patria, fue vice-presidente de Colombia, presentó al Congreso el proyecto de la constitución de su país, fue nombrado ministro plenipotenciario de aquella república cerca del gobierno británico, pasó a Inglaterra a servir aquel destino, los sirvió y murió al fin en Bath en diciembre de 1822.

Colombia sabe también respetar los derechos de Guatemala. Formada por la unión de Venezuela, Granada y Quito: engrandecida con una extensión tan grande de leguas, ¿puede todavía querer más tierras? El año anterior de 1825 firmó su Tratado de unión, liga y confederación perpetua con nuestra república, en el presente de 1826 llegó a esta capital su digno Enviado y Ministro plenipotenciario.

Bogotá es amiga de Guatemala. Pero si se uniera con Colombia, no serían más pequeños los males ni menores las consecuencias. Su extensión territorial llegaría a ser de 138.528 leguas cuadradas según el primer cálculo o de 118.102 según el segundo; su población subirá a cinco millones, y los temores de las repúblicas del sur renacerán al momento que empezase ese nuevo aspecto de cosas.

Una carta de Cartagena de 20 del mismo mes (mayo) dice, que Colombia no puede por ahora emprender por sí la expedición libertadora de Cuba a causa de la quiebra de sus banqueros en Londres, y del movimiento de Venezuela que ha proclamado el sistema tema federal. Otra carta de Panamá de la misma fecha dice que a Colombia amenazan disensiones intestinas. Pero los papeles públicos en que se habla de esto añaden que se esperaba en Cartagena al general Bolívar y que su presencia haría desaparecer los temores. La causa general de las nuevas repúblicas es idéntica. Todas tienen interés en la verdadera felicidad de cada una.

En Colombia se ha querido variar la Constitución antes de llegar el año en que ella misma lo permite. Se ha publicado que Bolívar quiere hacerla adoptar la boliviana. Se ha convocado un Congreso Extraordinario, unos creen que éste sostendrá la libertad de su patria, otros presumen que Bolívar realizará su plan, y todo influye en atraso de Colombia.

COSTA RICA

Se subdivide con 8 partidos: el de San José, el de Cartago, el Ujarrás, el de Boruca, el de Iscán, el de Alajuela, el de Heredia y el de Bagaces.

CHIAPA

La Comisión *(*)* ha examinado detenidamente la proposición hecha en este Congreso por el C. Mariano Gálvez a vista de la que hicieron en México dos individuos de la Cámara de diputados. Ambas tienen relación con la provincia de Chiapa, que antes era parte de la que se llamaba reino de Guatemala, y ahora se ve sometida al gobierno mexicano. Es preciso recordar hechos, fijar el punto de la cuestión, examinarlo con todos sus aspectos y deducir de su examen lo corresponda.

(*). De Guerra, sobre proposición en el sentido de que en el caso de que el Congreso de México aprobase la agregación de pueblos centroamericanos, se tomase en Guatemala igual medida respecto a los pueblos mexicanos que se quisiesen agregar a Centro América.

Chiapa era provincia de Guatemala. Años seguidos de unión estrecharon los vínculos, multiplicaron las relaciones, crearon parentescos, e identificaron los intereses. Comenzó la América al cabo de siglos a pronunciar voces de independencia. Ciudad Real capital de Chiapa, tuvo la gloria de proclamarla días antes que Guatemala, y éste pronunciamiento fue origen de su separación. Guatemala la hizo poco tiempo después, y cesó entonces la causa que las dividía. Pero el gobierno mexicano mandó agentes primero, ponderó sus fuerzas después, envió tropas posteriormente Guatemala y a nuestras provincias; y las de Guatemala quedaron por la intriga y la fuerza sometidos a México. Felizmente fue de corta duración este desgraciado período. Nueva España mudó gobierno que tenía, y Guatemala no olvidó sus derechos. Nuestra Asamblea Nacional declaró a esa república a esta independiente de México, el congreso mexicano reconoció en la forma más solemne una independencia tan justa, Chiapa vaciló entre México y Guatemala, la junta de Ciudad Real la pronunció independiente de una y otra y reservó decretar su unión con una de las dos cuando conviniese a sus intereses. El gobierno de Guatemala esperó el pronunciamiento libre de Chiapa, el de México dio orden al Brigadier Don Vicente Filísola para que disolviese la de aquella provincia. El brigadier Filísola la disolvió en efecto a su tránsito para Ciudad Real y continuó su marcha a Nueva España. Pero la junta volvió a restablecerse después y convidó a los pueblos a que expresase su voluntad de unirse con nuestra república o con la mexicana. El partido de Soconusco manifestó libre y espontáneamente la que tenía de ser, como había sido antes, provincia de Guatemala y pidió se le tuviese por parte de esta República. La asamblea nacional decretó su incorporación y este decreto fue celebrado con entusiasmo en Soconusco. México envió un agente o comisionado suyo a Ciudad Real para que presenciase, dijo, el pronunciamiento que hiciese la junta de Chiapa. Se hizo después aquel pronunciamiento. La junta de Ciudad Real acordó la agregación de la provincia a México. El gobierno mexicano reclamó a Soconusco y manifestó en 824 "que era nulo el pronunciamiento de la junta de la Ciudad Real". Una comisión especial demostró esa nulidad en un dictamen muy fundado. Chiapa (dijo nuestro gobierno en nota enviada el 18 de abril de 1824), dividida de la Nueva España por una montaña que parece puesta por la naturaleza para separarla de aquella república, dista de México cerca de 300 leguas, al mismo tiempo que sólo 120 la separan de esta capital.

No es creíble que una voluntad ilustrada, libre en su pronunciamiento y sin influencia la coarten, prefiera tener en lugar tan remoto el centro de su administración suprema y sujetarse a las dilaciones y gastos que son precisos cuando los recursos deben interponerse a tamaña distancia. Los pueblos aman siempre tener en su mismo seno el gobierno que debe regirlos, y cuando carecen de elementos necesarios para constituirse independientes prefieren siempre su unión con el más vecino.

El ministro de nuestra república propuso para terminar amistosamente la disputa que se celebrase un tratado sobre límites territoriales entre ambas naciones. El gobierno de México aceptó esta propuesta, el de Centro América convino también, y se trata ahora de que tenga el efecto que exige la armonía de dos repúblicas vecinas. Ninguna fuerza existe en aquel partido. Pero los periódicos de México dicen que el gobierno de aquella república ha pedido que se le autorice para ocuparlo militarmente, que la cámara de diputados había acordado la autorización y que había subido el asunto a la cámara de los Senadores. Los mismos papeles manifiestan que en don José Cirilo Gómez Anaya y Don José Yauger, individuos de la Cámara de diputados, han pedido en ella que se autorice al gobierno de la República Mexicana para que represalia ocupe con tropas a los pueblos de la nuestra que manifiesten al general o Comandante de México que está en la frontera la voluntad que tengan de unirse con aquella nación.

Teniéndolo presente el C. Gálvez pide al Congreso se sirva acordar, que, si el de Nueva España autorizase a su gobierno para ocupar militarmente a los pueblos de esta República que quieran ser parte de los Estados Unidos Mexicanos, el de Guatemala autorice también al gobierno de nuestra nación para ocupar del mismo modo a los pueblos de la de México que hayan manifestado y manifestaren voluntad de ser parte de la de Centroamérica.

Esta es la proposición que se ha presentado a la deliberación y acuerdo del Congreso. La Comisión la ha visto en todos sus aspectos, la ha meditado detenidamente, la ha discutido y desde luego manifestará sus pensamientos para que el poder legislativo se sirva tomarlos en consideración.

La proposición de los diputados Anaya y Yauger es injusta, es subversiva, es anárquica, tiende a perturbar el orden, y produciría daños de consecuencias incalculables, si fuera acordada por el Congreso de Nueva España. Lo haría a Guatemala, lo haría a México, lo haría a toda la América en general.

Es grande el entusiasmo de los pueblos por la independencia absoluta de nuestra República. La Comisión lo manifiesta con el más puro placer. Todos los Ciudadanos conocen los valores de su libertad política, todos sienten la importancia de tener en su misma patria los poderes que deben regirlos. Pero en todo país donde se muda la forma de gobierno es preciso que haya dos partidos: el de los adictos al antiguo y el de los amantes del nuevo. Cuando Francia destituyó el suyo, cuando abolió el monárquico y estableció el republicano, la nación vio a unos que lloraban por la monarquía y a otros que celebraban la República. Cuando España hizo constitucional el gobierno que era absoluto, los que tenían intereses en el absolutismo formaron una división, y aquellos que lo habían en la Constitución política decretada por las Cortes formaron otra. Cuando Guatemala se pronunció independiente de la dominación mexicana, es natural también que haya dos secciones: la del mínimum que suspire por la sujeción a México, y la del y la del máximum que ama con entusiasmo la independencia absoluta de su patria.

Acordar que se autorice al gobierno de la nación mexicana para que ocupe con tropas a los pueblos de la nuestra que quieran ser parte de aquella República, sería ofrecer protección al partido que no ame nuestra independencia, sería estimularle a que dé gritos a favor de México, sería animarle a que se rebele contra su patria, sería alarmar a los que aman a la República, sería soplar las teas de la discordia, sería excitar a guerras intestinas, sería introducir la anarquía y hacer a una nación que respeta los derechos de los vecinos el mal más grande que puede hacerse a un pueblo.

Una familia no tiene derecho para fomentar divisiones en otra familia. Un pueblo no lo tiene para hacer nacer la anarquía en otro pueblo. Los derechos de una familia, de un pueblo, de una nación no son más que la suma de los derechos de los individuos que los componen. Si un individuo no puede hacer daño a otro individuo, una nación tampoco puede causarlo a otra nación.

Las naciones se hallan unas respecto de otras en el estado de naturaleza y la moral es el vínculo que debe unirlas. Las naciones son independientes y soberanas, cualquiera que sea la extensión de su territorio y el número de sus individuos. Las naciones deben en tiempo de paz hacerse el mayor bien y en el de guerra el menos mal posible. Una nación debe obrar con las demás como desea que se obre con ella. El gobierno de una nación no tiene derecho para mezclarse o intervenir en los negocios de otra.

Estos son los principios luminosos del derecho de gentes. Ellos derraman luces para conocer los de la República de Centroamérica, ellos deben sostener a la faz del mundo nuestra independencia y libertad, ellos evidencian la injusticia de la proposición hecha diputados por los diputados de Nueva España.

En la misma República Mexicana donde se da a luz, se han publicado anteriormente otros papeles dignos de toda nuestra atención. En ellos se han impreso noticias ofensivas al honor nacional, falsas en el todo, o alteradas en mucha parte; en ellas se ha deprimido a la República ponderando la escasez de población, falta de industria y poca ilustración, en ellos se ha dicho que Guatemala no tiene elementos para ser independiente, ni poder para sostenerse como Soberana, en ellos se ha aventurado la proposición de que esta República Mexicana llegaría a ser presa del primer enemigo que quiera subyugarla, si México tanto por darle una mano protectora como por no dejarse flanquear por aquí, no defiende su libertad; en ellos se han descubierto miras muy claras diciendo que cuando uno quiere no arruinar su casa, se ve en la precisión de cuidar del buen estado de la que está pared en medio con ella.

Publicados estos papeles en Nueva España, si el congreso mexicano acordara la proposición de sus individuos, México tendría concepto muy poco honroso entre las naciones que saben respetar los derechos de los demás. Se manifestaría por todas partes su injusticia y ambición. Se diría que quiere ser conquistadora al mismo tiempo que en su independencia de España publica que las conquistas no dan derecho a quien las hace. Se añadiría que piensa en países lejanos cuando aún no ha acabado de consolidar la administración de los que tiene cerca. Se demostraría la imposibilidad de gobernar bien una extensión tan 6013 inmensa de territorio desde California hasta el

Istmo de Panamá; quedaría en contacto con Colombia y el de dos Repúblicas que pueden ser rivales produciría consecuencias el nuevo mundo viendo alarmaría 193 que no es difícil prever. Se por toda la América Septentrional la dominación mexicana, la opinión general se volvería Contra México y la justicia triunfaría al fin. E todas las naciones que no han consolidado todavía su nuevo sistema hay enemigos interiores Los papeles públicos de México manifiestan que los hay en aquella no República, y los de las otras de América confiesan la misma verdad.

Supóngase que empiezan a ocupar con tropas el, de Washington a los pueblos de Nueva España que quieran ser parte de los Estados Unidos de Norteamérica, el de México a los pueblos de nuestra República que quieran sujetarse a la mexicana, el de Guatemala a los de 90 19 09 Colombia que quieran agregarse a Centroamérica, el de Bogotá a los del Perú que quieran unirse a Colombia, etc. La América sería entonces imagen verdadera del caos. Los mal contentos de una República darían voces a favor de la vecina. Todo sería confusión. Un desorden general se extendería desde Texas hasta Chile. No habría paz, sosiego, ni tranquilidad. La ambición europea cantaría victoria, y los americanos libres tornarían a ser esclavos. Se indica por los diputados de México que la medida que piden se funda en el derecho de represalia. Pero esto manifiesta solamente que se ha olvidado la significación propia de esta palabra y no se han tenido presentes los hechos.

Represalia es el derecho que tienen los gobiernos de retener y tomar de los enemigos las cosas que se hallaren en el Estado al tiempo de rompimiento de la guerra. México no la ha declarado a Guatemala, ni Guatemala la ha declarado a México. Guatemala no ha ocupado civil ni militarmente pueblo alguno de la república mexicana. Guatemala no ha excitado a ningún ciudadano de aquella nación a dar voces de unión con ésta. Guatemala no les ha ofrecido estímulos de ninguna clase con este objeto. Guatemala ha respetado religiosamente los derechos de las demás naciones, Guatemala no tiene tropa alguna en Soconusco, Guatemala sabe que estando pendiente el tratado sobre límites territoriales no debe hacerla en aquel partido ni enviada de México ni despachada de Centroamérica. Guatemala mira como sagrado el principio de no intervenir el gobierno de una nación en los negocios de otra.

La comisión piensa que el Congreso general de México no habrá aprobado la proposición injusta de los diputados Anaya y Yauger. Le parece imposible que su cuerpo legislativo donde debe suponer el conocimiento más grande de los principios del derecho de gentes llegue al extremo de olvidarlos y obrar contra ellos a la faz de toda la América. Sería un oprobio, sería un escándalo. La comisión no puede resolverse a presumirlo. Pero si el Congreso de Nueva España llegara a pronunciar un acuerdo tan poco conforme a razón, el decretaría entonces lo que estimare justo.

La comisión podría proponer lo que juzgase conveniente y entrar desde luego a examinar si en el caso de ofrecer el gobierno de México protección a los mal contentos de Centroamérica, debería el de Guatemala ofrecerla igualmente al a los mal contentos de los Estados Unidos Mexicanos.

Pero la comisión piensa que no debe anticiparse el acuerdo de este Congreso al que se pronuncie por el de México. Consideraciones de diversa clase lo persuaden así, y en obsequio de ellas, la Comisión obrando con la circunspección y detenimiento que exige la gravedad y delicadeza del asunto, propone al Congreso se sirva acordar: 1º: Que por ahora no se diese resolución alguna sobre la proposición del C. Gálvez. 2º. Que habiendo noticia cierta de la que acordare el Congreso general de México sobre la proposición de los diputados Anaya y Yauger se traiga a la vista este asunto, y oído el dictamen de la Comisión se acuerde lo que estime conveniente.

ESPAÑA

España dividida la anteriormente en pequeños reinos, empezó a ser una monarquía grande por la incorporación de Nápoles en 1504 y por la coronación en 1519 de Carlos V, rey de España, emperador de Alemania y a fines del siglo XV, Fernando V, rey de Aragón, por su nacimiento, lo fue de Castilla por su matrimonio con Isabel de Granada y Navarra por sus armas. Carlos V dio en 1519 mayor extensión a monarquía. Era rey de España, emperador de Alemania y de los Países Bajos; y esta unión de estados tan poderosos hizo que su monarca fuese de las más respetables de Europa. Se abrieron entonces los cimientos del Poder absoluto. Se concibió y empezó a ejecutar el plan de abolir la constitución de Castilla, se comenzó a levantar sobre sus ruinas el despotismo que oprimió después a la nación.

Pero el reposo de España es como el de aquellos volcanes que por algún tiempo solo retumban y tienen movimientos pequeños, dignos de desprecio a primera vista, y al fin hacen, cuando menos se piensa, una explosión grande que todo lo incendia y abrasa. España es desde muchos años el campo de las acciones y reacciones. El espíritu de los que en todos tiempos han resistido las instituciones liberales hizo que Fernando aboliera la constitución en 814.

El patriotismo de Mina, Porlier, Conde de Montijo, Richard, Lacy, Quiroga, Riego, Galeano meditó sucesivamente planes diversos para restablecer la ley fundamental, y al fin se proclamó en 1820. La obstinación de los que odian el bien de los pueblos volvió entonces a sus intrigas, y pidiendo fuerzas a la Francia sofocó la constitución que había sido proclamada con tanta gloria. El amor puro de la patria tornó desde aquella fecha a su lucha, y seguirá en ella hasta lograr el triunfo. Han sido diversas las tentativas de los constitucionales, amigos de la ley y felicidad de la nación. Se ha publicado que se estaba preparando en España una conspiración más formidable que la de Bazán; que en Londres había una junta de españoles formada con el objeto de insurreccionar a España; que en la convención concluida entre los gobiernos de Madrid y París se ha estipulado que la ocupación militar de España debe continuar hasta 1829; que presidiarios destinados a Ceuta rompieron sus cadenas y gritaron: "¡Viva Carlos 5o!". Si no fueren ciertas aquellas noticias, lo es al menos que no puede haber tranquilidad sólida en un país donde el poder que debe ser ejecutor se ha arrojado a abolir la ley fundamental decretada por el poder constituyente. Un gobierno o partido que necesita fuerza de naciones extrañas para sostenerse es débil y tiene contra sí la mayoría. Un rey que para conservarse emplea la ciencia funesta de las proscripciones, destierro y cadalsos no está muy lejos del abismo. Si la sangre de Lacy no apagó el fuego que había en las entrañas de España, la de Bazán no extinguirá el que debe haber existido en el mismo seno.

Doce años ha que Fernando VII abolió la Constitución de España decretada el 18 marzo de 1812. ¡Cuántas prisiones! ¡Cuántos destierros! ¡Cuántos cadalsos! ¡Cuántas emigraciones ¡Cuántas revoluciones! ¡Cuántas acciones y reacciones han sido efectos de aquella primera infracción!

Tres siglos ha que Carlos 5o. concibió el proyecto (digno de su pecho) de destruir la Constitución antigua de los españoles. Han corrido 300 años y todavía sufre España los resultados de aquella infracción.

Se ha concluido la impresión de los elementos de gramática castellana, ella da lecciones para saber escribir con perfección, las de de ortografía, y enseña el idioma castellano que tan corrompido nos dejaron los bárbaros opresores de España; su precio es cuatro reales. Está de venta en esta imprenta.

ESTADOS UNIDOS DE N. A.

Los Estados Unidos de la Norte América, pobres y despoblados cuando eran colonia de Inglaterra, admiran ahora que son independientes, por la marcha rápida de su población y riqueza. Diez millones de individuos pueblan el territorio donde antes apenas había tres. Su comercio se extiende a todas las plazas, sus relaciones comienzan a abrazar el mundo entero. …los Estados Unidos volando desde la miseria de los desiertos hasta la altura de primera potencia de América.

EUROPA

La Europa que extiende sus relaciones a todo el mundo, compuesta de sociedades enlazadas por multitud de vínculos, unida a las otras partes de la tierra, situada en climas más felices, es la porción más luminosa, la que reúne y esparce más luces. No ha mucho tiempo que era salvaje; y la común inmensa de los hombres que la habitan la ha elevado a ese punto de razón que admira a la misma razón.

La Europa parece inagotable como la naturaleza. Cada año brota pensamientos, honor de ella misma, cada año produce obras que admiran al genio, cada año cada año publica descubrimientos que hacen avanzar espacios inmensos. Se cree agotada la fecundidad, se juzga terminada la carrera, los amigos de la verdad gritan como Arquímedes, *ya la encontramos como la encontramos ya llegamos a la última meta.* Y al año siguiente se presentan nuevas obras, se descubren nuevos métodos, se crean nuevos géneros.

Los pueblos de algunas naciones de divididos en opiniones y sentimientos, divididos en partidos que se odian y persiguen y no pueden estar en posición ventajosa para un existencia feliz. No hay armonía entre el espíritu del siglo y el de los gobiernos, no la hay entre la voluntad ilustrada de los que obedecen y la voluntad arbitraria de los que mandan. Es violento el estado de las cosas, tristes las circunstancias, amenazadora la actitud. Los que aman las virtudes pacíficas, los que saben que el árbol de las ciencias florece a la sombra de la paz y libertad justa, los que piensan que la garantía de los capitales es el orden y tranquilidad no es posible que existan contentos. Han emigrado unos, quieren emigrar otros, y la América puede aprovechar ocasión tan bella para sus intereses.

Los Estados que existen en ella continúan divididos en opinión e intereses. Los que están al frente de los dos partidos son Inglaterra y Rusia.

La Inglaterra ha reconocido la independencia de diversas repúblicas de América, y reconocerá la de otras; las auxilia con empréstitos cuantiosos, establece compañías para el fomento de sus minas y agricultura, extiende cada día más su comercio, y no aparta los ojos del nuevo mundo. Es, dice un periodista, omnipotente en el mar, y no está agobiada con el fardo de un ejército numeroso de tierra. Tiene el cetro de la opinión, con el cual amenaza a la Europa, y dirigiendo la palabra a todos los sentimientos nobles y generosos del corazón humano, una insinuación suya será suficiente para restablecer la libertad de las naciones que gimen oprimidas bajo el peso de miles de bayonetas. Entrará en la lid cual campeón de la civilización y de las libertades del mundo con una fuerza moral irresistible. Canning, su ministro de relaciones, ha hecho algunas mudanzas en los cónsules de varios destinos de Europa.

La Suecia tan distante de la América por su posición geográfica quiere ya acercarse a ella por el comercio. En sus puertos se preparan numerosas expediciones mercantiles para México y Colombia, y además el gobierno está dispuesto a asegurar sus relaciones con cuantas garantías se crean necesarias. Hace días que salió un agente sueco para América. El gobierno de Suecia no pone obstáculo alguno al reconocimiento formal de la independencia de los Estados de América.

Con respecto a los intereses, la Inglaterra está en posesión de aquel comercio desde el año de 1807; ella tiene, no diré millones si no millares de millones en aquellas comarca comarcas. La Francia no ha recobrado su comercio sino de pocos años a esta parte, e introduce allí al pie de 30 millones exportando una suma menor.

Con respecto a los principios, un Borbón reina en España y la Francia acaba de asegurarle su reino por la gloriosa expedición en 1823. En tales circunstancias, ¿sería conveniente y moral que la Francia reconociese la existencia de los gobiernos de las colonias a pesar la España y de sus protestas? Estaría en el interés de aquellos gobiernos que la Francia tomase partido a favor de ellos y en contra de la España? La Francia siguiendo los principios más honoríficos, hace el papel de mediadora entre España y sus colonias; este es el objeto a que tienden todos sus esfuerzos; y yo pregunto, ¿no es esto lo que convenía al gobierno del rey? ¿Estaba en el interés del país que hiciese otro papel...? Se ha hablado de agentes que han hecho nacer sospechas; pero esos agentes no llevaban otra misión que la de mediadores...

Mira esas montañas colosales que dan hermosura y majestad a la tierra. En la superficie parecen masas enormes de tranquilidad eterna. Pero en sus entrañas tienen todos los elementos de fermentación, combustión y movimiento.

Acaso esta es la imagen que representa mejor a la Europa. No hay duda alguna. La Europa es el ornamento más grande del mundo político. Pero es también la porción más iluminada; y en los países ilustrados no hay reposo o tranquilidad duradera mientras no se colocan las cosas en el orden que exige la ilustración.

No se han termina los combates de Bignon. Sigue el de la libertad y la tiranía, sigue el del espíritu de igualdad y el espíritu de privilegio o distinción, etc., y las luchas son más encarnizadas en los pueblos donde hay más luces para sostenerlas.

El que es amante de las ciencias lo es también de la Europa donde brillan en todo su esplendor. Retratos de los europeos más eminentes en ellas son los hermosean mi estudio. Yo los admiro con gusto, yo me electrizo a su vista. ¡Qué gloria sería la de la Europa si no que hubiera enviado a la América más que luces y virtudes! ¡Con qué gratitud tan tierna se recordaría la inmensidad de su beneficencia! Pero envió conquistadores inhumanos, leyes injustas, órdenes opresoras... Las memorias son tristes en este aspecto, así como son alegres en el otro.

Quisiera guardar silencio eterno. Pero es preciso hablar. Pienso escribir una memoria sobre esto. Deseo que todo Sabio de Europa que dedique sus talentos a designar el Plan que deben seguir las Repúblicas de América en sus relaciones interiores y exteriores, o manifestar sus verdaderos intereses, o sostener sus fueros y derechos sepa que será protegido indudablemente por los Gobiernos. Ya estaría ejecutado si yo fuera el árbitro de América. Pero no soy más ciudadano, privado, y en este concepto cooperaré de la manera que pueda, y me llenaré de gozo si tuviera éxito mi cooperación.

Hago a la Europa la justicia que merece el país hermoso de las luces y capitales, la hago a los Sabios que trabajan por la prosperidad de los pueblos en general; la hago a los que se interesan desde el mundo antiguo por la felicidad del nuevo. La Sociedad acordó su impresión y se han circulado ejemplares. Quiera el cielo que se oiga la voz de la Razón y desaparezcan las prevenciones de la ignorancia contra los extranjeros. Yo no cesaré de decirlo: si la América quiere ser ilustrada, es preciso que reciba luces de la Europa, o que las críe ella misma. Lo primero es fácil, y lo segundo sería que las críe especialmente en estos países donde la masa está todavía muy ignorante.

Recibí la de usted (José del Barrio) del 4 de mayo último, la Historia de los acaecimientos de París en julio del año anterior, y el Dictamen de la Comisión de ese Congreso sobre la reforma de la Constitución. Ofrezco a Ud., mi reconocimiento, y le doy gracias muy expresivas.

Es hermoso el Discurso de Chateuabriand, publicado en aquella Historia: el idioma de un Sabio experimentado es muy diverso del de las revoluciones. Yo no ceso de pensar sobre esto y algún día reuniré mis pensamientos, y escribiré una Memoria sobre la Lengua de ellas. Se acerca el siglo de las revoluciones, dijo Rousseau desde fines del pasado, y su predicción se ha ido cumpliendo rápidamente. Es imposible, añadió, que duren largo tiempo las grandes monarquías de Europa. El movimiento de Francia es más comunicativo que el del fuego eléctrico. Ayer recibí Periódicos de Londres que alcanzan a 24 de abril último. Los ministros manifestaron que si no se convocaba nuevo parlamento, ellos no eran aptos para gobernar el reino, el rey fue personalmente a disolver el Parlamento; y hubo gran confusión en las Cámaras. Deseo la llegada de otros Periódicos para saber el desarrollo de las consecuencias de tan gran suceso ¿Cuáles serán los destinos de la Europa y de la América? La revolución anterior de la Europa influyó en la independencia de América. La revolución actual de la misma Europa, ¿Qué otro fenómeno producirá en la América? Yo creo que la Europa, en donde hay monarquías absolutas, va marchando el Gobierno republicano; y que la América, en donde hay repúblicas turbulentas, va caminando al Gobierno monárquico. Esta es mi predicción. No sé cuándo será cumplida, pero pienso que al fin llegará a serlo.

La Europa ilustrada desde muchos años, y afanada cada día más en aumentar su ilustración, no cesa de hacer descubrimientos para mejorar el cultivo y las artes, los oficios y el bienestar de todos los agentes de la Riqueza. Está llena de principios y es maestra en el arte de desarrollarlos. Sus sabios parecen inteligencias puras, el terreno que antes daba 10, ahora produce 20; y un hombres solo ejecuta al presente lo que hacían cien en otro tiempo.

FRANCIA

...que V.A., Capitán General José de Bustamante y Guerra, se sirva mandar se guarde, cumpla y ejecute la Real Orden (de Fernando VII, el 11 de septiembre de 1816), precedente en que S.M, manda que no se permita desembarcar en estos dominios de América a los franceses Pedro Foly y Federico Pablot, o que desembarcados sean aprehendidos en cualquier punto en que se encuentren y que se tenga presente con la reserva que exige para darle todo su cumplimiento en los casos que ocurran. 1817, abril 25 (Dictamen del Fiscal interino en relación con los dos franceses embarcados en el bergantín mercante, San José, El Águila, procedente de Burdeos con los nombres supuestos de Robrit Haskill y Han Bentson, oriundos de los Estados Unidos y Noruega, respectivamente.

La Francia, posesora de todos los conocimientos adquiridos en las otras naciones, y creadora de otros nuevos, era imposible que estuviese más tiempo sometida al poder de un gobierno a absoluto. Se conmovió al fin en los últimos años del mismo siglo, y su movimiento fue como el de las masas enormes o colosales. Se hizo sentir en ambos mundos. Monarquía constitucional primero, República central todas después, Imperio posteriormente, en todas las épocas de su espantosa revolución fue un astro que lanzó fuegos y derramó luces por partes. Del seno de ella salió un hombre que no tuvo igual; y ese hombre, elevado al trono, quiso destruir los tronos antiguos y crear otros para que no quedase aislado el suyo. Derribó el de España, y la invadió por la fuerza, sin derechos, ni títulos. Los españoles se por alzaron heroicamente contra un agresor tan injusto; proclamaron los derechos de los pueblos, y decretaron en 1812 la constitución que dice: "La Soberanía reside radicalmente en la nación".

El gobierno de Francia envió a España las tropas que todavía siguen en ella para sostener al rey que abolió la ley fundamental decretada por los representantes de la nación; ha reconocido la independencia del Brasil y celebrado un tratado de comercio con el emperador Don Pedro y no ha hecho igual reconocimiento de los derechos de la América ni ajustado igual convención con las repúblicas establecidas por la voluntad de los pueblos en el mismo continente donde se erigió aquel imperio; se ha publicado que protege a los déspotas de Turquía en su lucha con los griegos, descendientes de los creadores o perfeccionadores de las ciencias; y se añade que iba a suspender la libertad de imprenta en lo respectivo a periódicos o gacetas. Pero el suelo donde la Razón ha manifestado tanta grandeza y dignidad, el país donde la experiencia ha dado tantas lecciones y ejemplos, la patria de la filosofía sublime del siglo 18, recordará algún día sus derechos; y más prudente, más circunspecta y previsora que en años pasados consolidará por último la libertad que no pudo asegurar entonces.

GUATEMALA

El ayuntamiento de esta capital recibió el 16 del corriente el oficio que V.E. *(*)* se sirvió dirigirle con la misma fecha.

(*). Carlos Urrutia y Montoya, jefe político superior.

En él le comunica haber resuelto, que se pongan en esta ciudad los jueces de letras sin perjuicio de la base que resulte cuando se forme el censo; que se establezcan también en los corregimientos, alcaldías mayores y subdelegaciones que estén vacantes, o en interinato; que el sueldo de los primeros sea el de 1500 pesos que designa la ley, y los derechos de arancel, que el de los segundos sea el que hubieren disfrutado sus antecesores, y que la audiencia territorial proponga terna para los que se vayan colocando sucesivamente.

Deseoso de que se vaya planteando la Constitución en todos los artículos que abraza, deseoso de que se guarden, cumplan y ejecuten las leyes y decretos expedidos para plantearla, deseoso de que la justicia se administre por Letrados dignos de este título, deseoso de que se abrevie la marcha de los procesos siendo uno mismo el que determine y el que firme la determinación, el Ayuntamiento verá con gozo el establecimiento de jueces de letras cuando se haga como manda la Constitución y ordenan las leyes. Pero no es llegado todavía este deseado momento, no son hasta ahora llenadas las condiciones que deben preceder.

El Ayuntamiento debe hablar con franqueza y manifestar sin embozo su opinión. Si el criminoso más degradado puede decir al Tribunal más respetable que la sentencia de éste es nula, gravosa y contraria a las leyes, el Ayuntamiento de una capital de provincia autorizado con atribuciones tan grandes ¿no podrá manifestar sus opiniones y presentar sus sentimientos con aquella libertad decorosa que debe ser el distintivo de un cuerpo que habla el idioma de la ley?

El Ayuntamiento respeta a V.E. y se respeta a sí mismo. Pero respeta también a las leyes; y en obsequio de ellas permitase decirlo, Excmo. Señor.

La resolución de V.E. fue dictada sin dar al Ayuntamiento la audiencia que pidió justamente, fue dictada olvidando o no teniendo presentes las leyes anteriores y posteriores al nuevo sistema de gobierno, fue dictada contra uno de los más preciosos derechos del pueblo, fue dictada en perjuicio de los fondos de propios y de los objetos à que les llaman las necesidades urgentes del público, fue dictada sin haber causas bastantes para legitimarla.

No tuvo el Ayuntamiento contestación alguna. Notándolo el Síndico D. Pedro Arroyave pidió se repitiese oficio a V.E.; y se dirigió positivamente el del 13. Pero este segundo tuvo la misma suerte que el primero. V.E. no se dignó franquear el expediente al Ayuntamiento, y sin franquearlo ni darle la audiencia que había pedido el 9, se dignó dictar la resolución del 12.

Este desaire a un cuerpo digno de toda consideración por sus atribuciones, por el celo con que trabaja en llenarlas, y por el lugar que le designa la ley en la escala de las autoridades, no puede ser justo en sentido alguno.

Dígnese V.E. volver los ojos a los barrios infelices de esta capital. En ninguno de ellos hay las escuelas precisas de primeras letras, en ninguno de ellos hay las fuentes necesarias para darles agua, en ninguno de ellos hay casa de expósitos para evitar el sacrificio de algunas víctimas, y asegurar la existencia y educación de la niñez, en ninguno de ellos hay casas de corrección para lo que sin haber perpetrado crímenes han cometido algunas faltas, en ninguno de ellos hay puntos decentes de recreo donde los hombres unidos puedan solazarse o divertirse, en ninguno de ellos hay policía, o el aseo y limpieza que debe hermosear una capital y contribuir a su salubridad, en ninguno de ellos hay fondo para proporcionar ocupación al miserable que la pide, y no puede encontrarla.

En todos se ve la pobreza, la miseria, la desnudez, el hambre y la sed. Un hombre sensible no puede pasear sus calles sin sufrir vivos tormentos. Y faltando casi todo a hombres, individuos de especie, habiendo hambre y sed, Excmo Sr.; ¿será justo que en vez de socorrerla con 3000 pesos anuales, se destinen estos para sueldos de letrados?.

Justo es que se premie con arreglo a la ley el abogado benemérito. Pero los fondos de propios están fallidos. No pueden erogar aquella mismos cantidad. Es necesario que la Diputación provincial medite arbitrios; y estos arbitrios no pueden ser otros que gravar a la hacienda pública, gravar al fondo de comunidades de indios, o gravar a los mismos infelices que ha pintado el Ayuntamiento y visto V.E. con sus mismos ojos.

La hacienda pública se halla en deplorable estado. Sírvase V.E. mandar que cada renta forme el del último quinquenio; y tendrá las pruebas más decisivas. Ha sido progresiva su decadencia. Los novenos que en el quinquenio de 1790 a 1794 subieron a 87.302 pesos, en el de 1813 a 1817 sólo ascendieron a 38.296.

El fondo de comunidades es sagrado. Dígnese V.E. tener presente la Ley de Indias que prohíbe tocarlo, y el decreto de las Cortes que mandando cumplir la ley estrecha más la prohibición. Sírvase tener presente que esta no es capital de indios. Sírvase haber en consideración que los pueblos miserables que la rodean carecen de todo y no tienen cajas de comunidades.

Los impuestos o contribuciones no serían justas ni podría aprobarlas la prudencia, viendo tanta pobreza y miseria. Suben a millares los infelices que no pueden comer pan. Son muchos los que apenas pueden mantener sus familias economizando hasta el máximo posible.

Don Francisco Antonio Fuentes y Guzmán, regidor y cronista de esta capital, escribió en el año de 1695 la historia de Guatemala, que se conserva en el archivo de esta municipalidad.

Don Juan Torres y Don Juan Macario hijos de Chihuavincelu, uno de los reyes de Guatemala, y el cacique Don Francisco Gómez, escribieron apuntamientos útiles para la historia de esta nación, Guatemala.

El Estado de Guatemala ha decretado y jurado el sistema federal. Cree que este sistema distribuye las luces y riquezas por todas las provincias; quiere que todas sean ilustradas y ricas y sabe que el verdadero poder y sólida felicidad de una capital consiste en el poder y felicidad de todos los Estados de que se compone.

La capital de una república federal no llega a ser coloso opresor de las provincias. Pero en las capitales donde hay sistemas de gobierno central se acumulan las autoridades o poderes y esa acumulación influye en la depresión de los pueblos. "El vulgo, dice Filangieri, a quien se impone todo lo que es grande, poderes y esa acumulación quien se impone todo lo que es grande, admira las capitales inmensas. El filósofo ve en ella los sepulcros suntuosos que levanta una nación moribunda para depositar sus mismas cenizas. Debe haber capital en una nación así como debe haber cabeza en un cuerpo. Pero si se engrandece demasiado la cabeza, si toda la sangre se estanca en ella, el cuerpo será atacado de apoplejía y se disolverá toda la máquina".

HAITÍ

Todas las repúblicas tienen diversos historiadores en cada una de sus épocas. La de Haití, que al principio se creía más atrasada, se gloria de varios y especialmente del Barón de la Croix, que en sus Memorias para la historia de aquel pueblo ha sabido descubrir con filosofía las causas de su revolución, manifestar la marcha que ha seguido, y dar a los que gobiernan en América lecciones que no deberían olvidar jamás.

HOLANDA

Han llegado a esta capital los SS. J. Haefkens, cónsul general y J. Van Drunen, vice-cónsul de Holanda; y a nuestro puerto de Trujillo G.E. Travers, cónsul de idem.

Los establecimientos creados para los progresos de las ciencias y artes son los primeros en mi escala. Yo soy admirador del Museo expectable de la Haya. El señor Cónsul general de esos Países Bajos en Centro América me ha dado alguna idea; y por su conducto tengo el honor de dirigir a Ud. (Director del Museo de la Haya), para que se sirva colocar en él un caracol del Estado de Costa Rica, hecho caja de polvos en el de Nicaragua, una piedra imán, un ópalo, y otros fósiles de esta República.

Es para mí de satisfacción muy viva la noticia de ser colocados en ese Museo los objetos que remití con este fin. Para aumentarlos más, encargué al Estado de Honduras una colección de muestras de los minerales que abundan en él. Pero no ha llegado todavía, y los portadores de esta tienen ya dispuesta su marcha. Otra vez será posible su remisión, y tendré el placer de realizarla. Yo me tomo, entre tanto, la libertad de suplicar a Ud. me dirija (si no fuere molesto), el Índice de los objetos que hay en el Museo, y la Historia de éste o su

Descripción. Estos documentos serán importantes para comenzar a formar en este país, un Gabinete de Historia Natural, e inspirar alguna inclinación al estudio de esta bella ciencia. Yo sabré estimarlos en todo su valor, y reconocer la mano que los dirija.

La próxima salida del Cónsul británico no me da todo el tiempo que deseo para escribir a Ud. con extensión. Pero me concede el necesario para manifestarle, que antier recibí la que Ud. se sirvió dirigirme fechada a 18 de mayo último; que yo le escribí el mes anterior de julio, y no cesaré de hacerlo siempre que haya conductor.

HONDURAS

El Estado de Honduras es la unión o sociedad política de todos los ciudadanos de Honduras. Se subdivide en 12 partidos: el de Comayagua, el de Tegucigalpa, el de Choluteca, el de Nacaome, el de Cantarranas, el de Juticalpa, el de Gracias, el de los Llanos, el de Santa Bárbara, el de Trujillo, el de Yoro, y el de Segovia.

En el de Comayagua, la ciudad del mismo nombre, capital del Estado; Lejamaní, Cururu, Siguatepeque, Chinacla.

En el de Tegucigalpa, la ciudad del mismo nombre; Ojojona, San Antonio, Alubarén, Curarén.

En el de Choluteca, la villa del mismo nombre; Texiguat, Corpus, San Marcos.

En el de Nacaome, la villa del mismo nombre; Pespire, Goascorán, Aguanqueterique.

En el de Cantarranas, el pueblo del mismo nombre; Yuscarán, Cedros, Danlí, Orica.

En el de Juticalpa, el pueblo del mismo nombre; Catacamas, Manto, Silca.

En el de Gracias, la ciudad del mismo nombre; Intibucá, Gualcha, Erandique, Camasca.

En el de los Llanos, el pueblo del mismo nombre; Quesailica, Sensenti, Ocotepeque, Guarita.

En el de Santa Bárbara el pueblo del mismo nombre, San Pedro, Tiuma, Quimistán, Omoa, Celilac,

En el de Trujillo, la ciudad del mismo nombre, Olanchito.

En el de Yoro, el pueblo del mismo nombre, Sulaco.

En el de Segovia, Somoto, Ocotal, Mosonte, Jalapa, Jícaro, Yalagüina, Palacagüina, Telpaneca, Condega, Pueblo Nuevo, Estelí *(*)*.

(*). El partido de Segovia era del Estado de Nicaragua, pero la Asamblea Nacional ha acordado interinamente su agregación al de Comayagua.

El Estado de Honduras es uno de los principales de nuestra República de Centro América. Caracteres grandes lo distinguen de los otros Estados. La naturaleza parece destinarlo a ser de los más ricos y poderosos entre todos los del nuevo mundo...

Se extiende majestuosamente desde uno a otro océano. Abraza un espacio vasto de tierra mayor que el de diversos reinos de Europa. Tiene puertos al norte, y al sur; y los que tiene en las costas del Atlántico son los principales de las importaciones y exportaciones de la nación. Es el que abunda más en minerales de oro, plata, hierro, cobre, etc. Sus minas son las que han sostenido las labores de la casa de moneda de esta capital (Guatemala). El numerario que circula, y da vida a nuestro comercio es metal de sus montañas. Ningún Estado ve correr en su territorio tantos ríos navegables de curso muy largo, de madre muy ancha, de volumen de agua muy considerable. Regadas por ellos, sus tierras son fecundas en producciones de todo género. Las primeras granas que se cosecharon antiguamente en esta nación fueron fruto de su agricultura. La vegetación de sus costas es vigorosa y colosal. El ganado vacuno y caballar abunda en sus haciendas. Los talentos de sus hijos han sido distinguidos en el colegio y universidad de esta corte.

Cuando acumule más noticias, cuando reúna más datos trabajaré la estadística y bosquejaré el mapa de un Estado que tiene tantos derechos a mi predilección. Yo fijo ahora los ojos en los campos hermosos de Ulúa, en esa llanada donde la naturaleza ha querido ostentar sus poderes o fuerzas. Voy a presentar un pensamiento que hace ver futuros de grandeza, un proyecto que llena mi alma de gozo porque promete inmensidad de bienes a los hijos de Honduras, mis paisanos y amigos. Dos ríos grandes, el de Comayagua y el de Chamelecón, nacen en diversos partidos de Honduras y corren desde su origen fecundando diversas tierras. Ambos se unen cerca del pueblo de Santiago *(*),* a 32 leguas al norte de la cuidad de Valladolid o Comayagua, capital del Estado; y forman el río expectable que se llama Ulúa.

(*). En la actualidad, aldea del municipio de Pimienta, Cortés),

Ese río hermoso que inspira deseos de bien general a cuantos viajeros atraviesan sus márgenes, corre mansamente desde el pueblo de Santiago por un plano o llanada tendida de unas 40 leguas hasta desaguar en el Atlántico a 20 leguas más o menos al oriente de Omoa. Allí es donde entra en el océano haciendo una zona de agua dulce en medio de la salida del mar que se percibe a larga distancia. Allí forma a su embocadura un puerto que podría ser de riqueza para Comayagua, de poder para el Estado, y de bien trascendental para la nación.

La masa de sus aguas es bastante para hacerlo navegable muchas leguas. Buques de 70 a 100 toneladas siendo muy largo y construidos para su navegación, dice un inteligente que lo ha reconocido, pueden subir hasta el vado del Palenque a una legua de Santiago. Es también capaz, añade el mismo sujeto, de admitir barcos de vapor, y los viajes que ahora no pueden hacerse en el mejor tiempo en menos de ocho días, se harían entonces en menos de dos.

Sus aguas son además ricas en peces del mejor gusto, en tepemechines, en bobos, o cuyameles, en vacas marinas, etc. En las tierras hay para regalo del hombre sin propietarios o dueños, limonares, zapotales, naranjales, platanares, corozales, aciguátales; hule para vestir con sus cortezas a los indígenas; huaco para curar, o hacer impotentes las mordeduras de serpientes; zarzaparrilla para las extracciones del giro. En los bosques y en la atmósfera abunda la caza de cuadrúpedos y aves, útiles para el sustento del hombre o provechosos para el comercio.

Casi por todas partes se presentan alimentos de regalo o primera necesidad. En la tierra, en las aguas, en el aire los encuentran el viajero, sin haberse trabajado en su producción, sin haberse sudado en su cultivo.

Los salvajes que temen al hombre de sociedad, y le hacen daño porque lo temen, son de carácter diverso en los campos de Ulúa. Los indios Xicaques que los habitan o vagan por ellos, vestidos con cortezas de hule, divididos en pequeñas poblaciones, no atacan a los caminantes, ni huyen de su vista. Los socorren por el contrario, y les venden zarza y cacao.

Algunas haciendas, creadas en aquellos lugares, aumentan los auxilios y manifiestan las que podrían fundarse de la misma especie, siembras de frutos útiles para la exportación. Los pueblos de Tiuma, o de Santa Bárbara, Tencoa, San Pedro Sula, Yojoa, y otros acreditan que son habitables aquellos campos, y hacen pensar en los que podrían establecerse con mejor planta y mayor bien de todos.

Donde haya tierras fértiles y aguas potables; donde la vegetación es grande y lozana; donde vienen los cereales más útiles y crece el maíz y abunda el plátano, los individuos de nuestra especie pueden existir sin duda alguna. La naturaleza no hace creaciones vanas. Si ha formado un edén o paraíso en los campos del Ulúa es para que lo habite el hombre y goce sus delicias.

Dándole toda la atención de que les digno, los poderes supremos del Estado, componiendo la mano de arte el puerto del Ulúa que ha formado la de la naturaleza, mejorando la navegación de un río que sin los trabajos del hombre es navegable hasta cierto punto, fundando a las inmediaciones de su embocadura una población respetable, capaz de hacer que lo sea el puerto; despejando el hacha los bosques, sembrando los campos y haciendo que se emplee en la vegetación de las gramíneas y cereales más provechosas esa fuerza productora que levanta ahora hasta las nubes árboles grandiosos, pero de menor utilidad; arrancando espinos, abrojos o matas inútiles, y plantando cañales, cacaguatales, tabacales y cafetales ¿habría en la extensión de la tierra un punto que excediese al de Ulúa en riqueza y poder?

La Habana era pobre y despoblada. Sus tierras no tenían cultivo, sus costas estaban desiertas. Pero su posición geográfica es feliz, y el lugar que ocupa un pueblo en la tierra influye siempre tarde o temprano en sus progresos. La Fenicia colocada entre el mediterráneo que la invitaba al comercio y el monte Líbano que le daba maderas de construcción, fue una nación marítima, rica y poderosa. La Inglaterra, separada del continente antiguo, colocada en el océano, pobre y desvalida en tiempo de César, es ahora el primer poder del mundo.

Las causas que dan a La Habana tamaña riqueza pueden también producirla en el Estado de Honduras. La posición del Ulúa es ventajosa en el mismo océano donde está situada la isla de Cuba. La caña y el café se producen hermosos en sus campos; el aguardiente de caña puede hacerse de igual o superior calidad, la miel es artículo fácil y poco costoso, las abejas tendrían alimento abundante en llanadas floridas, los comestibles de primera necesidad son en Comayagua más baratos que en La Habana; el trabajo de hombres libres es muy diverso del de los esclavos, y la población podría aumentarse dando a conocer en países extraños nuestra ley benéfica de colonización, atrayendo extranjeros útiles para la agricultura, dándoles la protección que necesitan, y auxiliándolos en los gastos de viaje y trabajos primeros de cultivo.

El Estado de Honduras, elevándose a pensamientos dignos de patriotismo que ama el bien universal y se goza en la satisfacción de hacerlo; abrazando todas las relaciones que tiene siempre un proyecto vasto que las extiende a multitud de individuos; penetrándose de toda la importancia de una idea, fecunda en consecuencias que no es posible calcular; armándose del valor que exige toda empresa grande, y ejecutándole con energías sin arredrarse por dificultades que parezcan insuperables a caracteres tímidos, fijando los ojos en la felicidad comunal, y marchando a ella con actividad y constancia, puede atraer a su suelo la riqueza que el comercio lleva al de La Habana.

El hijo de Honduras vería entonces en Ulúa lo que el hijo de Cuba ve en La Habana. Pabellones de todos los pueblos, exportación copiosa de café, azúcar, cacao, aguardiente, miel, zarzaparrilla, maderas de construcción, cera, grana, añil, etc,; comercio activo y rico en todos sus artículos, especulaciones grandes y productoras; riqueza en los pueblos, ilustración en sus hijos, elevación en sus sentimientos; y el Estado entero independiente y libre como quiere nuestra constitución.

Mi pecho late de gozo, mi alma se complace en perspectivas tan lisonjeras; y para que no sean imaginarios pensamientos de tanta utilidad, quisiera:

1º. Que los poderes supremos del Estado de Honduras los tomasen en consideración y no cesasen de darles la que merecen hasta verlo realizados.

2°. Que dirigiesen a todas partes la ley importante de colonización decretada por la Asamblea Nacional para que sabida en todas las naciones se excite el deseo de gozar de sus beneficios.

3°. Que enviasen a todos los países una descripción del río, campos y puerto de Ulúa para que se conozcan todas sus ventajas en las naciones extranjeras.

4°. Que ofreciesen protección, tierras, y los auxilios necesarios para los gastos de viaje y primeros trabajos a los labradores y artesanos extranjeros que vayan con sus familias a establecerse en los campos de Ulúa.

5°. Que habilitado el puerto del mismo nombre se interesasen celosamente en fundar a sus inmediaciones una población respetable para que el comercio reciba los auxilios que necesita.

6°. Que con igual energía se empeñasen en mejorar la navegación del río indicado hasta el punto o lograr a que pueda ser extendida.

7°. Que la Asamblea concediese por cierto número de años exención absoluta de primicias, diezmos y alcabala interior a los pobladores que hiciesen plantaciones nuevas de caña, café y cacao, y a los que se dedicasen a la industria interesante de colmenas.

8°. Que el Congreso Federal otorgase la gracia de no pagar por cierto término derecho de exportación a la que se hiciese de azúcar, café, aguardiente de caña, cera, cacao y miel por los pobladores y habitantes de los campos de Ulúa.

Yo ofrezco respetuosamente estos pensamientos a la Asamblea de Honduras. Los conocimientos de sus individuos los rectificarán, y adoptándolos como los presento o subrogando otros que prometan mayor bien, tendré siempre la satisfacción, deliciosa para mí, de haber llamado la atención a lo que puede tener influencia más grande en la prosperidad del Estado donde nací.

¡Cuándo veremos llegar a las riberas del Ulúa colonias iguales de labradores y artesanos! Deseo que Honduras, donde tuve el honor de nacer, sea el Estado primero por su ilustración y riqueza. Es preciso formar hombres capaces de servir dignamente los empleos. La ineptitud ha sido causa de nuestras desgracias y las de la República.

INGLATERRA

La Inglaterra, que es la primera potencia del mundo, la Inglaterra que tiene la corona del Océano.

Uno de Londres me ha escrito con fecha 11 de septiembre: "Murió Mr. Canning, dejó al rey tan profundamente persuadido de la necesidad y justicia de sus principios, que el gabinete será el mismo".

MÉXICO

Deseosos del bien que prometen las ciencias naturales han existido hombres amantes de su estudio. La expedición que dirigió Sessé (Martíb Sessé, médico naturalista español, fundador en 1788 del Jardín Botánico de México) reunió más de cinco mil especies, y Hernández antes de ella había descrito las plantas de este suelo. Pero los trabajos de la expedición se desgraciaron sensiblemente, las descripciones de Hernández son de poco provecho por no haberse derivado de los caracteres positivos y constantes; y Nueva España que desde muchos años debía tener la Flora más rica y hermosa, se ve sin ella después de gastos, observaciones y trabajos.

Para reparar pérdidas tan sensibles; para que no tengan igual suerte los descubrimientos felices de los amantes de las ciencias naturales; para que haya un foco donde uniéndose sus luces reflejan después por todas partes; para que conozcamos esta parte digna de la América, y se presente al mundo el cuadro de sus riquezas, yo quisiera:

1º. Que se publique en México un periódico, semanario o mensual de ciencias naturales;

2º. Que se dividiese en tres secciones correspondientes a las partes que abraza la historia natural, mineralogía, botánica y zoología.

3º. Que se encargasen de la sección mineralógica los Señores D. Andrés del Río y D. José María Bustamante; de la botánica, los Señores D. Pablo Lallave, D. Vicente y D. Julián Cervantes, D. Juan Lejarzas y D. Juan Herbogoso, y de la zoología los que se hayan distinguido más en esta materia.

4°. Que fuesen sus suscriptores los Ayuntamientos, los Curas y grandes propietarios; y que los amigos de las ciencias se interesasen en procurar subscripciones capaces utilidad.

En la misma publicado anteriormente mexicana donde se da a luz, se han publicado anteriormente otros papeles dignos, como he indicado otra vez, de toda nuestra atención. En ellos se han impreso noticias que disminuirían el crédito y ofenderían el honor nacional si no fuera, manifestada su falsedad en el todo o su alteración en mucha parte; en ellos se ha deprimido a la República, ponderando la escasez de población, falta de industria y poca ilustración; en ellos se ha dicho que Guatemala no tiene elementos para ser independiente, ni poder para sostenerse como soberana; en ellos se ha aventurado la proposición de que esta República llegaría a ser presa del primer enemigo que quiera subyugarla si México tanto por darle una mano protectora como por no dejarse flanquear por aquí no defiende su libertad; en ellos se han descubierto miras muy claras diciendo que cuando uno quiere no arruinar su casa, se ve en la precisión de cuidar del buen estado de la que está pared en medio con ella.

Publicados estos papeles en Nueva España si el Congreso Mexicano acordara la proposición transcrita de dos de sus individuos, México tendría en las naciones que saben respetar los derechos de las demás el concepto de que sería digna en tal caso. Se manifestaría por todas partes su injusticia y ambición; se diría que quiere ser conquistadora al mismo tiempo que declarándose independiente de la antigua España publica que las conquistas no dan derecho a quien las hace; se añadiría que piensa en países lejanos cuando no ha acabado aún de consolidar la administración de los que tiene cerca, se demostraría la imposibilidad de gobernar bien una extensión tan inmensa de rivales desde California hasta el istmo de Panamá; quedaría en contacto con Colombia y el de las dos repúblicas que llegarían a ser rivales produciría consecuencias que no es difícil prever; se alarmaría el nuevo mundo viendo dilatarse por toda la América septentrional la dominación mexicana; la opinión general se volvería contra México y la justicia triunfaría al fin.

En todas las naciones que no han consolidado todavía su nuevo sistema hay enemigos interiores. Los papeles públicos de México manifiestan que los hay en aquella República, y los de las otras de

América confiesan la misma verdad. Supóngase que ocupan con tropas el gobierno de Washington a los pueblos de Nueva España que quieran ser parte de los Estados Unidos de Norte América, el de México a los pueblos de nuestra República que quieran sujetarse a la mexicana, el de Guatemala a los de Colombia que quieran agregarse a Centro América, el de Bogotá a los del Perú que quieran unirse con Colombia, etc. La América sería entonces imagen verdadera del caos. Los malcontentos de una república darían voces a favor de la vecina. Todo sería confusión. Un desorden general se extendería desde Texas hasta Chile. No habría paz, sosiego, ni tranquilidad. La ambición europea cantaría victoria; y los americanos libres tornarían a ser esclavos. En algunos periódicos de la Nueva España se ha publicado: que Guatemala no hizo esfuerzo alguno para ser independiente de la antigua España; que las circunstancias de hallarse colocada entre naciones señoras de sí mismas como México y Colombia le proporcionaron la ocasión o la obligaron a dar aquel paso; que el mismo gobernador español Don Gabino Gainza hizo que fuera independiente de la antigua España; que la vasta extensión de Guatemala, su escasísima población, su poquísima ilustración menos industria la constituyeron siempre más gravosa que lucrativa a la monarquía española; que no puede Guatemala sostenerse como nación soberana. Por esta razón los hombres juiciosos y amantes del bien general de esta capital quisieron que estuviese sometida, a México; que todas las provincias de Guatemala se fueron sujetando a Nueva España de su espontánea voluntad; que la división militar remitida de México no vino a sujetar a aquellas provincias ni mantenerlas sujetas, sino a protegerlas y asegurar su independencia del gobierno español; que hecha en nueva España la revolución que destruyó el imperio, el general Filísola, jefe de aquella división, convocó nuestra asamblea nacional, hizo la libertad de nuestra República, y nos dejó independientes de México; que nosotros no hubiéramos conseguido por nosotros mismos esa independencia porque las Chiapas, Quezaltenango, Comayagua y la mayor parte de las provincias de Nicaragua y San Salvador querían estar sujetas a México; que los diputados mexicanos con lágrimas en los ojos pidieron la libertad de Guatemala al congreso mexicano; que los liberales de Guatemala sintieron mucho que nuestra independencia .

de México no fuese obra suya sino del general Filísola; que Guatemala no tiene pilotos que la dirijan ni elementos para felicitarse o hacerse feliz, ni virtudes, ni conocimientos de sus intereses, ni puede mantenerse independiente; que los votos particulares de algunos de nuestros diputados y el Manifiesto de la provincia de Santo Domingo indican las miras de los republicanos de Guatemala sedientos de honores y dinero; que cartas privadas, dirigidas de Guatemala a México, dicen a más de otras cosas que el comandante Cáscaras recibió declaración al Obispo de Nicaragua sobre haber dicho que habían pasado dos comisionados para solicitar la reunión de esta República con la mexicana; que la libertad dada a Guatemala por Filísola y la generosidad mexicana la han puesto de peor condición por que se hicieron de la revolución los más perversos y vengativos que comenzaron luego a quitar empleos a su arbitrio para ponerlos en poder de sus amigos y adictos; que la provincia de Chiapa, sujeta a México, está tranquila y trata de obras útiles; y el general mexicano Don Juan Pablo Anaya había salido con dirección a la misma provincia con una división militar.

De este modo se ha reproducido el fenómeno observado constantemente en la historia de las naciones que han tenido dependientes de su gobierno a pueblos que después han recobrado su libertad.

Los mismos liberales han publicado que la independencia de Guatemala ha sido sólo obra de la voluntad general de los pueblos. Lo mismo se dice en Europa de la América, y en España de México. Hay sin duda una gramática general que manifiesta las relaciones generales de los idiomas que se hablan en los pueblos que han sido conquistadores, o dominadores.

Cuando Guatemala penetrada de la injusticia que la había sometido a México, evidenció sus derechos y proclamó su absoluta independencia, se publican en México papeles depresivos que la ofenden sin haber recibido agravio alguno de ella; se le disputan los elementos que abundan en su seno para ser independiente, y se le niega el patriotismo que hizo triunfar su justicia.

La pluma corría alegre y gozosa, sin ofender a nadie, publicando leyes benéficas y manifestando elementos de riqueza cuando llegaron a mis manos los números del Sol de México de 12, 13 y 14 de mayo y 11 de junio; y del Águila mexicana de 3 del mismo mes.

En ellos se ofende a esta república con las injurias más graves; se le deprime con los términos menos decorosos, se quiere destruir la opinión de que es digna, Yo soy hijo y ciudadano de ella. Le debo educación y honores. ¿Podía ser insensible a sus agravios, o ver con indiferencia sus injurias? ¿Es socio el que no defiende la sociedad de que es individuo? Las leyes de la naturaleza que han dado elasticidad aun a los cuerpos brutos para repeler la fuerza que los oprime: la moral que se dice "Ne cui quis noceat", añade "nisi locessitus injuria", *(*)* me daban los derechos más incontestables para responder.

(*). "No hagas daño a nadie, a no ser que hayas recibido injuria.

Yo volví a ofensas odiosas la atención que deseaba dar a la inmensidad de tesoros que hay en nuestro suelo y perspectivas de riqueza que prometen. Contesté a los articulistas de México, contesté con moderación aun no habiéndola en los: agravios hechos a mi Patria.

La república de Centro América renuncia a la dicha de estar sometida a México. Quiere ser independiente y libre.

Los pueblos del Francia gritaron Libertad, los de España proclamaron constitución; los de Guatemala pronunciaron independencia. Pero los ejércitos unidos de los reyes restablecieron el poder borbónico, en Francia, las fuerzas del gobierno francés hicieron que renaciera el poder absoluto en España. La intriga interior y las tropas extrañas de México destruyeron la independencia de Guatemala.

Es una verdad triste, pero es una verdad. Voy a decirlo con el más vivo sentimiento. Yo no quisiera que hubiese enemigos interiores de nuestra patria o sistema. Pero no es posible dudarlo. Existen esos hombres. Aquí están en Guatemala. La historia de nuestra revolución lo acredita de un modo incontestable, algunos papeles que se han publicado lo evidencian del modo más claro, la razón lo convence y la observación ofrece pruebas diversas.

Si en el tiempo de nuestra sujeción a México se hubiera indicado en los papeles públicos a favor de nuestra independencia un tercio de lo que se indica ahora contra ella, ¿Cuántas medidas se hubieran tomado? ¿Cuántas prisiones se hubieran decretado? ¿Cuántos planes se hubieran meditado? ¿Y la libertad será menos digna de consideración que el poder absoluto? ¿La causa de nuestra independencia será menos justa que nuestra esclavitud?

Yo no pido cárceles ni calabozos. Mi pecho no es sanguinario, Deseo que se vuelva la atención a esa línea subterránea de comunicación entre Guatemala y México, deseo que se acuerden todas las medidas que dicta la prudencia, deseo que los hombres de talento lo empleen en escribir sobre los asuntos que propuse en el número 12, deseo que aun el mínimum de oposición a nuestras liberales instituciones haga mejores cálculos sobre sus intereses, deseo que todos nos manifestemos animados de un solo espíritu, penetrados de un mismo sentimiento.

En algunos papeles publicados en México se ha manifestado el deseo de que La Habana pronunciándose independiente del gobierno español se agregue a México y sea uno de sus Estados. En otros papeles dados también a luz en México se ha expresado la voluntad que hay en sus autores de que nuestra República renuncie su independencia, libertad e intereses para sujetarse a México formando otro de sus Estados.

No sabemos si se publicará alguna memoria provocando que el Istmo de Panamá que es punto ventajoso para el comercio de los dos océanos, debe unirse a México y ser uno de los territorios de la federación mexicana. También ignoramos si se dará a luz algún Discurso demostrando que el antiguo virreinato de Santa Fe, que es fecundísimo en producciones vegetales, y especialmente en quina útil para curar fiebres, debe igualmente agregarse a México y ser otro de sus Estados. Y últimamente no alcanzamos si algún talento juzgará conveniente la agregación a México de los Andes, Cabo de Homos y Chile. Pero deseosos de que se ejercite el raciocinio, proponemos para que examine como corresponde las cuestiones siguientes:

1ª. ¿Podría ser durable una República que se extendiese desde Texas hasta el istmo de Panamá y dando un salto sobre el océano abrace en su territorio toda la isla de Cuba?

2ª. Las Repúblicas de América verían con indiferencia la elevación colosal de una potencia que no contenta con la inmensidad de su territorio se fuese agregando el de Chiapa, Guatemala, San Salvador, Comayagua, Nicaragua, Costa Rica y Cuba?

3ª. ¿La Inglaterra y los Estados Unidos serían espectadores fríos viendo a México posesor de la Isla de Cuba y todas las costas y puertos desde Panamá hasta Texas?

4ª. ¿Se diría que México dilatando su dominación por la América merecía el nombre de Nueva-España, así como Madrid extendiendo la suya por la misma América se llamaba Antigua-España?

Son muchos los que forman la federación, y el territorio de la república es tan vasto que aun haciendo progresos sucesivos no podría poblarse plenamente en dos siglos. En el Estado de Yucatán ha habido serias desavenencias; y en decreto de 11 de mayo acordó su traslación de Mérida a Campeche. En el de Sonora y Sinaloa ha habido también discordias entre sus más acreditados hijos. En el de Jalisco se ha tomado la religión por motivo o pretexto de diferencias desagradables. Y en el de Oaxaca las hubo primero entre el gobernador que no dio cumplimiento a un decreto y el congreso que le declaró la responsabilidad, y después entre el gobernador que pidió copia de una acta secreta y el ayuntamiento que se negó a darla. El gobierno federal pidió se le autorizase para ocupar militarmente a nuestra provincia de Soconusco; pero Senadores justos, dignos de este precioso título, se opusieron a una solicitud que hubiera sido origen de muchos males; y la Cámara cerró sus sesiones sin acordar la autorización que se deseaba. Los diputados Don José Yauger y Don José Cirilo Gómez Anaya pidieron que se facultase al gobierno para proteger a los pueblos de nuestra república que quisiesen unirse con la mexicana. Pero el congreso se sirvió desechar una proposición tan injusta, tan subversiva, tan anárquica, tan escandalosa y productora de daños incalculables.

En el Sol de 13 de julio se dice que la república mexicana está en una crisis peligrosa. En el Águila de 20 del mismo mes se asegura que no hay peligro.

El antiguo Imperio de Anahuac extiende su vasto territorio sobre el Pacífico desde la barra de Tonalá en los límites de Guatemala (latitud 15) hasta el Cabo Mendocino (latitud 40) en los confines de la Nueva-California corriendo de sudeste a noreste 685 leguas, y el río Sabinas de Tejas (latitud 30) hasta la Isla de Tiburón sobre la desde costa de Sonora, que es su mayor anchura de este al oeste 365 leguas de 25 al grado, que hacen 119.478 leguas cuadradas que con las

46.000 comprendidas en Guatemala suman 165.478. Resumen de la estadística de Méjico, por Don Tadeo Ortiz. Año de 1822.

La ambición es muy astuta. No sólo trepa a los tronos suntuosos de las monarquías. Sube también a los doseles modestos repúblicas. La cartaginesa se apoderó de casi todas las islas del mediterráneo, conquistó una parte de España; y llegó a extender su dominación sobre un espacio de más de mil leguas desde la gran Syrta hasta Gibraltar. La romana fue más conquistadora que Alejandro; y la francesa ¿no fue también, plagada del espíritu de conquista en medio de los ascensos de libertad, cuando la de los pueblos de Francia era el objeto de su entusiasmo?

El hombre es hombre en las democracias y monarquías, en las oligarquías y teocracias. Cuando su alma siente superioridad de fuerzas, su Razón no las tiene algunas veces para impedir el abuso de ellas. Desconoce los principios de justicia, y ataca los derechos de otros al mismo tiempo que proclama respeto a los suyos.

Si la ambición destructora, que no levanta felicidades sino sobre ruinas, llegará en el transcurso de los años a dominar al gobierno mexicano, ¿cuál sería la suerte de Colombia y los destinos de la América?

Dos naciones que quieren ser grandes serían entonces vecinas: México estaría en contacto con Bogotá, una y otra se verían con los mismos ojos con que se observan dos rivales que se presentan a la escena a merecer vivas de los espectadores; la emulación, los celos, la envidia engendraría odios que llegarían a ser nacionales, disputas de linderos producirían diferencias, y en el nuevo mundo, ¿no se reproduciría entre las repúblicas mexicana y colombiana la misma lucha que hubo en el antiguo entre la romana y la cartaginesa? Después de años de guerra los Catones de México no llegarían al fin a decir: es preciso destruir a Colombia. La ambición, dice el Sr. Pradt, es un asunto de proximidad. Los intereses de territorio son las causas ordinarias de los debates de los Estados.

La lucha de México y Bogotá comprometería a las demás repúblicas, y produciría todas las consecuencias, temibles en tal evento. Es necesario sostener a Colombia, diría Lima, para que entre el Perú y los Estados Unidos Mexicanos haya una montaña de defensa. Los diques no deben levantarse cuando las aguas están ya a las puertas de la casa. Debe impedirse que lleguen a ella, debe subirse arriba cerca del origen del torrente. Bolivia creada y animada por el presidente de Colombia no sería indiferente en la guerra de esta con Nueva España. El movimiento llegaría hasta las extremidades australes de la América. Chile y Buenos Aires tomarían la actitud que exigieran sus intereses; y el imperio del Brasil, donde deben ser grandes las influencias de la Europa, haría cálculos sobre el choque de las repúblicas y resultados consiguientes a esos choques.

Los terrenos de la república mexicana son inmensos. ¿Se agregará a ellos el de la pequeña provincia de Soconusco que fue siempre parte de Guatemala y quiere corresponder a Guatemala? No lo consentirá el Congreso americano. Se va a reunir en Tacubaya, en las inmediaciones de México. Pero allí será tan justo como lo hubiera sido en Panamá. Allí va a manifestar que las influencias de México van a ser favorables a Centroamérica.

En la Memoria del encargado del ministerio de Relaciones me ha agradado mucho el artículo respectivo a las Exteriores, y el estado (muy apreciable) del número, patria, ocupación de los extranjeros que existen en esa república. Es idea muy feliz. Yo quisiera que fuera imitada en todas las repúblicas, y que le acompañara otro estado del comercio de cada una de las naciones de Europa con las de América para conocer a un golpe de vista las relaciones e influencias de todas. Las de Inglaterra son muy grandes. ¿Qué gobierno el de los bretones? Cuando en esos Estados no existen más que 1 holandés, 3 italianos, 44 alemanes y 86 franceses, la Gran Bretaña tiene en ellos 532 ingleses.

En la Memoria del ministro de Justicia he visto también con vivo gusto los estados del número de eclesiásticos, parroquias, catedrales, fincas. Todos son importantes para ir conociendo la Estadística de la República, y hacer observaciones de distintos géneros. Los eclesiásticos forman en las naciones una orden tan influyente que es preciso conocer a los unos para hacerse idea de las otras. Se dice en la Memoria que el Enviado a Roma salió de esa República el 21 de mayo de 1825 con orden de esperar en Bruselas las instrucciones que estaba para votar el congreso, y que todavía no se ha concluido este asunto. ¿Es posible que en año y 8 meses no ha podido darse voto sobre unas instrucciones de tanto interés? Aún dilatándolas de intento para recibir las comunicaciones del Enviado, ¿no sería bastante un período tan dilatado de tiempo?

No he leído aún las Memorias de los ministros de Guerra y Hacienda. Conocí a uno y otro cuando estuve en esa capital; y leeré sus trabajos después que despache los del correo.

Los papeles públicos de esta capital indican (a quien sepa pensar) la efervescencia que hay en esa República. Mis pensamientos son tristes. Deseo que sean falsos. Pero observando la marcha de todas las repúblicas, creí, desde el principio que en todas habría reacciones. No olvide estas palabras que estampo para que las medite. Los elementos de las naciones americanas son heterogéneos. ¿Habrá en ellos gentes capaces de conciliar en paz y sosiego sin movimientos ni revoluciones tantos intereses opuestos de tantas clases?

Mucho tiempo hace que se descubrió en El Sol no sé qué tendencia a deprimir o desacreditar a esta República. Al menos en los números anteriores de aquel periódico se publicó, que Guatemala no hizo esfuerzo algo para ser independiente de la antigua España. Que las circunstancias de hallarse colocada entre dos naciones señoras de sí mismas como México y Colombia le proporcionaron la ocasión o la obligación a dar aquel paso; que el mismo gobernador español Gaínza hizo que fuera independiente de la antigua España; que la vasta extensión de Guatemala; su escasísima población, su poquísima ilustración y menos industria la constituyeron siempre más gravosa que lucrativa a la Monarquía Española; que los hombres juiciosos quisieron que estuviese sometida a México, que Guatemala no tiene pilotos que la dirijan ni elementos para hacerse feliz ni virtudes, ni conocimientos de sus intereses, que no puede mantenerse independiente; que los votos particulares de algunos diputados y el manifiesto del Exprovincial de Sto. Domingo indican las miras de los republicanos de Guatemala, sedientos de honores y dinero...

A los editores del mismo Sol escribió dándoles gracias por el interés que (dice) toman por el restablecimiento del orden, dirigiéndoles copia de la carta que escribió a el C. J. F. Sosa, y suplicándoles que la publicasen en su apreciable periódico.

Sosa en su carta dice: "El departamento de Sonsonate y Sta. Ana no pudiendo sufrir más la anarquía, etc.". El 18 de abril último escribió Sosa su carta, y el 18 de mayo siguiente las tropas de la federación fueron derrotadas por las del Salvador. ¿Qué pensarán a vista de esto las naciones extranjeras? ¿No serán puestas en la alternativa sensible de decir, o Sosa es poco detenido en sus expresiones, o no es ejercitado en cálculos, o las tropas de la federación son tan desgraciadas que las han derrotado las que no tienen orden, ni moral, ni disciplina, ni subordinación? Sosa da a entender que el departamento de un Estado puede de él y unirse al gobierno federal o ponerse bajo su separarse de él protección. Yo creo subversiva y desorganizadora esta doctrina.

En el Sol se publicó que los diputados Anaya y Yauger pidieron que se autorizase al gobierno mexicano para proteger con armas a los pueblos de esta república que quisiesen unirse con México. Yo manifesté en nuestro Congreso que aquella posición era anárquica, y tendía a perturbar el orden. Todos quedaron convencidos; y usted lo estará también si quiere leer el Discurso que dije a este propósito y se halla entre los impresos.

La doctrina contraria haría un caos de la América. En todas partes hay enemigos interiores mal contentos. Un Estado de los Unidos Mexicanos podría separarse del gobierno federal de ellas y ponerse bajo la protección de el de Norteamérica y esto causaría guerras entre las dos repúblicas. Un departamento de Guadalajara podría separarse del de aquel Estado y ponerse bajo la protección del gobierno federal de México; y esto motivaría guerras intestinas entre ambos gobiernos. Lo mismo podría suceder en Chile, Buenos Aires, etc. El nuevo mundo sería un teatro de guerra y los adictos al gobierno español se placerían viéndonos complicados en revoluciones y guerras.

Si me he extendido sobre la carta de Sosa, es porque amo a mi Patria y estimo a usted. Es necesario obrar con mucho detenimiento y circunspección. Antes de publicar un papel, antes de dar curso a una palabra es preciso analizarla con más escrupulosidad que la empleada por un químico que reduce a lo más mínimo a sus primeros elementos. En el Sol y el Águila de México se han publicado cartas en que sus autores sin manifestar su firma han ofendido al Jefe de Honduras (Dionisio de Herrera), a mí, a otros, y a los verdaderos intereses de la república. Esto aviva los fuegos y dará lugar a contestaciones. ¿Habrá en la tierra alguno que viéndose injuriado, no piense en respuestas?

Yo estimo en todo su valor el deseo que tiene de enviarme el No.4 del Correo Indicado. Pero puede excusarse el trabajo. Observo en este punto algún atraso en México. Tengo desde enero el Repertorio Americano, desde febrero los 4 números del Correo indicado, y los del Museo de Ciencia de Mayo, los doce de la Revue. Encyclopedique correspondientes a los 12 meses del año anterior y desde junio periódicos de Londres que alcanzan hasta 14 de abril.

Usted me pidió impresos, usted me dijo que se los dirigiera por el conducto del Administrador de Correos de pueblo. Creí que no le sería costosa la remisión y le envié alguno por la vía que usted me designó. Remitiré con fajas los que pueda reunir de los que desea usted. Contestaré en otro sobre los demás puntos de su carta para que no sea más larga esta. Vuelvo a suplicar que tenga empeño vivo en manifestar que el gobierno de una nación no debe mezclarse en los asuntos de otra.

No tengo lentes para ver todas las intenciones del Sr. Hidalgo. (Miguel Hidalgo, sacerdote y político mexicano fusilado en Chihuahua), cuando dio la voz prima de Libertad. Importa esto muy poco. Los autores de un plan no saben ellos mismos todas las consecuencias de su ejecución. Lo que interesa a las ciencias es observar la marcha del hombre o los movimientos de su corazón. El primer paso de los mexicanos fue declararse independientes en 1810, y este acto fue una exclusión del rey de España o gobierno español. En 1814 dieron otro más avanzado.

En el Decreto constitucional de Apatzingan declararon ciudadanos a s nacidos en la república mexicana y a los extranjeros que tuviesen carta de naturaleza. Exigieron la calidad de ciudadanos en el ejercicio de sus derechos para obtener los primeros empleos, y excluyeron por consiguiente a los españoles que no hubiesen merecido carta de naturaleza. Posteriormente en la Constitución de 1824 se exigieron para ser diputado o senador más calidades en los que no son americanos que en aquellos que lo son; se declaró que los nacidos en España no pueden ser Presidentes, ni vicepresidentes de la república, ni individuos de la Corte Suprema de Justicia, ni Secretarios del despacho. En 23 de abril de 1827 decretó el Congreso del Estado de México que ningún español porte armas sin licencia del gobernador; y en 10 de mayo siguiente el Congreso de la República declaró que ningún español puede ejercer cargo ni empleo alguno de nombramiento de los poderes federales hasta reconozca la independencia.

El español conquistó la dominación de México, desconfió de los americanos; y por esa desconfianza los excluyó de los empleos. El mexicano reconquistó la libertad de su patria, desconfía de los españoles; y por esa desconfianza los aleja de los cargos o destinos. Desde principios del siglo 16 en que Cortés conquistó a México debió temerse lo que ha sucedido. Si un físico espera que un cuerpo elástico haga esfuerzos para volver a su antiguo estado desde el momento en que lo ve comprimido por la fuerza, un político debe temer reacción desde el instante en que hay acción injusta. He leído el discurso de Couto y el de Tagle (político liberal mexicano). No sé si usted ha leído el de Cerecero y el de Tornel. Mi opinión sobre la marcha de los sucesos es derivada de las leyes de la naturaleza. Estúdielas, y formará la suya. Pero no infiera de aquí que mi sistema es de persecución, sangre o muerte.

Lo que he hecho en ésta y mi carta anterior ha sido manifestar el enlace o encadenamiento de los sucesos. No he indicado principios. ¿Cómo ha podido usted decir que aquellas a que me refiero harían temer la extinción de los blancos? ¿Cómo puede volar el pensamiento hasta el extremo de inferir esto?

Creo (sin tener orgullo para creerlo) que nadie habrá pensado más que yo sobre sobre ese punto de los blancos. Añado que hay ideas equivocadas y que todavía no se ha visto aquí la cuestión en su verdadero aspecto.

México descubrió una conspiración maquinada por españoles, y americanos seducidos por ellos. En diversos Estados de la república se pidió la expulsión de los primeros, el congreso federal la decretó al fin; y más de 500, o 600 españoles han pedido y se les ha dado y pasaporte, Don Nicolás Bravo, mexicano y vice-presidente de la república, era uno de los conjurados, se le arrestó con los demás; el Congreso ha decretado que el gobierno haga salir del territorio de la república a los lugares que estime convenientes por un término que no pase de 6 años a los que estaban presos como complicados a cumplir sus condenas. Se acerca el tiempo de la elección de presidente y este delicado asunto tendrá influencias muy grandes.

Son grandes las incidencias ocurridas en ella, y repetirse iguales o mayores y no cesarán de repetirse iguales o mayores hasta que la nación se fije en la posición a que llegará después de diversos movimientos u oscilaciones.

El decreto de ese Congreso federal en que autoriza el gobierno para la invasión de la Habana es cosa muy seria y de trascendencia incalculable. Pienso que no se habrá dictado con intención positiva de cumplirlo desde luego. Su objeto será imponer a España, y hacer que en vez de reconquistas concrete su atención a Cuba. Pero si no se ejecuta en estos tiempos el plan de invadir la Habana, se ejecutará al fin en los venideros.

Espero la "Historia de las campañas de Callejas" (Félix Callejas del Rey, militar español que decidió los fusilamientos de Hidalgo y Morelos), que me ofrece usted y ha publicado don Carlos María Bustamante (político e historiador mexicano). Conocí mucho a éste, y le oí discursos eternos en el Congreso. Hubo día que pidió la palabra y después preguntó cuál era el asunto de que se trataba.

México agravaría nuestros males si interpusiera una mediación armada. Don Juan de Dios Mayorga propuso esto como plan de pacificación en un papel que escribió en julio último y usted dice que Don Antonio Rivera ha solicitado lo mismo. ¡Cómo ha podido concebirse un pensamiento cuya ejecución sería, como dice usted el colmo de la ignominia! La Constitución de esa república prohíbe a ese gobierno enviar tropas fuera de los límites de ella sin autorización del Congreso Mexicano; y la de ésta declara privativo de nuestro Congreso Federal el conceder o negar la introducción de tropas extrañas. Ni uno ni otro Congreso ha pronunciado tal acuerdo. México no tiene derecho alguno para intervenir encuentros, asuntos y su intervención lejos de poner término a la guerra, haría que fuese más prolongada. Los Estados aman su independencia. Se armarían al momento que la creyesen amenazada; y Guatemala sería el teatro de los horrores. Yo escribí mucho en La Gaceta de Gobierno y en el Redactor sobre el principio (reconocido para los más ilustrados publicistas) de no intervenir el gobierno de una nación en los negocios de otra. Haga usted se reimpriman en esos periódicos aquellos artículos. Los amigos de Centro América sabrán darle gracias; y yo añadiré este motivo a los otros por los cuales soy su afmo. amigo y servidor.

Recibí atrasada la de usted de 29 de agosto próximo. Celebro que haya conocido a Guanajuato, sus minerales y riquezas. Uno de los puntos de mi plan cuando estaba en esa capital era hacer viaje a ese digno país, continuarlo de allí a Norteamérica, y volver después a mi Guatemala, pero el nombramiento de individuo de este Poder Ejecutivo y la nota para que viniera a tomar posesión embarazaron mis deseos. Guanajuato debe ser conocido de los amigos de las ciencias naturales. Yo estimaré en todo su valor la colección que me ofrece. Traje más de 50 especies de rocas clasificadas por el Sr. del Río; y tendría placer en aumentarlas. Usted tendrá los ópalos, tendrá las muestras que desea de nuestros minerales cuando se restablezca la paz, perdida desde mucho tiempo. Yo los ofrezco a usted y seré fiel a mi palabra.

He recibido la representación de Don Lucas Alamán (político e historiador mexicano) como apoderado del duque de Terranova. La he leído con y reconocido los afectos que me la han enviado.

El autor de ella discute el asunto con extensión, y da noticias que interesan a los que amamos las antigüedades de América. Pero olvidó una objeción digna de examen. Yo pienso que deben distinguirse casos que son diversos. Hernán Cortés recibió fincas en premio de sus conquistas, y las tramitó a los herederos de su título. Otros también recibieron fincas en galardón de su cooperación a la conquista, y por compras sucesivas pasaron a sus actuales poseedores. En el primer caso no hay otros título que el de conquistador y heredero de conquistador. En el segundo, hay el de comprador que ha dado su dinero a los herederos de los conquistadores. El que compra de buena fe y por justo precio merece consideraciones diversas que hereda o recibe en donación.

Yo amo esa grande y hermosa república. Veo en ella una de las bases más sólidas de la independencia del nuevo mundo. Me interesa cuanto dice relación a sus destinos.

Siento que en vez de desarrollar la inmensidad de elementos de riqueza escondidos en su seno, se embarace el progreso de uno de los más importantes. Yo no sé qué hado adverso persigue, casi en todos los países de la tierra, a los hombres y vegetales que merecen más consideración. ¿Descuella entre las demás alguna persona de talento o virtud? Al momento se meditan planes positivos de proscripción directa o indirecta. ¿Se distingue por sus productos algunas plantas, digna por ellos de ser cultivada? Al instante empiezan los impuestos y vejaciones.

El cultivo de magueyes es propiamente mexicano. En ningún otro país es de tanta extensión y usos. He leído con gusto la representación de los cosecheros de pulque. Me parece excesivo el impuesto que se les quiere exigir, y justas de consiguientes sus quejas. ¿Hasta cuándo se conocerá que la Agricultura es en América el objeto grande a que debe volverse la atención de los gobiernos; y que la agricultura no se fomenta con impuestos inmoderados?

Un esclavo de Cortés sembró en México 3 o 4 granos de trigo que encontró en el arroz que servía a la tropa española. Yo abrazo a ese negro, bien hechor de los ciudadanos indios y españoles, que viven en Nueva España.

NICARAGUA

…Tendría en la provincia de León, la plaza grande de un giro prodigioso, no visto hasta ahora en los siglos corridos, uniría en ella como en un centro a la Europa y a la América, vería llevar a Nicaragua a los Europeos y americanos para hacer por vía más breve el giro que hacen ahora dando la vuelta penosa del Cabo de Hornos; crearía una masa nueva de trabajos, y con la suma inmensa de todos ellos crecería la población, desaparecerían los desiertos y baldíos, avanzaría la civilización, se extenderían las relaciones, progresarían las ciencias; y este continente, en vez de tenebroso, sería al fin el punto más iluminado del Globo.

No soy yo el panegirista de ello. El mismo Gobierno es el que ha manifestado que si son poco sanas (por falta de población) las costas del norte, las del sur son saludables y bellas. Los pobladores primeros son los que llamaron Paraíso de la América septentrional a nuestra provincia de Nicaragua. Un inglés fue el que dijo del Realejo, que en él cabían fondeadas las escuadras del mundo. Un Obispo de Nicaragua fue quien hizo el elogio del puerto de la Culebra, descubierto por él mismo en 1779 al oriente del Realejo a 20 leguas más o menos de la punta de Papagayo.

El Coronel Ignacio Maestre y los Ingenieros D. Joaquín Ysais y D. José María Alejandro fueron los que después de haberle reconocido informaron que el puerto de la Culebra era el mejor de la costa, que tiene legua y media de extensión en su boca, dividida ésta por tres islotes que forman otros tantos canales, que sus entradas son limpias y su interior abrigado de todo viento, que caben en él desahogadamente 200 navíos, que a 50 varas de tierra tiene de 10 a 12 brazas de agua sobre un fondo bueno de arena, que es cercado de maderas exquisitas y a sus inmediaciones hay diversas haciendas de ganado vacuno. El gobernador de Nicaragua D. Juan de Aysa fue quien reconociéndolo en 1787 de orden del Capitán D. José Estachería se explicó en estos precisos términos: "Lo dominan lomas y cerros monstruosos por sur y norte con tal copia de cedros, que en ninguna parte de las que he andado he visto manchas tan abundantes de esta madera, ni de mayores gruesos, y las hay también en toda la costa hasta la ensenada de Nicoya". El Rey mismo es quien da idea de las circunstancias de aquel puerto en la Real Orden de 25 de Octubre de 1780.

Se trata del canal de Nicaragua que más de dos sido objeto de los geógrafos, de los economistas y de los políticos; se trata de unir las aguas del Atlántico con las del Pacífico, y hacer océano lo que es tierra firme; se trata de mudar los destinos de las Repúblicas de la América y del mundo entero.

Un Estado vasto, fecundo en su territorio, rico en sus producciones, colocado en medio de las dos América, situado entre dos mares, hermoseado por un lago de 70 a 80 leguas de largo y de 25 a 30 de ancho, que por una parte envía sus aguas al océano del norte por el río de San Juan, y por otra no dista del Pacífico más que 7 leguas en unos lugares y 4 en otros, es cuadro hermoso propio para inspirar proyectos, estimular a empresas y excitar a especulaciones.

A los primeros momentos se transporta el alma de gozo, quisiera que no se perdieran instantes; que se abriera el canal grande de comunicación que la República gozara desde luego los bienes que ofrece una perspectiva tan bella. Pero cesa al fin el entusiasmo y comienza la razón a meditar en calma el proyecto. Entonces se ve todo el orden de operaciones que exige una empresa tan grande, entonces se descubren dificultades y se perciben las consecuencias; entonces se conoce que es preciso examinar cuatro cuestiones difíciles.

No tenemos todavía cartas, ni planos, ni croquis exactos. La que formó el ingeniero don Juan Bautista Jáuregui el año de 1818 de lo que se llamaba reino de Guatemala es entre las que he visto la menos defectuosa, y no están en ella determinados los grados ni designada la escala. El croquis del río San Juan y su puerto, hecho en 1790 por el ingeniero don José María Alexandre no está arreglado, como confiesa él mismo, a posiciones y distancias bien determinadas, sino fundado en el conocimiento y cortas observaciones que hizo a su tránsito por él. El Croquis de la Laguna de Nicaragua que se encontró entre diversos papeles del Coronel Roberto Hogdson tampoco es exacto, ni está conforme con el anterior, ni tiene escala. El plano ideal del río San Juan, lago de Nicaragua y terreno que lo separa de la costa del sur hecho en 1823 según las indicaciones de don Manuel Antonio Cerda manifiesta en su mismo título que tampoco hay en él exactitud, grados ni escala.

Debemos confesarlo con franqueza. No podemos decir si es posible o imposible la apertura del canal. Nos faltan datos aún para formar este juicio que es el primero en el orden de todos los que exige un proyecto de tanta magnitud. Yo busqué esos datos el año de 1824 en la Secretaría de Gobierno cuando era individuo del Poder Ejecutivo, yo los he buscado el de 1826 en la del Congreso ahora qué soy miembro suyo; y no los he encontrado en una ni otra.

No abriéndose en América otro canal que el de Nicaragua, serían para nosotros inmensos los bienes e infinitas las consecuencias. La mente más vasta no puede abrazarlas totalidad. Una revolución en su totalidad extraordinaria se haría de repente en la suerte de Nicaragua y en los destinos de esta República y del mundo nuevo y antiguo.

El comercio, que es el árbitro de los Estados modernos, no tendría que atravesar el globo desde lo más boreal de la Europa hasta lo más austral de la América para realizar sus grandes negocios, no tendría que recorrer los mares de toda la costa occidental del África y el cabo tempestuoso de Buena Esperanza para ir a la India, a la doblar Nueva Holanda, y los mercados del Asia, no tendría que dar vuelta a toda la América Meridional y subir hasta el cabo de Hornos para tener relaciones mercantiles con los pueblos de la costa occidental del Nuevo Continente, no tendría que esperar el tiempo más favorable para la navegación suspendiendo sus especulaciones en unos meses del año y ejecutándolas en otros. Por vía más breve sin tantos riesgos ni peligros haría sus negociaciones con la Nueva Holanda, la India y la América ahorrando centenares de leguas, aprovechando todos los del año, y economizando fletes marítimos y gastos.

El mundo antiguo se acercaría al nuevo. El océano no sería sepulcro de tantos hombres. El movimiento del comercio sería más rápido. Las especulaciones se multiplicarían. El precio de todos los géneros bajaría en beneficio de los pueblos. La tierra sería más labrada, las fábricas más animadas y los almacenes más llenos. La marina se aumentaría poderosamente. El género humano estrecharía sus relaciones. La población del mundo se duplicaría o triplicaría. Las luces de Europa pasarían a India y la América. La civilización universal haría progresos infinitos. Las razas se mejorarían cruzándose unas con otras, La especie humana sería más bella, más ilustrada, más rica y poderosa. Nicaragua vería pasar por su suelo las velas de la Europa. Nicaragua sería el emporio primero del comercio. Nicaragua sería el centro grande desde donde se derramar a la riqueza a nuestra República en particular, y a la América y el Asia en general.

Se pondera la inmensidad de bienes que promete el canal. Impaciente por hacer a mi patria todos os que puede gozar, yo fui en otro tiempo uno de los más exaltados en este proyecto. Pensé después más detenidamente en él, vi todo el desarrollo de consecuencias que produciría su ejecución; y conocí la necesidad de ser cauto o circunspecto en obras tan grandes como la presente.

La nota de 19 de diciembre de 1824 que pasó el ministerio de relaciones a la Secretaría de la Asamblea Nacional y dicté yo mismo cuando era individuo del Gobierno, acredita mis pensamientos desde aquella fecha. Yo dije entonces que si visto el asunto en su aspecto económico ofrecía grandes utilidades, considerado en su aspecto político parecía muy clara su delicadeza, yo indiqué algunos datos. que la convencían: yo concluí diciendo que si a pesar de ellos se celebraba la contrata era prudente poner a la provincia de Nicaragua en el mejor estado de defensa.

No tengo motivos, ni se han presentado razones que me hagan variar de opinión. Sigo firme en ella. Juzgo que no conviene abrir el canal en el momento presente. Creo que debe diferirse su apertura a otros tiempos y circunstancias.

Todos los puntos o lugares del globo han sido objeto de celos y rivalidades desde el instante en que se les ha puesto en estado de ser interesantes al comercio. Lo era en el Mediterráneo la Isla de Malta y de por serlo fue sucesivamente conquistada por la Francia y la Inglaterra. Lo era Gibraltar en el mismo mar. España estaba en posesión pacífica; y los ingleses tomaron aquella fortaleza en 1704 y continúan hasta ahora dueños de ella. Lo era la isla de Córcega en el mar de Toscana; y por la importancia de su posición fue ocupada por los cartagineses, los romanos, los sarracenos, los genoveses, etc. Lo era la Isla de Sicilia, y por sus ventajas para las relaciones del comercio, fue también conquistada por los sarracenos, los españoles, los franceses, etc. Lo era el cabo de Buena Esperanza después que lo descubrieron los portugueses, y por su ventajosa situación para el comercio de la India Oriental se estableció en él una compañía Holandesa los ingleses lanzaron después a los holandeses en 1795, los franceses intervinieron posteriormente; y en el tratado de Amiens se estipuló su restitución a la Holanda.

No les preciso recordar otros ejemplos. La historia entera de los establecimientos de los europeos en la América y la India Oriental manifiesta constantemente que todo país que llega a ser ventajoso para el comercio es objeto de celos, rivalidades, guerras y conquistas. al Nicaragua, colocada en posición tan ventajosa, no ha sido olvidada de las naciones extranjeras. En todas las geografías se pondera con encarecimiento la importancia de su situación. Bryan Edwards escribió una memoria sobre el canal de comunicación entre ambos mares, y en ella empleó diversas razones para manifestar al gobierno inglés que debía apoderarse del istmo de Nicaragua por fuerza o por negociaciones. En una obra posterior publicada el año de 1821, se ha dicho que los ministros ingleses no han perdido de vista tan grande asunto, ni otros datos que sobre lo mismo se les han comunicado por varios sujetos instruidos que han residido en la bahía de Honduras. En otros papeles ingleses sobre el comercio de la India se ha dicho que el istmo de Darién es una lengua de tierra muy estrecha entre San Blas y los indios mosquitos, que Portobelo, Chagres y Panamá pueden considerarse como la llave de todo el País, y deben pertenecer al fin y una de las grandes potencias de Europa y no a los Estados Unidos de América. Una expedición inglesa preparada en Jamaica, dirigida por el General Kembley, auxiliada por el Rey de los Zambos y Moscos, atacó al puerto y castillo de San Juan el año de 1780. La real orden de 15 de octubre del mismo año indica los pensamientos que ha habido y no debe olvidar el Congreso.

Yo estoy muy distante de ofender a los gobiernos de las naciones extranjeras. No digo que haya en sus agentes miras injustas o contrarias a nuestros derechos. Creo que el nombre del ministro actual de Inglaterra (George Canning) será inmortal en la memoria de los americanos. Pero el carácter más grande de un cuerpo legislador debe ser la previsión. No debe fijar los ojos solo en el momento presente.

Debe extenderlos a lo futuro. Debe considerar que los funcionarios de los gobiernos se mudan, que las relaciones se varían, y las circunstancias se alteran. Si Nicaragua ha sido objeto de pensamientos cuando no tenía otros atractivos que los de la naturaleza; teniendo un canal de comunicación entre los dos océanos y haciéndose de este modo el punto más importante del globo, ¿no será con mayor razón el blanco de las voluntades y proyectos?

Nuestra República acaba de proclamar sus derechos y crear su gobierno. Su independencia no está todavía consolidada. Ninguna potencia de Europa la ha reconocido hasta ahora. No está aún organizado todo el ejército ni creada toda la hacienda que puede tener. Hay disputa sobre límites por una parte con México y por otra con Colombia. El gobierno mexicano cree que le corresponde la provincia de Chiapa, el colombiano piensa que le pertenece la Costa que se extiende desde el cabo de Gracias hasta el Chagres, y en esa costa está el puerto y río de San Juan que debe formar parte del canal. El territorio de Nicaragua por donde debe abrirse linda con el de los indios moscos que tienen relación con extranjeros. Nicaragua acaba de sufrir una revolución dolorosa que ha dejado sentimientos no borrados hasta ahora.

Nuestra República está tierna todavía. Abrir ahora el canal es poner en ella la manzana peligrosa de la discordia, es sembrar la semilla de los celos y rivalidades extranjeras cuando no tenemos todavía desarrolladas nuestras fuerzas.

Nicaragua sin canal no ofrece tantos atractivos como Nicaragua con canal. En Nicaragua sin canal no hay para ocuparla los motivos o pretextos que puede haber en Nicaragua con canal. En Nicaragua sin compañía extranjera que tenga privilegio exclusivo, y sea por él casi dueña del comercio marítimo no hay tantos motivos como en Nicaragua influida por una compañía poderosa que tenga aquel carácter.

Las condiciones o artículos de una contraria son (hablando en general sin agraviar a ninguno en particular) garantía muy pequeña cuando no hay fuerza poderosa que las haga respetar. No violentemos jamás la marcha gradual de la naturaleza,

Consolidemos nuestra independencia, apoyémosla en las dos fuerzas que deben sostenerla, la moral y la física, pongamos en buen estado nuestras relaciones exteriores, sigamos planteando y afirmando nuestras instituciones; y concluidos estos trabajos cuando estén más desarrollados nuestros elementos, pensemos entonces en empresas que ahora serían peligrosas.

Es brillante, es lisonjera, es llena de atractivos la de un canal que una los dos océanos. Pero bajo esa brillantez hay peligros, hay riesgos hay abismos.

Yo lo manifiesto el día 27 de abril de 1826. El momento presente no es el de la oportunidad para abrir el canal de Nicaragua. Aun en el caso que lo fuera, no debería contratarse su ejecución con una compañía extranjera. Debería hacerse de cuenta de la nación o de una compañía compuesta de hijos de ella.

Un gobierno que sea padre de los pueblos que dirige, tampoco debe buscar compañías extranjeras para que vengan a levantar obras que pueden ser peligrosas, y recibir sus productos y gozar privilegios por multitud de años. Si la hacienda pública tiene fondos, con ellos emprende las obras; y si no los hay en la Tesorería, los pide en empréstito, y trabaja con los que recibe.

Los caminos públicos, las comunicaciones libres, dice un hombre de luces hablando a los nuevos Estados de América, hacen la riqueza de un pueblo. Pero estas empresas no deben fiarse a los extranjeros, porque los caminos no serían en tal caso sólidamente construidos, y costarían cuatro veces más de lo que deben valer. Como los caminos no pueden hacerse en un en un día, tampoco es preciso reunir a un tiempo todo el dinero que debe gastarse, y suma anual. La economía del gasto debe ser objeto de grande consideración. Los soldados, los reos condenados a obras públicas deben emplearse en estos trabajos para procurar de este modo grandes ahorros. Los romanos hacían así. La Austria lo practica actualmente. ¿Por qué pues, no lo haremos nosotros?

Es empresa más difícil la de levantar ciudades y formar pueblos que la de abrir un canal; y las ciudades de la República, la Nueva Guatemala donde vivimos fueron levantadas por la nación. Es empresa más difícil la de crear una república donde sólo había colinas, y está obra grandiosa se está haciendo por la nación.

No ha mucho que se ajustó el empréstito con la casa de Barclay; y en la contrata se obligó el Gobierno Federal a no celebrar otro préstamo en Europa en el término de dos años contados desde la fecha del Pacto. Ha corrido ya el primer año y en breve correrá el segundo. Tomando medio millón de pesos de ese empréstito, con él puede comenzarse la obra del canal mientras corren los dos años de la contrata; y corrido el bienio puede ajustarse otro préstamo en Europa si no se quiere contratarlo antes en América, donde no lo prohíbe la contrata.

Si no hay ingenieros, si no tenemos artistas, si faltan instrumentos y máquinas, es también trabajo muy fácil y sencillo el de traer todo esto de Norte América, de Inglaterra o de otra nación.

Yo podría designar un hombre activo, desinteresado y patriota que volaría a traer lo que necesitamos.

Si queremos ahorrar jornales de operarios, pueden destinarse los reos condenados a trabajos públicos, puede emplearse la tropa que debe aumentarse y organizarse; y entonces se llenarían los deseos del publicista sabio que quería que el soldado no estuviese ocioso.

No ha diez días que se trató del nombramiento de agentes especiales para préstamos o contratas de diversas especies. Yo manifesté que nuestros ministros diplomáticos son los que evacuar estos encargos según las instrucciones dadas por el Poder Ejecutivo y aprobadas por el Legislativo, manifesté que las escaseces de la hacienda pública no permiten multiplicar agentes o comisionados, a siempre os intereses de la República. La mayoría del Congreso acordó sin embargo que el Gobierno nombrase agentes y que solamente los hijos de esta nación pudiesen ser nombrados. Yo, fijo siempre en el bien de mi cara patria, pedí entonces se declarase que si una casa extranjera de probidad y seguridad ofreciere con condiciones más ventajosas que los evacuar aquellos encargos con hijos de la República, debe ser preferida como parece justo. Creí muy claras las razones que fundan mi proposición. Pero la mayoría del Congreso se sirvió reprobarla; y de su reprobación infiero consecuencias que hacen más evidente lo que me he propuesto demostrar. Si en asuntos menos graves, los hijos de la nación deben ser preferidos, en un negocio de tanta delicadeza y trascendencia ¿no deberán serlo con más? Si en comisiones pequeñas no deben ser antepuestas las casas extranjeras de probidad, fondos y respetabilidad, ¿en una obra tan grande podrán tener derecho de preferencia?

Una compañía extranjera no hace proposiciones por servir a la República. Las hace por avanzar en sus intereses. Y esos intereses que han de refluir en beneficio de compañías extranjeras, ¿no sería más importante que fluyesen en beneficio de la nación, o de una compañía compuesta de hijos de la misma nación?

Si ocurriera desgraciadamente alguna revolución en Nicaragua, diría la compañía que se le debía permitir llevar tropa extranjera para continuar sus trabajos porque nuestro Gobierno no podría en su concepto enviarle toda la tropa que creería necesaria.

Si corrieran voces, verdaderas o fingidas, de un rompimiento próximo de guerra, diría también que era preciso permitirle tropas extranjeras para defender el Estado de Nicaragua porque las nacionales les parecerían insuficientes.

El Decreto del 27 de junio de 1825 permite a los extranjeros dedicarse al oficio, arte o industria que más les acomode, les permite dedicarse en particular o por medio de compañías al laborío de las minas, les permite adquirir la propiedad de ellas por cualquier título que no sea el de denuncio. Pueden los extranjeros establecerse en el Estado de Nicaragua en el número de familias que quieran para trabajar minas, cultivar tierras y ejercer cualquier arte u oficio. Si a más de esto se establece en el mismo Estado una compañía poderosa que tenga la llave del comercio teniendo un privilegio que se la pone en las manos, y, ¿no habrá motivos para que un legislador prudente prevea todo lo que puede suceder?

Yo no soy enemigo de las compañías extranjeras. He deseado, he procurado que las haya sobre algunos ramos de industria, sigo constante en mis deseos, y creo que al fin tendré la satisfacción pura de haberlos llenado.

Mis raciocinios se fijan en la compañía extranjera del canal de Nicaragua porque en ella veo caracteres que no pueden haber en otras.

La contrata, vista solamente en su aspecto económico, prescindiendo de su aspecto político, será o menos ruinosa, más o menos útil, según fuere el costo del canal, el rédito que se gradúe, y las demás condiciones que se estipulen. No sabe el Congreso a qué cantidad ascenderá el costo del canal, no tiene datos sobre los más principales. Todo es duda: todo es incertidumbre, todo es obscuridad. Y en tinieblas tan densas, ¿qué es lo que dicta la prudencia? ¿Que se gradúen réditos y se cierre el pacto sin haber utilidades? ¿O que no se ajuste la contrata hasta que se hagan reconocimientos y se calculen las erogaciones y provechos?

He aquí condiciones que aumenten el gravamen de la nación. He aquí condiciones que van a perpetuar en el Estado de Nicaragua a una compañía extranjera. He aquí condiciones que van a poner en asociación extraña las llaves principales de nuestro comercio. He aquí condiciones que van a producir disputas, diferencias y pleitos. He aquí condiciones opuestas a los acuerdos del Congreso anterior.

He recibido cartas de Londres, su fe fecha 29 de abril. Son diversas las noticias y entre ellas las más importantes es que en los Países Bajos se ha formado una Compañía para diversas especulaciones en la América del Sur, y especialmente para la comunicación de los dos océanos por nuestro lago de Nicaragua, que el fondo o capital de la compañía sube ya a 800.000 libras esterlinas y que el Rey es uno de los accionistas, y ha escrito una Memoria sobre las ventajas del canal y facilidad de abrirlo. Es probable que la compañía envíe ingenieros-geógrafos, naturalistas, botánicos y mineralogistas; y en tal caso yo les acompañaría en sus trabajos para recibir luces de hombres que serán sin duda dignos de comunicarlas.

Pero no sé si el estado, cada día más triste, de nuestra República embarazará proyectos que suponen paz, sosiego y tranquilidad.

PARAGUAY

Paraguay es república que todavía no tiene Constitución. Cuando la tenga veremos si hay guerra civil entre los que amen la ley fundamental y los que la aborrezcan. Antes de tenerla, se derramó la sangre de sus hijos cuando se separó de Buenos Aires y Belgrano (general argentino que en 1811 dirigió la campaña del Paraguay) fue a atacarla. El Dr. Francia, su dictador, no ha manifestado su plan. Se dice que se propone establecer un sistema democrático, organizado sobre bases diferentes de las adoptadas en las demás repúblicas. Se añade que los propietarios pagarán las rentas en frutos naturales; que conservarán lo que les sea necesario para vivir; y que Paraguay será una familia que viva de bienes comunes. ¿Cree V. posibles estos proyectos? ¿No son romances menos conformes a naturaleza que los de Cervantes y Richardson?

En el Paraguay la política del Dr. Francia es misteriosa No hay noticia de haberse constituido, no se ha consolidado la armonía que debe guardar con Buenos Aires.

PERÚ

Don Hipólito Unanue (Político y científico peruano) que sirve de los principales empleos del Perú es también conocido por sus observaciones sobre el clima de Lima y carácter de sus habitantes.

Perú, subyugado cerca de tres siglos, se pronunció al fin independiente y libre: el Perú, oprimido segunda vez, tornó a proclamar su libertad; el Perú, triunfante, victorioso, llena de execración al español conquistador, y colma de honores al colombiano libertador, ¿Puede haber lengua más clara? ¿No bastará un idioma tan expresivo para que la España acabe de conocer que América quiere ser libre y que antes de acordarse por el congreso de Panamá, está ya formada por el instinto o voluntad de los americanos, la liga o confederación de todos para defender su libertad? Ya la habrá afirmado más el congreso de Lima.

El Perú ha sido víctima de diversas revoluciones. Auxiliada las por tropas de Bolívar lanzó de su seno a sus enemigos. Pero Bolívar, según se ha publicado, le hizo adoptar la Constitución boliviana, el

Perú se volvió contra ella cuando se consideró en aptitud de obrar, ha proclamado el derecho que tiene para constituirse como le parezca, trata de formar su ley fundamental; y no quiere admitir los agentes diplomáticos de Bolivia, mientras aquella república se halle ocupada Por las tropas de Bolívar y regida por Sucre, general del mismo.

RUSIA

La Rusia, unida con las potencias que se han asociado para contener los progresos de la civilización, descansa, dice un periodista, sobre la fuerza física de sus huestes, y sobre la obediencia pasiva de estas. A los actos liberales de Inglaterra opone la esclavitud del pensamiento. Aspira como la Inglaterra, al imperio universal; pero es grande la diferencia en los medios y el fin. La una aspira a la ilustración y adelantos; la otra quiere la obscuridad y el despotismo.

Ha muerto Alejandro, emperador de Rusia. Tiraron el carro en iba su cadáver primero los empleados en la manufactura de armas, después los comerciantes y otros vasallos que esperaban de rodillas la procesión. Si la muerte de un monarca es siempre suceso de mucha influencia en una monarquía, la de Alejandro, que tenía tantos prestigios debe ser de las mayores consecuencias. He perdido a mi mejor amigo, dijo el emperador de Alemania cuando supo la muerte del de Rusia.

En 1815 comenzó a formarse una asociación secreta que debía dividirse en varias fracciones y trabajar en la reforma política del imperio ruso; en 816 trató de los medios de quitar la vida al emperador Alejandro, en 818 se dio una nueva organización y tomó el título de Sociedad de Amigos del bien público o del libro verde; en 821 se convirtió en dos asociaciones la del Norte y la del Mediodía; en 825 volvió a tratarse del asesinato de Alejandro, y se resolvió ejecutarlo en mayo del corriente año; la muerte natural de emperador previno dos deseos de la sociedad y cesta continuó meditando planes de reforma. El sucesor de Alejandro es el emperador Nicolás, que no tiene iguales talentos. Ha sabido algunas conspiraciones que se creen ensayos de la revolución que acaso habrá algún día. Para excusar la impresión que hacen los acontecimientos de Rusia se ha tratado en Austria de establecer la censura de los periódicos, y condenarlos a no publicar respecto de Rusia otros artículos que los de la gaceta de San Petersburgo.

No tenemos todavía noticia de declaratoria de guerra o ratificación de paz entre la Rusia y la Turquía. Pero se dice que de las conferencias de los comisionados de ambas naciones resultará lo uno o lo otro. Los intereses de la América son muy obvios en este asunto. La Rusia es una de las primeras potencias de la Santa Alianza. Ocupada en guerras lejanas hará menos daño al nuevo mundo.

SACATEPÉQUEZ

Lo fecundan diversos ríos y manantiales, unos de aguas termales, los otros de aguas comunes. Su temperatura no es excesivamente alta, ni extremadamente baja.

Es dulcemente variada según la elevación y posición de los lugares: fría en unos, cálida en otros, y templada en el mayor número.

Los canales y trigales hermosean su territorio. La harina y la panela o azúcar negra forman dos de los artículos principales de su tráfico. Se distinguen, entre los otros departamentos, sus hortalizas y frutas. Y la Antigua Guatemala es el suelo feliz de unas y otras. Tiene elementos grandes par serlo ella misma en la agricultura e industria; no le hubiesen hecho sufrir en los temblores de 1564, 1577, 1663, 1689, 1705, 1710, 1717, 1751 y 1773.

Se divide e, 7 distritos: el de Sacatepéquez, el de San Lucas, el de Chimaltenango, el del Tejar, el de San Juan, el de Jilotepeque y el de Patzum.

TEGUCIGALPA

El oficio V.S. se ha servido dirigirme con fecha 6 del corriente, me ha penetrado de gratitud. Es positivo que esta provincia me ha elegido diputado provincial. Son muchos los que me han dado expresivas enhorabuenas. Todas son estimadas en su justo valor; pero las de V.S. tienen derechos muy especiales a mi reconocimiento.

No olvido que soy hijo de esa provincia, me interesaré siempre en su mayor prosperidad; y trabajaré para que no sean vanos los deseos.

Por comisión de este ayuntamiento estoy trabajando las instrucciones para el Diputado a Cortes. V.S. será el primero que tendrá un ejemplar; y entonces habrá pruebas del interés que tomo en el bien general.

S.M. se ha servido proveer en mí el empleo de Auditor de Guerra de esta capitanía General. Ofrezco este nuevo destino; y cuando vengan los despachos y tome posesión, aprovecharé las ocasiones que se presenten para acreditar a V.S. mis afectos.

Es grande mi gratitud; y me empeñaré en acreditarla en los asuntos que vaya ofreciendo la marchas del tiempo. Si antes de ser representante de esa Provincia he sabido probar que soy hijo amante de ella, ahora que tengo aquel honor, será duplicado el celo.

Comenzando a dar algunas pruebas, participo a V.S. que acordada la remisión a esa Casa de Rescates de 40 botijas de azogue y 130.000 pesos, que ya está pronto el arriero; y que en breves días saldrá de esta ciudad.

No hay en estas Cajas más que 62 botijas de azogue de 3 a cada una. Ocho o nueve meses ha que se pidió a España; pero si antes de llegar a nuestros puertos se tiene noticia de haberse proclamado la Independencia, es probable que se retraigan de arribar. Persuadido de esto, y de ser tan pequeña aquella cantidad de azogue, pienso pedir que se oficie al Gobernador de Walis para que proporciones el que necesitamos, pues en México no habrá abundancia, y la América del Sur está muy distante.

Se has acordado que en cada partido que tenga la población competente, se haga la elección de los Diputados que le correspondan; y por consiguiente, no habrá necesidad de que los electores de esa ocurran a Comayagua. En esa misma Villa se harán las elecciones; y Tegucigalpa tendrá esta satisfacción más.

Es también acordado que se hagan las elecciones, comenzando desde la de compromisario. A su tiempo se comunicará la providencia con la tabla respectiva; y entonces comenzarán a proceder como corresponda.

No tengo el censo de esa Alcadía mayor, y debo tenerlo para sujetar a los que es regular quieran disminuir su población para disminuir el número de sus Diputados. Sírvase V.S, mandarme a vuelta de correo el censo último que hubiese de esa Provincia.

Ha venido la correspondencia oficial de Comayagua; todavía no ha acordado sobre ella la Junta, y cuando acuerde, lo comunicaré a V.S. El impreso adjunto es lo último que se ha recibido de Nueva España. Se remitió al señor Iturbide el manifiesto y acta de 15 de septiembre y no puede tardar su contestación.

Es importante pedir a las Cortes los puntos siguientes: 1°. Que se establezca en esa la Casa de Moneda para economizar gastos y facilitare auxilios a los mineros; 2°. Que se mande de Nueva España a esa ciudad un Mineralogista sabio que reconozca esos minerales. la juventud lecciones de Mineralogía; 3°. Que no existan en Guatemala acumulados el superior, la audiencia territorial, la intendencia, la capitanía general, las rentas, los hospitales, las tropas, el arzobispado, etc., que esto es lo que le da prepotencia extraordinaria, y por esta prepotencia sufren las provincias; que debe haber equilibrio, y para que lo haya, se debe establecer en una provincia la capitanía general y tropa, en otra la intendencia y rentas, en otra la audiencia, en otra el gobierno político, etc.; 4o. Que sobre estos puntos debe unirse la voz de todos los Ayuntamientos de esa provincia, haciendo representaciones acordes y dirigiéndomelas oportunamente.

De México traje diversos manuscritos que pueden ser útiles a esta digna nación. Uno de ellos es la Descripción del beneficio por azogue de los minerales de oro y plata que mandé imprimir por el convencimiento de su importancia. Acompaño un ejemplar, y deseo que esa Municipalidad vea en él las memorias de un hijo amante de esa provincia.

CONQUISTADORES, TIRANOS Y HÉROES

ALCEDO, ANTONIO

Alcedo concibió el plan vasto de un Diccionario geográfico-histórico de las indias occidentales. Fueron muchos los datos y noticias que supo reunir para formarlos; y lo formó positivamente y se dio a luz en 5 tomos. Pero en la parte respectiva a esta república hace una descripción breve de las Capitales de nuestras provincias, no habla de una multitud de lugares dignos de especial atención: y teniendo Guatemala pueblos de indígenas sin contar los de las otras clases, no se encuentran descritos ni 40 en aquella obra.

ALVARADO, PEDRO de

No era Alvarado un militar común. Era un oficial valiente, activo, ambicioso, emprendedor, superior a los peligros y capaz de hacer víctimas si la sangre de ellas era necesaria para ejecutar sus proyectos. Recogió todas las noticias posibles sobre estas tierras; supo que estaban divididas en pequeños reinos, y que por estarlo no podían tener la fuerza que tuvieran formando un solo reino; se informó del número y carácter de los indígenas, de su gobierno o instituciones, de sus rivalidades y alianzas, de los caminos y veredas de los pueblos, de sus posiciones de ataque y defensa. Formó el plan de agresión con detenimiento y supo ejecutarlo con energía.

Salió de México el día 13 de noviembre de 1523 con una fuerza combinada de españoles, tlascaltecas y mexicanos, y haciendo circular la voz de que el imperio de Moctezuma se había rendido al gobierno español, alarmando a las naciones con esta noticia, ofreciendo amistad y alianza, seduciendo y armando a unos pueblos contra otros, dividiéndolos a todos, sirviéndose de una religión de paz y caridad para hacer guerra horrorosa y muertes inhumanas, suponiendo milagros y predicciones, manejando simultáneamente las armas de la intriga y las de la fuerza, desconocidas en América, fue extendiendo sus conquistas y dilatando la opresión.

La primera provincia que conquistó fue la de Soconusco; y abriéndose paso por allí y por Sapotitlán y venciendo en diversas acciones a los indios que al tránsito le hicieron resistencia vigorosa, llegó al fin a la Corte de los Cakchiqueles en junio (según dice un historiador), o en julio (según opina otro) de 1524, y acampó su ejército en el sitio que está entre dos volcanes, llamados uno de Fuego, por sus frecuentes erupciones, y otro de Agua, por los arroyos, que descendiendo de su cumbre, van a fertilizar el valle que domina.

Alvarado, después de sojuzgadas por la fuerza las provincias de Guatemala, hizo viaje a México dejando el gobierno a su hermano Jorge Alvarado y de allí se trasladó a España en febrero de 1527. Había representaciones enérgicas contra él por su codicia y poca humanidad.

Pero el conquistador de un país rico tiene siempre justicia en una Corte corrompida. Francisco Cobos, Secretario del Rey, le franqueó su protección, y el gobierno español le dio la cruz de Santiago y el título de Adelantado, Gobernador y Capitán General de Guatemala en cédula fechada en Burgos a 18 de diciembre de 1527.

Decorado con tales títulos estaba en México (a donde había regresado) cuando tuvo noticia de las incidencias ocurridas en estas provincias. El amor a la independencia y libertad es indeleble. No hay en la tierra mano bastante fuerte para borrarlo enteramente. Los indios, humillados, vejados, tiranizados por los españoles, volvieron a ponerse en movimiento para repeler la fuerza que los oprimía. Alvarado voló de México con nueva fuerza para restituirlos al sosiego y reposo del despotismo. Empleó los medios acostumbrados por los castellanos: división para debilitar, intriga para seducir, religión para engañar, superioridad de armas para vencer, y a beneficio de estos instrumentos llegó a conseguir su objeto.

Quiso después, arrastrado de la inquietud de su genio o impelido de la codicia de su alma, extender sus conquistas. Mandó a recorrer la costa del Sur para descubrir algún puerto, y habiéndose encontrado el de Yxtapa, a quince leguas de la antigua capital, construyó algunos navíos, y embarcado en ellos con algunos soldados y naturales de Guatemala hizo viaje a la América meridional; descubrió de paso el puerto de Acajutla, llegó a Quito, en donde tuvo diferencias serias con el Capitán Diego de Almagro; y después de haberlas terminado cediendo a Pizarro su flotilla y recibiendo de él 100 mil pesos de oro, volvió a Guatemala con la satisfacción de que se hubiesen poblado las ciudades de Lima y de Quito con las gentes que llevó de estas provincias.

Una piedra lanzada por los indígenas desde la altura, donde se habían situado, lo hirió gravemente, se hizo conducir entonces a Guadalajara, en donde murió el 5 de julio de 1541, y al cabo de años se trasladaron sus cenizas a la Catedral de Guatemala donde sólo debían reposar las del hombre justo que respeta los derechos del hombre y los fueros y libertades de los pueblos.

ARCE, MANUEL JOSE DE (*)

(*). Primer presidente de la República Federal de Centro América. Nació en San Salvador en 1786; Falleció el 14 de diciembre de 1847.

El Congreso ha elegido Presidente de la República al ciudadano Arce sin tener facultad para ello. La Nación puede y debe revocar este acto nulo de sus mandatarios por medio de ellos mismos excitándolos, en uso del derecho de petición, a que den cumplimiento a la ley infringida de 5 de mayo 1825.

Arce declaró guerra a San Salvador, colocó en el ejército a los Españoles que eran militares, atacó a San Salvador, publicó proclamas contra San Salvador, firmó el decreto en que se manifestaba que convenía se retirase del gobierno, dispuso viaje para el Estado del Salvador, fue detenido en el Guapinol porque no llevaba pasaporte, el gobierno mandó que se le permitiera ir a donde quisiese; fue a Santa Ana, y allí firmó el Manifiesto que dirigió a Mayorga para su impresión, y en el cual dice que San Salvador es la Patria de la Libertad, que los españoles son enemigos de la independencia, que un oficial español fue quien lo detuvo en el Guapinol, que se obscurezca el sol, y se desplomen los cielos. Yo no sé si pensará que son de cristal de roca. Sea lo que fuere, San Salvador, dicen varios sujetos, no ha variado su sistema. Si es la Patria de la Libertad: ¿por qué le declaró la guerra? Si no es la Patria de la Libertad: ¿por qué le da este título?

Barrundia escribió a V.(c) el año de 826 una larga carta sobre incapacidad o ineptitud de Arce. Vuelva a leerla, y comuníqueme los pensamientos que haga nacer su nueva lectura.

..no poseía aún los elementos de la ciencia de gobernar, quiso sin embargo ser primer presidente de la República. Tuvo algunos votos populares, no fue a su favor la mayoría de ellos. La aristocracia municipal que había tenido el hábito de dominar deseaba un jefe que por la escasez de sus conocimientos fuese instrumento de su voluntad; hizo que el congreso eligiese a Arce infringiendo la ley y sobreponiéndose a la elección nacional. Arce fue lo que quiso que fuese la aristocracia; y ésta detestaba la Constitución política fundada en las bases de igualdad y libertad. Empezó a ejecutarse el Plan meditado por ella para destruir la ley fundamental. Los Estados lo conocieron, comenzó la guerra civil, se derramó la sangre de los pueblos, se fue generalizando la opinión, se creó la fuerza moral; y ella fue la Libertadora. Cayó el Despotismo; están presos Arce, Beltranena y Aycinena que ejercían funciones de presidente, vicepresidente y Jefe de Estado.

Están arrestados otros muchos; se ha restablecido la Asamblea, consejo y jefe que había el año de 826 antes de que comenzara la revolución; se va a restablecer el congreso federal, y sucesivamente se mandará proceder a elecciones de presidente, vicepresidente y o la Asamblea, mandará proceder a elecciones de presidente, vicepresidente de la república, etc.

De ellas depende la felicidad o desgracia de la nación. ¡Que el cielo y la tierra inspiren a los pueblos! ¡Que sean impotentes los movimientos de la intriga! ¡Que no vuelva a sentarse la ineptitud en las sillas primeras de los Poderes! Un hombre incapaz de desempeñar el empleo que ambiciona hace su ruina y prepara la de los pueblos.

BARRIO, JOSÉ DEL

Es positivo el honor que me ha hecho la Sociedad de París instituida para la instrucción elemental. Me nombró Socio suyo correspondiente, me envió el Diploma, subscrito a más de otras firmas respetables por la del gran De Gerando (José María Degérando, 1772-1842, nacido en Lyon, Francia; intentó formular un sistema que uniera íntimamente la teoría con la práctica y que hiciera de la filosofía no sólo una especulación teórica, sino también y muy especialmente, un método de perfeccionamiento moral); y me remito sus dignos Estatutos y otros papeles. En ellos, dice, que su objeto es mejorar los destinos del género humano; y para corresponder a tamaña confianza tengo tres pensamientos que deseo ansiosamente, ver cumplidos. Ya estoy escribiendo una Memoria en que desenvuelvo el primero, y cuando la concluya remitiré a V. un ejemplar. Seguiré después con el segundo y tercero, y le dirigiré iguales ejemplares. Celebro que Ud. sea mi consocio, y espero de este título la cooperación de sus servicios en la parte que le manifestaré oportunamente. Debemos hacerlos a Guatemala. Aquí recibimos la educación que nos ha formado. Esta atmósfera, estas aguas son las que nos han nutrido. Olvidaba uno de los puntos de su carta. Ya está determinada la elevación de esta capital sobre el nivel del mar, la publiqué en el No. 29 del Redactor que acompaño. No he visto los Barómetros de Ud., si no hubiere inconveniente puede escribir al P. Dighero que me los franquee cuando no le sirvan. El impreso adjunto de Ortega me parece impolítico y no tiene fundamento que lo apoye.

Creo que conozco el verdadero origen de nuestra revolución. Creo que distingo sus verdaderos caracteres. Creo que no me equivoco en el juicio de sus resultados. Algún día escribiré su historia; y entonces V. será uno de los primeros que verá la verdad pura, sin ser alterada por el espíritu de los partidos.

Yo no quería escribir sobre cosas de política. He escrito estas líneas sobre puntos generales porque V. ha llamado mi atención. Siga amando a Centro América. Es nación digna de ser servida

No sé si ha llegado a esa el Jesuitismo de Pradt, He visto algunos trozos en el Correo Literario de Londres que me han inspirado el deseo de leer toda la obrita. Dígame si ya está en esos almacenes o tiendas.

He recibido con gusto los impresos que me ha dirigido. Los estimo mucho y le ruego que continúe enviándome los que le parezcan dignos de leerse. Algún día, cuando se restablezca la libertad de imprenta, habrá retornos de mi parte. Han llegado también a mis manos la obra sobre los jesuitas, y otro impreso que me remitió el Sr. Ramos Arizpe. Quiera Ud. darle expresivas gracias, y asegurarle que deseo servirle. La del señor Pradt sobre el Concordato de la América con Roma no la tengo todavía. Los papeles públicos la anuncian con honor; y celebraría leerla.

Mi estimado y digno amigo: también aquí son tardíos los correos. Después de haber salido el 18 de noviembre, llegó la que trajo la de

Ud. 16 de octubre último. La recibí cuando estaba leyendo el Guillermo de Mr. Alvin, tragedia en cinco actos de bastante mérito. En ella vi estos bellos versos:

¡Malheur, malheur aux rois, malheur aux nations
Qui fondent leur pouvoir sur les proscriptions!
D'implacables vengeurs armés contre leurs crimes,
Reinasent par milliers des cendres des victimes,
Proscrivant á leur tour les premiers proscripteaurs
Roi, peuples, tout perit dans ce cercle d'horreurs. (*).

(*). Maldición, maldición a los reyes, ¡maldición a las naciones que basan su poder sobre las proscripciones!
Implacables vengadores armados contra sus crímenes,
renacen por miles de las cenizas de las víctimas,
proscribiendo a su vez al primer proscriptor.
Reyes, pueblo, todo perece en tal círculo de horror.

Ya tenía noticia de la legación que se piensa enviar cerca de este gobierno y sobre lo cual escribiré para el siguiente. No he recibido el Concordato de Pradt. Ud. lo olvidó sin duda. Se dice que don Pedro Molina ha salido de esa república para esa por el puerto de San Blas. No sé si es positivo. El tiempo me ha sorprendido.

No he cesado de escribir a Ud. En carta del 3 del próximo pasado le di gracias expresivas por el *Concordat de l'Amerique avec Rome* que tuvo la generosidad de remitirme. Estimo en todo su valor a Pradt y sus obras. ¡Cómo era posible dejar de darlas muy afectuosas a quien me envió una de las que no tenía!

Esta mañana recibí las Memorias de los Secretarios de relaciones y marina, y la colección de artículos sacados del Águila. Repito lo escrito en mis anteriores. El cuidado especial que tiene Ud. de enviarme impresos penetra mi alma de gratitud. Ya manifesté a la Sociedad lo que Ud. me indica sobre olivos, gusanos de seda, etc. No olvide que es hijo de Guatemala. Envíe lo que pueda ser útil. Lo agradecerá muchísimo su amigo y servidor. ***3 de julio de 1831***

BENTHAM, JEREMIAS (*)

(*). *Filósofo y jurista inglés.*

Sus obras le dan el título glorioso de legislador del mundo. Los que han sido llamados por sus destinos a formar o discutir proyectos de Códigos Civiles o criminales han pedido luces a usted: y yo tengo más que otra necesidad de ellas.

La Asamblea de este Estado de Guatemala se ha servido nombrarme individuo de la Comisión que debe formar nuestro Código. Yo he vuelto los ojos a usted y sus dignas obras. Tengo algunas; me faltan otras; y sus pensamientos serían para mí de precio infinito.

Permítame usted le suplique vuelva su atención a una República que acaba de nacer, y cuya felicidad me interesa en el grado más alto. Sírvase comunicarme sus pensamientos.

Por su influencia espero que habrá una revolución de la tierra. Usted la ha hecho en la ciencia fijando el principio tan fecundo como luminoso de la Utilidad Universal, dando lecciones de adición y sustracción o de suma y resta legislativa, y enseñando a calcular bienes y males, a sumar unos y otros, a deducir restas exactas, y a formar leyes que produzcan mayor cantidad de bienes que de males. Usted haría también otra revolución en todos los códigos legislativos después de haberla hecho en la ciencia, y los pueblos llegarán al fin a tener cuerpos de leyes que no sea oprobio sino honor de la Razón, que no hagan la desgracia sino la felicidad del hombre.

Antes de nuestra justa independencia, proclamada el 15 de septiembre de 1821 publiqué diversos discursos manifestando mis deseos de que se trabaje un Código menos defectuoso que los de Castilla, y anunciando (sin haber visto aún las obras de usted), el principio grande del Mayor bien posible del mayor número posible, que debe ser la guía de todos los legisladores…Yo elevé entonces los ojos a usted, señor Bentham, que ha sido el oráculo de los que han tenido en otros países iguales encargos. Usted se dignó enviarme algunas obras suyas, y las que me ha remitido serán, junto con las que he recibido de Nueva York, la guía directora de mis trabajos.

Yo querría remitir a usted un ejemplar de cada una de las pequeñas obras que he escrito, fijo solamente en el objeto de presentar estas pruebas de voluntad al sabio que respeto con todas las consideraciones de que es justamente merecedor. Pero algunas están todavía manuscritas porque la imprenta es cara y tardía en América, y de otras no he conservado ejemplar alguno. *18 de abril de 1827*

Bentham, el filósofo que desde Westminster no ha cesado de dar lecciones a los legisladores del mundo. Me ha escrito y enviado las obras siguientes: Leading Principles of a constitutional code; Extract from proposed constitutional code; Codification Proposal Addressed by Jeremy Bentham to all nations professing liberal opinions; Observation on the restrictive and prohibitory commercial system; Letters to Count Toreno on the proposed penal code; Sistema de la ciencia social ideado por Jeremías Bentham, y puesto en ejecución por el Dr. Toribio Núñez; Plan de provisión de empleos; Elementos de Economía Política por Santiago Mill, traducidos del inglés al castellano en Buenos Aires. Esta obra, la mejor que he leído entre las elementales de aquella ciencia, tiene dos méritos: Rivadavia, el hombre de la república Argentina, la regaló a Mr. Bentham; y éste me la ha enviado a mí.

El jurisconsulto del siglo ha hecho al género humano este gran presente. Su genio feliz ha elevado el análisis legislativo a un grado a que no lo había llevado ninguno de los sabios que le han precedido. Sus abras de jurisprudencia tienen el sello de las matemáticas, y las tablas que ha hecho, guiado por ellas, deben estar a la vista de los legisladores.

El señor Bentham, honor de la Inglaterra, donde nació, y de la especie humana de que es individuo. Cincuenta y cuatro años hace que comenzó a dar a luz y ha seguido publicando diversas obras para ilustración de los gobiernos y pueblos. Fragments of Government, fue la primera, Jeremy Bentham to his felow citizens of France, es la última. Publicó aquélla el año de 1776 criticando varias opiniones de Blackstone en sus comentarios. Dio a luz el año próximo de 1830, después de los acaecimientos de París en los días memorables de Julio, contestando al General Lafayette que quiso saber su opinión sobre las Cámaras de París y Senados. Me la remitió en enero último, la recibí en el mes anterior, y en ella he admirado el análisis que distingue a sus producciones.

Con qué placer las traduciría todas del inglés al castellano, si hubiera suscriptores bastantes para el costo de su impresión. La América ha comenzado a ser legisladora de sus hijos y le interesan especialmente las obras del Jurista que sabe analizar y pensar con exactitud, del talento que enseña a obrar con circunspección y detenimiento, en la ciencia más delicada por sus consecuencias y resultados, del genio que ha publicado un volumen titulado "Aptitud de los funcionarios elevada al máximum Gastos del Gobierno reducidos al mínimum"1831, mayo 16 (PE, 116). Son constantes mis afectos, y muy viva mi gratitud por los que se ha servido manifestar a mi Patria, a mí, y a Herrera mi primo querido ¡Con qué gozo cambiaría mi suerte por la de éste sólo por tener el honor de vivir en la misma casa que habita el primer Jurisconsulto del mundo!

He recibido dos ejemplares de la parte traducida e impresa hasta ahora de su Código constitucional. Yo procuraré que sean útiles, a estos Estados y que circulen las luces que desde Westminster está derramando Ud.

La instrucción universal que es el objeto de su alma, lo es también de la mía. Remito a V. 1o. la Exposición que hice a nombre de esta Sociedad económica sosteniendo la libertad de comercio; 20. el Discurso que dije a la apertura de la Clase de Matemáticas que he logrado establecer; 30. la Memoria que he escrito en beneficio de nuestra agricultura, industria y comercio.

He mencionado Ud, en los primeros opúsculos. Hay Sabios a quienes es preciso citar siempre que se habla de algunas ciencias y Ves de los primeros. Sus principios circulan por todas ellas, y sus plantas se ven estampadas en todos los terrenos.

Ojalá hubiera suscriptores bastantes para la impresión que en este país es muy costosa. Yo haría en tal caso la traducción de todas sus obras, y ofrecería a la América este gran presente.

Próspero me ha escrito que V, piensa en nuestra Constitución. Yo enviaré algunos apuntamientos necesarios para dar idea de esta República y entonces escribiré largamente y acreditaré mis afectos 1831, agosto 3, (C243)

Vuelvo a escribir a V. para reiterarle mis constantes afectas. Si son muchos los testimonios que me han dado de los suyos serán eternos las expresiones de los míos.

Vivo en mi gabinete en medio de mi pequeña Biblioteca, y los libros escritos por V. tienen lugar eminente en ella. No es posible olvidar al Autor inmortal de obras tan importantes.

He publicado en uno de mis opúsculos que se hubiera suscriptores, yo traduciría todas las obras de Ud. Si la América ha empezado a ser legisladora de sí misma, los libros que más le interesan, son los del Institutor respetable de los legisladores. Deseo que los principios luminosos de Ud. circulen por el nuevo mundo, así como están circulando por el antiguo. Ya empieza a publicarse que es necesario reformar la constitución de la República. Esta opinión va haciendo progresos, y cuando llegue a discutirse la reforma, no dudo que sostendrán presentes las teorías de Ud. El mundo político está en movimiento; todos los Estados desean mejorar sus leyes y Ud. ha señalado la línea por donde deben marchar para no ser devorados por la anarquía; ni destruidos por el despotismo.

Oficial aptitude maxized; expense minimized, será en todos los siglos la luz que dé a conocer si es bueno o malo un gobierno. El más ilustrado y barato será siempre el mejor. Estoy traduciendo el opúsculo en que Ud. desarrolló este principio. Es el que debe tener más presente esta República y uno de los que hacen más honor a Ud.
28 de octubre de 1831.

Murió Jeremías Bentham. Ya no existe el Sabio que trabajaba incesantemente por regenerar la legislación de todos los pueblos. No quería que las bellezas físicas de estos países se manchasen con la fealdad moral de los crímenes. Levantó la voz para que se aboliese el establecimiento penal que los poblaba de criminosos. Trabajó para que la virginidad de Oceánica no fuese violada por los vicios de los reos de Londres.

Expiró, dice el Centro Americano, el Sabio que dijo: "Quiera el Cielo que Centro América sea en el nuevo mundo lo que el Sol en el sistema planetario, el astro central de donde partan rayos de luz".

Murió mi Amigo. Digo yo, murió mi Maestro amado y respetado; murió el Sabio que me enviaba la parte más preciosa de su alma, murió el Hombre que me dirigía sus pensamientos grandes y luminosos consignados en las cartas que me escribía y en las obras que me remitía, murió el que antes de expirar me legó una parte de su Ser.

Bentham no era europeo, americano, africano ni asiático. Era humano no era de aquélla o la otra nación. Era Ciudadano del Universo, era padre de la especie humana, luz del género humano.

En el Norte de América un pueblo que se pronunció independiente del Gobierno británico proclama sus derechos, se da leyes, y hace progresos rápidos. En Francia una revolución madre de muchas revoluciones, que organiza primero una monarquía constitucional, crea después una república, forma posteriormente un imperio, restablece otra vez la monarquía, lanza al monarca, elige nuevo Rey y se da sucesivamente diversas constituciones y leyes. En España, en Portugal, en Nápoles otras revoluciones, otras constituciones, otras leyes, la anulación de ellas, y el restablecimiento de los antiguos gobiernos. En la América la voz de independencia desde el Cabo de Hornos hasta Tejas, la creación de repúblicas centrales y federales, la sucesión de leyes fundamentales y civiles, los choques de las clases, las guerras intestinas y las oscilaciones de los Poderes; en Inglaterra la voz de una Cámara que quiere reforma de la Constitución, y la voz de la otra Cámara que la repugna, el pueblo en oposición con los Lores y el Rey previniendo la revolución que amenaza.

Bentham, elevado a las alturas del genio contempla desde ellas estos grandes acaecimientos, estos fenómenos políticos más espectables, más trascendentales que los físicos que en un momento conmueven los continentes y masas del Océano. Ve las causas que desde los siglos anteriores empezaron a prepararlos, observa el movimiento general del mundo nuevo y antiguos pueblos, sometidos antes a la obediencia más ciega, exaltados después y enfurecidos negando aun la que es necesaria para el orden y tranquilidad; Reyes antiguos depuestos y substituidos por otros nuevos; formas de gobierno sucediéndose unas a otras con rapidez; multitud de proyectos de Constitución y leyes; las teorías erigidas en leyes y la experiencia hablando contra las teorías; deseos vivos de reformas, ansia ferviente de legislar, constituciones nuevas, leyes nuevas dictadas un año con entusiasmo y derogadas con frialdad en el siguiente; el Genio de las revoluciones quitando y poniendo, elevando y abatiendo, destruyendo mucho y fabricando poco.

Murió en junio último este patriarca de la ciencia legislativa, murió este Néstor del mundo literario; murió este respetable amigo mío. Pero nos ha dejado la parte más preciosa de su Genio, nos ha legado sus obras.

La noticia de la muerte del señor Bentham me ha afectado profundamente. Ha faltado al género humano el Instructor de sus legisladores, y yo he perdido un Amigo; caro y respetable.

Al momento que vi anunciado su fallecimiento en los papeles públicos de esta capital, hice una Exposición al Congreso de esta República suplicando, que sus individuos vistiesen luto para expresar el sentimiento justo que debía inspirarla de un Sabio. El Congreso oyó mi voz con agrado. Los Diputados y funcionarios hicieron lo que deseaban mis afectos; y el Gobierno dio noticia de todo en la Gaceta que tengo el honor de enviar a Ud.

Yo no cesaré de publicar los sentimientos de una amistad sincera y cordial. Los he manifestado en la Memoria que acompaño, y seguiré expresándolos en cuantos escritos publicaré.

Pero si es perdido para mí el original de un Ser tan respetable, quiero poseer al menos su retrato. Si tengo en sus obras la parte más preciosa de su genio, quiero también tener una porción de su físico. En su testamento mandó, que su digno Albacea me remitiese un anillo con su Retrato y pelo de su cabeza. Yo suplico a Ud. el cumplimiento de su voluntad. El Sr. Murfi, que reside en esa capital, es correspondiente del Señor Mateu, vecino de ésta, se sirviese entregar el anillo al primero para que él lo dirigiese al segundo y llegase de este modo a mis manos.

BOLÍVAR, SIMON

El general Bolívar es jefe supremo de la república de Colombia, fue nombrado dictador de la del Perú, ha ofrecido su protección a la de Buenos Aires en su guerra con el Brasil; y es el alma de la de Bolivia donde tiene el rango supremo un mariscal suyo. Las influencias del general Bolívar son inmensas en la América meridional. Se ha ido imponiendo en sus manos una masa de poder que asombra a quien se detiene a contemplarla. Pero el general Bolívar sabe que la libertad, justa es la divinidad grande de toda la América, que el nuevo mundo se ha puesto en movimiento y ha derramado la sangre de sus hijos por conquistar y garantizar la libertad que en tierras libres se adquiere poder amando y sacrificándose por la libertad, que en tierras libres se adquiere poder armado y sacrificándose por la libertad, y se acaba ese poder a momento en que se vuelve contra la libertad el brazo que ella misma ha hecho poderoso. El hombre que lucha por la libertad es un genio de cielo, y el hombre que ataca la libertad es una furia del averno.. ¿Qué tiene más gloria? El que ha sabido hacer cálculos tan exactos para la América, sabrá también hacerlos para la suya propia.

Los del sur se hallan efectivamente en posición muy crítica. Han sufrido unas tras otras las más horrorosas revoluciones, y la presente es decisiva de su modo de ser. Yo he admirado a Bolívar y le he dado el lugar más distinguido en la escala de mi cerebro cuando he considera al General que ha luchado tantos años por la independencia de la América austral. Yo he dicho desde hace mucho tiempo que fijaré mi juicio al término de su carrera, cuando contemplo todos los pasos y combino todos los discursos y acciones del político que comenzó oficial del ejército, subió después a Presidente de dos Repúblicas y Dictador de otra, y ha presentado últimamente una Constitución en la cual quiere que la Presidencia sea perpetua. El mismo Bolívar dijo hace muchos años: "En una república es peligroso el hombre que tiene poder muy grande". *3 de mayo de 1827*

El presidente de Colombia es un problema que la historia no ha resuelto todavía. En unos impresos se le eleva al cielo, y en otros se le hunde en el abismo. Acabo de recibir los periódicos de México, y en ellos he visto reimpreso el art. del Telégrafo de Lima, en el cual se dice que Bolívar aspira a la dominación absoluta de toda la América meridional. Cuan sensible sería para mí que un hijo de la América que ha llamado la atención del mundo llegase a obscurecer sus glorias.

BONAPARTE, NAPOLEÓN

Un hombre extraordinario, superior a los que existían de su género; Bonaparte carácter eminentemente emprendedor, mente vasta que abrazaba un mundo entero en sus combinaciones, puso en movimiento a la Europa. Quiso abolir las dinastías antiguas y crear otra nueva en su familia, arrebató a España el cetro de su rey para ponerlo en manos de su hermano, y el español, deprimido por el poder absoluto pero no destruido jamás, desplegó entonces una heroicidad que será inmortal en la historia del mundo. La agresión más injusta hizo proclamar derechos que no se oyeran en la península, hizo sentir los horrores del poder absoluto y la necesidad de una Constitución; hizo pensar y escribir.

Bonaparte derribando tronos para sustituir otros en Europa, y Bolívar proclamando los derechos del pueblo y levantando naciones en América son los dos hombres de nuestro siglo; ellos hacen presentir que dos genios iguales en una época futura podrán ser los instrumentos de otro género de guerra.

El amo de Neptuno, la nación que ha quebrantado su tridente, puso límites en otro tiempo a la devastación general del antiguo hemisferio Una roca escarpada, la Isla de Santa Elena, fue el monumento que ella erigió al soberbio Coloso, Napoleón Bonaparte. Sobre éste sepulcro, magnífico porque encierra los restos del hombre que en 14 años colmó de sucesos al siglo 19, se ven surmontados los tronos de la liga. Reyes coligados, yo os señalo con el dedo esta terrible roca.

BOUGHER, PEDRO (*).

(*). *Matemático y físico nacido en Baja Bretaña, inventor de la fotometría y de Heliómetro.*

Pedro Bouguer, uno de los académicos franceses que fueron a Sur América a medir grados del meridiano y deducir de ellos la figura de la tierra, escribió una obra a que dio el título de "Figura de la Tierra" y en ella publicó su viaje al Perú.

Los académicos de Francia, Bouguer, Condamine y Godin hicieron en Colombia y el Perú muchas observaciones astronómicas y físicas, efectuaron diferentes triangulaciones, determinaron la posición geográfica de diversos lugares, reconocieron muchos ríos, subieron a distintos volcanes y calcularon su altura, hicieron colecciones de historia natural, midieron grados del meridiano, contiguos al ecuador, fijaron la línea por donde pasa la equinoccial, formaron varias cartas; y levantaron en honor de las ciencias uno de los monumentos más grandes que puede erigir el espíritu humano.

BUSTAMANTE Y GUERRA, JOSE (*)

(*). Capitán General de Guatemala.

Fue verdadero español, amante de su Rey y de la Península donde nació; y a excepción de los malquerientes que es preciso tengan los que manden en época de tanto calor y fermentación, de tanto extravío y error, podría probar que su conducta privada y pública fue intachable y digna de elogio.

Un año hace que V. E. salió de este Reino; y en tan corto tiempo son tantas las mutaciones que no es posible referirlas en una breve carta. El contrabando se ha aumentado extraordinariamente, el comercio de la metrópoli se ha destruido casi enteramente: los corsarios que en el Gobierno de V. E. jamás insultaron nuestras costas, ahora han tenido el atrevimiento de entrar en la boca de San Juan, luego Sonsonate, después Realejo y últimamente en Omoa, apresando dos barcos en San Juan, uno en Sonsonate y cuatro en el Realejo.

CALDAS, FRANCISCO, JOSÉ (*)

(*) Patriota colombiano.

Don Francisco Caldas, honor de Santa Fe, fue uno de los hombres más distinguidos en las ciencias naturales. Mereció los elogios que hace de él el Barón de Humboldt. Sus observaciones, su herbario, su método de medir la elevación sobre el nivel del mar por medio del termómetro metido en agua hirviendo; y la memoria que escribió sobre esto, harán inmortal su nombre.

CERVANTES, VICENTE (*)

(*). *Botánico español.*

Yo no olvido a Ud. ni es posible que amando la ciencia de los vegetales cese de pensar en uno de sus más dignos profesores. He excusado escribirle para no distraerle de sus ocupaciones y comprometerles a respuestas. Pero la memoria de Ud. es indeleble.

Sus manuscritos que conservo con gusto lo recuerdan siempre que los leo.

A su vista admirará Ud., como he admirado yo, el ardor con que se cultiva en Londres la Botánica. Nueve o diez periódicos dedicados a publicar las descripciones y estampas del plantas. ¡Jardines innumerables! Plantas cultivadas en ellos que valen más de quince millones de libras esterlinas. ¿Cómo es posible que deje de avanzar espacios inmensos una ciencia tan amada y protegida?

Lo creerá Ud. Sr. Cervantes, cuando yo era individuo del Poder ejecutivo me interesé en que la juventud tuviera una clase de Botánica. Hablé con este fin al único que podía dar lecciones; di algunos libros para instrucción de los alumnos; mandé a hacer de mi bolsillo sin gravar a la hacienda bancas, mesa y estantes; adorné la clase con las 14 tablas que formó Ud. y ofrecí costear un hortelano que llevase vivas las plantas que pidiese el profesor. Comenzaron las lecciones deseadas, dos alumnos fueron distinguidos por su aplicación; y yo me complacía en un establecimiento que prometía tantas ventajas. Pero apenas cesé de ser individuo del Poder Ejecutivo, el gobierno llamó al profesor, le dijo que se necesitaba la pieza donde daba las de los lecciones, no le proporcionó otra para darlas, las bancas de los alumnos fueron destinadas para asiento de los soldados de guardia; la mesa del profesor sirvió a la cocinera para hacer pasteles; y el Secretario publicó después en su Memoria para cohonestar sin duda unos procedimientos tan poco dignos, que la Clase de Botánica no correspondía al gobierno federal, sino al del Estado.

Estas barbaries (¿puedo darles nombre más modesto?) no harán sin embargo que desmaye en el fomento de lo que juzgo tan importante. Quiero auxiliar los deseos del Sr. Lagasca. Haré que se imprima su carta para proporcionar subscriptores a los Elementos de Botánica que piensa publicar; y cooperaré también a la edición de la obra práctica que promete dar a luz después. Pero Ud. y los señores La Llave y Alamán son también invitados a igual cooperación. Yo deseo que se tomen en obsequio de la ciencia el trabajo de procurar subscriptores para que no dejen de publicarse por falta de ellos unos Elementos tan necesarios, especialmente, en América donde no es todavía cultivado como merece aquel estudio. Yo lo estimaría como un favor personal, y Ud. tendría la satisfacción de haber tenido parte en la publicación de la obra que más necesitamos.

COBO, BERNABE

El Padre Bernabé Cobo, jesuita, natural de Jaén en España, hizo viaje a este nuevo continente en 1596 y después de 75 años de observar las tierras, meteoros, animales, minerales y vegetales escribió la Historia del Nuevo Mundo. Se perdió esta obra y sólo se conserva la cuarta parte que descubrió el precitado Muñoz en la biblioteca de San Acasio, propia de la ciudad de Sevilla. En los anales de ciencias naturales se publicó la "Descripción del reino de Perú" y por ella pueden conocerse los talentos de Cobo.

CONDAMINE, CARLOS MARíA

Carlos María Condamine fue otro de los académicos franceses. Escribió su Diario del viaje hecho de orden del rey al Ecuador, hizo diversas observaciones, y dio de aquellos países noticias que en las actuales circunstancias pueden ser muy útiles.

FILÍSOLA, VICENTE

En el número del Sol de México de 14 de mayo último se ha publicado que el general de brigada D. Vicente Filísola fue quien dio a Guatemala su libertad o independencia de México; que él fue quien expidió el decreto de 29 de marzo de 1823 en que se acordó la elección de diputados para que unidos en asamblea deliberasen sobre los destinos de estas provincias.

Es cierto que el general Filísola fue quien convocó en su decreto memorable de 1º. de julio de 1823 nos declaró independientes de España, de México y de cualquier otra potencia así del antiguo como del nuevo mundo; es positivo que dio este paso justo y prudente; y que esta medida que supo dictar previno revoluciones que hubieran sido horrorosas. Yo lo confieso con gusto.

Pero hablando de nuestra independencia el mismo general Filísola ha publicado su opinión en el cuaderno que dio a luz en Puebla a 2 de octubre de 1824. Yo no creí, dice, que mi decreto (el precitado de 20 de marzo) hubiese ocasionado la separación total de aquellas provincias (las de Guatemala) porque estaba persuadido que no sería tanta la ambición e ignorancia de su insuficiencia y verdaderos intereses. Me pareció pues federarían con México y se unirían más estrechamente. De lo contrario no los quiero tan mal que hubiese querido ser la causa de las desgracias que han sufrido y sufrirán aquellos habitantes, y el día menos pensado vengan a ser presa del primer enemigo que las quiera su subyugar, si México tanto por darles una mano protectora como hermanos, como por no dejarse flanquear por allí, no los defienda su libertad. A México le habrían sido siempre onerosas como ya dije aquellas provincias; pero cuando uno quiere no arruinar su casa, se ve en la precisión de cuidar del buen estado de la que está pared en medio con ella.

Se infiere de aquí que el general Filísola no creía conveniente la independencia de Guatemala; se infiere que no convocó la Asamblea Nacional para que la pronunciase sino para que acordase más estrecha de estas provincias con las de Nueva España; se infiere nuestra independencia ha sido contraria a su opinión; se infiere que no es cierto por consecuencia lo que ha publicado el Sol en el número precitado sobre la libertad de Guatemala.

FILANGIERI, CAYETANO (*)

(*). *Jurista y economista italiano*

Las siete condiciones necesarias para que un impuesto sea lo que debe ser. Él es quien ha propuesto el Problema en que trabaja todavía.

Hallar un sistema de contribución que sin alterar los derechos del giro asegure al Estado fondos suficientes para todas sus necesidades en todos tiempos contribuyendo cada uno en proporción justa de sus facultades y de los beneficios que goza en la sociedad. Él es quien ha dicho que no debe haber clases onerosas que gravitando sobre el trabajo de las aplicadas destruyen la población. Él es finalmente quien reduciendo a dos líneas el objeto de su Ciencia ha manifestado: que sin hombre no hay Sociedades, ni hombres sin medio de subsistencia.

FLORES ESTRADA, ÁLVARO (*)

(*). *Político y economista español.*

(Es del mismo principado en donde nacieron Jovellanos, Campomanes, Meléndez Valdez y otros sabios españoles. Quería escribir la historia de la revolución de España, le manifesté deseos de que escribiese sobre la ciencia importante que he amado siempre con predilección; y tendiendo la vista por todo lo que se ha pensado sobre ella, censurando unos pensamientos, rectificando otros, añadiendo los suyos, enriqueció nuestra hermosa lengua con el Curso de Economía Política que se imprimió en 1828 y reimprimió en 1831).

Muy Sr. Mío: las obras de Ud. ha dado a conocer y hecho amar su nombre en estas lejanas regiones. Desde ellas me tomo la licencia de escribirle para manifestarle el valor que tendría para mí su importante correspondencia. Ama Ud. a la América y yo soy hijo de ella. ¿De cuánto precio serían sus luces para quien se interesa en el bien general del nuevo mundo y particular de esta naciente República?

He sido individuo del Poder Ejecutivo que ha dado dirección a sus destinos. Trabajé cuanto era posible trabajar; y como prueba de mis deseos acompaño el pequeño Discurso que da idea de ellos.

Lo lleva el Ciudadano Próspero de Herrera, primo y amigo mío, que va a ésa a consolidar la compañía que ha celebrado para el laboreo y fomento de diversas minas. Las hay en este suelo de mucha riqueza. La cordillera que ha dado en el Perú y en N. España tanto oro y tanta plata es la que atraviesa estas tierras. Pero han faltado inteligentes, máquinas y fondos para su explotación, y todo esto puede proporcionar la compañía si tiene el suceso que esperamos.

Yo he aprovechado para satisfacer el primero de mis deseos una ocasión tan oportuna. He recomendado a Herrera la remisión de las obras de más mérito que se hayan publicado en los géneros o ramos político, económico y fiscal; y deseoso del acierto suplico a Ud. quiera tener la bondad de indicarle las que se hayan dado a luz en estos últimos años y sean dignas de pasar el Atlántico.

Las desgracias de un Sabio interesan profundamente a quien conozca todos los precios de aquel título. Yo tomo en las de Ud, toda la parte que exigen sus méritos. Sus obras los publican, la historia de España los recuerda, y mi primo me habla de ellos con extensión. ¡Qué gozo sería el mío si le viera en Guatemala, mi patria amada! Hombres de ciencia experimental son los que necesitan los Estados que acaban de formarse. Aquellos que han visto nacer y marchar revoluciones son los que deben dar dirección a los pueblos que se hallan en el período más delicado de su existencia. Repetidas ocasiones lo he dicho. Uno de los primeros cuidados de la América debe ser el de atraer a los hombres de más luces para que las derramen en pueblos que no las tienen.

Sobran tierras prodigiosas por su fecundidad, abundan en todas partes los gérmenes de riqueza, están abiertos los puertos al comercio de todas las naciones, son en esta república más moderados que en todas las otras de América los derechos de importación y exportación. Pero hay escasez de hombres. Son inmensos los elementos de prosperidad; pero faltan manos que los desarrollen. Cerrar la América a los que quieran probarla y cultivarla sería error muy grosero. Abrirla de par en par a todos los que quieran venir sería imprudencia que podía exponernos a peligros. Los sabios, que son la razón de los pueblos, deben ser su guía; y esos sabios es preciso que vengan de Europa porque la América no puede tenerlos todavía.

Trabajo actualmente en el Plan de Instrucción Pública. Si lo acuerda el congreso y sancionare el Senado, se establecerá una clase de Economía Política; y yo entonces procuraré que se ofrezca a V. para que tenga destino mientras se proporcionare otro más digno de sus méritos. Pero conozco los de Ud.; le ofrezco mi amistad; y la emplearé en servirle de la manera que pueda. Las relaciones con hombres de sus tamaños son de mucho precio para mí. Si las tuviere con el Sr. Dn. J. J. de Mora, sírvase Ud. ofrecerle mi afectuosa consideración. He visto su Museo y Catecismos, y conocido por ellos sus talentos.

Yo los buscaré por todas partes, y no habría uno sólo infeliz si tuviera Poderes tan extensos como mi voluntad. *21 de mayo de 1826.*

Muy señor mío y dueño de mis afectos: en mi anterior escribí a Ud. que había mandado imprimir sus Reflexiones acerca de los males que afligen a la Inglaterra. Se ha verificado así con la lentitud propia de las imprentas de América; y yo he tenido al fin la satisfacción de haber dado a luz los pensamientos de Ud. sobre un asunto de tan alto interés como lata trascendencia.

Publiqué al frente de ellos un pequeño Discurso para publicar su mérito a la faz de todos, y manifestar al mismo tiempo lo que exigen a mi juicio los intereses de la América. Son grandes las verdades que usted ha anunciado. La independencia del nuevo mundo está dictada por las que Ud. leyes de la naturaleza; el gobierno español sacaba de él por medios opresivos las cosechas de sus minas; y la separación de la América debía producir en el primer período de su libertad una mengua considerable en las importaciones en Europa de los metales americanos. Pero consolidados los gobiernos de las Repúblicas, abolido el sistema opresivo que gravitaba sobre la minería, el interés individual, libre en todas sus acciones y protegido en aquel ramo, buscará el oro y la plata de las minas con más grande ardor que antes; las cosechas serán más cuantiosas, los metales más baratos, y el minero los llevará a las plazas donde tengan mayor estimación. O escasean, o sobreabundan en esas plazas. Si escasean, el minero o el negociante sabrá llevarlos a Europa para venderlos con toda la estimación que debe darles la escasez. Si sobreabundan, la Europa no sufrirá en tal caso las penurias que se temen. El oro y la planta son frutos de las rocas como el añil y el trigo lo son de la tierra. Si estos buscan los mercados donde valen más, aquellos tienen la misma tendencia.

Yo he querido recordar en mi Discurso esta verdad porque veo enlazados con ella los intereses de la América, mi patria amada. Si las naciones de Europa llegaran a creer que después de nuestra independencia no influiría en su seno ni una fracción de la cantidad refluía antes de nuestra libertad, todas ellas se negarían a reconocer nuestros derechos y trabajarían acordes en sofocar nuestras nueva que existencia. Aquella opinión sería más dañosa para la América que la bala o el cañón. Era necesario manifestar que los pueblos de Europa en vez de temer pobrezas deben esperar riquezas de la libertad del nuevo mundo; y esta consideración es la que me ha puesto en la necesidad, sensible para mí, de publicar en este punto pensamientos diversos de los de Ud.

Pero confieso al mismo tiempo el mérito de la obra, hago a su autor toda la justicia de que es digno. *9 de junio de 1827.*

Una obrita del Sr. Flores Estrada que mandé imprimir con un Discurso mío al frente. El autor de la primera quiere persuadir que la independencia del nuevo mundo es contraria a la riqueza del antiguó. Creí trascendente las consecuencias de esta opinión; ya me pareció conveniente impugnarla. Si no logro mi objeto, habrá al menos pruebas de mis deseos por el bien de la América...

Recibí por la vía de Walis la de 23 de marzo último y con ella los seis ejemplares impresos que usted se sirvió dirigirme de sus Reflexiones acerca del mal extraordinario que aflige a la Inglaterra. Antes de recibirlos había mandado imprimir el mismo opúsculo, y remitido a Ud. dos ejemplares con un discurso mío al frente que ha sido reimpreso en México. En él hago a sus talentos la justicia de que son dignos; y si en algunos puntos se manifiesta diversa mi opinión es por el convencimiento de raciocinios que no dudo haría Ud. mismo si viviera en estos países. Demostrar a la Europa que de la América libre extraerá más riquezas que de la América esclava, es manifestarle el interés que tiene en reconocer nuestros justos derechos. Indicarle que de la América independiente no podrá sacar ni una fracción de la riqueza metálica que sacaba de la América subyugada, sería inclinarla a que no reconozca jamás nuestra independencia. Yo soy hijo de la América y me intereso en su libertad y poder. Pero no son mis deseos los que han formado mi opinión. He sostenido lo primero porque felizmente los intereses de la América me parecen conformes con los principios de la ciencia que enseña a calcular los progresos de la riqueza de las naciones. Los hechos comienzan a hablar; y serán más expresivos cuando se restablezca la paz y consoliden los gobiernos del nuevo mundo.

Ud. desea el bien universal de todos los pueblos. Voy a indicarle algunos de mis pensamientos. La Libertad tiene en Europa muchos enemigos. Los reyes absolutos, los poco justos, y los aristócratas preocupados han formado una liga poderosa, han meditado para sofocar las instituciones liberales el plan de prestarse auxilios mutuos los de las naciones donde no quieren que exista;. y emplean con este objeto las fuerzas de los tronos, las riquezas de la aristocracia y las arterias de la intriga. No puede un pueblo dar un paso a la libertad sin obverse al momento amenazado por los gobiernos de otros pueblos que no respetan el principio de no intervenir el de una nación en los negocios de otro. En las Américas donde no hay grupos odiosos de monarquías despóticas, sino constelaciones brillantes de repúblicas, no existen obstáculos tan grandes. No hay en ellas reyes absolutos, poco justos; y la aristocracia civil es menos pudiente. La regeneración política es más fácil en el nuevo que en el antiguo mundo. Yo quisiera que todos los amigos ilustrados de la libertad residentes en Europa trabajasen desde allí en auxiliar la de América de todos los modos posibles, con sus relaciones, sus correspondencias, sus obras y sus periódicos. La América libre, rica y poderosa protegería a su vez la Libertado de Europa, auxiliaría a los que la desean o trabajan por ella; y los pueblos podrían al fin darse, por medio de sus representantes, las constituciones que juzgasen convenirles. Si los amigos del despotismo hacen ligas para sostenerlo, los de la Libertad deben unirse también para plantearla en ambos mundos. Yo no sé por qué los Gobiernos de América no han dado su atención a un pensamiento, que me parece tan importante. Protegiendo a los escritores de obras en que se defienden la causa de estos pueblos, a los editores de periódicos que den a la opinión una dirección ventajosa a nuestros intereses, a las sociedades de los que se reúnan para sostener nuevos derechos, etc. ¿Cuánto sería lo que adelantaríamos en la carrera que hemos comenzado? Si el dinero tiene inversiones felices, ésta sería una de las más provechosas,

El Sr. Don José Joaquín Mora ha hecho de mí en el No. 4 del Correo político y literario, y en el No me olviden de este año, expresiones que no merezco. Yo reconozco sus afectos y quisiera manifestarle mi gratitud, Dígame Ud. si continúa en esa o si hizo a Buenos Aires el viaje que pensaba verificar.

Ud. no ha sido olvidado en mi memoria. Le tengo muy presente. Pero esta república tranquila y sosegada, empezó a conmoverse porque el gobierno no respetó la ley fundamental. Sigue la revolución su marcha. Pienso que no está muy distante la crisis. Cuando se restablezca el reposo escribiré a UD: y le repetiré la voluntad con que soy su amigo y afmo. Servidor. *3 de octubre de 1827.*

La Economía política es divinidad digna de su culto. Yo celebro que le atribute todos los que merece. Será positivamente interesante la obra que ha escrito reuniendo con sus propios sentimientos los que han publicado los ingleses que la crearon y los franceses que la han hermoseado y perfeccionado. Storch tuvo igual idea, y presentó a sus imperiales discípulos el Curso de Economía Política que habrá leído sin duda. Los papeles públicos lo anunciaron como una obra muy eminente. Pero Say, el hombre que ha sabido aumentar la masa de ideas, penetrarla de luces, y darle una organización feliz, ha manifestado que no lo es en grado tan alto. Espero que la obra de Ud., tenga el suceso que prometen sus conocimientos. Yo deseo que se propaguen por la América, persuadido de que la ciencia de la riqueza es una de las primeras que deben cultivarse en el país donde existen tantos elementos de ella. Procuraré con gusto que haya suscriptores, Envíeme 20 o 30 ejemplares para procurar su venta. Me interesaré en ella, y remitiré su producto para Walis, o directamente a Londres, si hubiere conductor. A otro asunto.

La cuestión que nos ocupa me parece clara. Ud. no ve mal que la América que antes enviaba a Europa 90 millones de pesos envíe 10 en lo sucesivo, sino en la transición de valer 6 el duro que anteriormente valía 4. ¿Pero lo segundo no sería efecto de lo primero?. La escasez de duros, no sería causa de mayor valor de los duros? Es preciso volver al punto de los millones porque su número es el que influye en los valores.

Yo distingo tres períodos diversos: 1o. El de los años que la América estuvo sometida a España; 2º. El de los que corren desde la independencia hasta la consolidación de los nuevos gobiernos; 3º. El de los posteriores a la consolidación de los mismos gobiernos.

En el primero se extraían del nuevo y se introducían en el antiguo mundo los millones que manifiesta el cálculo hecho por distintos escritores. No puede haber disputa en esto. Basta ver los registros de las aduanas.

En el segundo ha habido la disminución propia de una época de convulsiones en que no es posible trabajar las minas como en los tiempos de paz. Tampoco en esto puede haber dudas. Véanse los minerales, y las depondrá quien las tenga.

En el tercero las exportaciones metálicas de América e importaciones en Europa serán mayores o al menos iguales a las que se hacían antes de la independencia. Todo ramo de industria, rural, fabril o mercantil, hace progresos más grandes en los tiempos de libertad que en los de esclavitud. La minería dará masa más crecida de metales en la América libre que en la América esclava; y las exportaciones serán por consecuencia mayores.

El mal que sufra la Europa por la disminución de metales en el segundo período no es efecto de la independencia sino de las convulsiones políticas de América. Cuando las hay en un Estado, sufren diversos males aquellos con quienes tiene relaciones mercantiles, ¿y habrá por esto derecho para exigirle resarcimientos?

La libertad multiplicará la población de América, aumentará los consumos de los productos europeos, y abrirá todas las naciones los mercados que antes sólo estaban abiertos a España.

¿Qué interesa más a Europa? ¿Vender sus mercaderías a una sola mano (la de los españoles)? ¿O venderlas libremente, a las de todos los centroamericanos, mejicanos, colombianos, bonairinos, etc. ¿Qué importa más a la América? ¿No vender sus frutos más que al hijo de Cádiz? ¿O venderlos a quien le ofrezca precio más grande entre todos los habitantes de la tierra?

Supongamos, sin embargo, que la Europa sufra males. Yo no veo en la América obligación alguna de resarcirlos. La primera impuso un yugo injusto, la segunda lo sacudió, hizo uso de sus derechos; y quien ejerce los que tiene no es obligado a indemnizar a quien le había privado de ellos. El que lo despoja de sus derechos es el que debe resarcimientos. La Europa conquistadora por la fuerza es la que debe indemnizaciones a la América injustamente conquistada.

Este tono manifiesta que yo creo a Ud., tolerante, honrado, despreocupado y lleno de luces. ¿Hablaría aquella lengua en caso contrario?

La revolución de esta República no está todavía terminada. Cuando haya paz en ella, yo avisaré a Ud. y le volveré a ofrecer los afectos sinceros con que soy su amigo y servidor.

Mi situación ha sido difícil. El Sr. Flores Estrada es persona que estimo por su mérito literario; y su opúsculo podría predisponer a la Europa contra la América pronosticando males a la primera por la independencia de la segunda. Criticar al Autor era censurar a quien amo. Publicar su obra sin hablar de sus opiniones sería cooperar al mal de la América. Yo elegí al fin el medio que manifiesta el Discurso que escribí y di luz al frente del mismo opúsculo. Hago a la buena fe del Sr. Flores Estrada la justicia que merece, elogio sus obras anteriores a favor de la América; y demuestro que en vez de mal debe resultar bien al antiguo mundo por haberse pronunciado libre el nuevo. Todas las Repúblicas de América deben dar su atención a la obrita del Sr. Flores Estrada. Yo he escrito sobre ella y he hecho los gastos de impresión para sostener la causa de los americanos. *3 de mayo de 1828*

Sus votos son de valor para mí, celebro que los haya merecido el pensamiento que indiqué en mi anterior de 3 de octubre, del año pasado sobre Unión o Sociedad de los Amigos Ilustrados y juiciosos de la Libertad para destruir o debilitar los embates de los enemigos de ella. Son diversos los hijos de Europa que han empleado sus talentos y plumas en dar luces a la América o defender la justicia de su causa.

Yo no veo jamás sus Obras sin bendecir la Filantropía que las ha inspirado. Pero es verdad incontestable la que dice Ud. Los Gobiernos del nuevo mundo no han correspondido hasta ahora a unos esfuerzos tan nobles, como dignos de gratitud. El señor Flores Estrada manifestó desde antes de nuestra independencia los derechos que teníamos a ella; y no se le ha hecho hasta ahora expresión alguna.

Espero con ansia su Curso Completo de Economía Política. Envíeme, como le dije en mi última de 29 de abril, 20 o 30 ejemplares. Yo me interesaré en su venta y le remitiré la cantidad producto de ella. Años ha que deseo una clase de aquella ciencia, y tendría satisfacción muy pura si acordándose como exige el interés público, lograra que una obra de sus manos fuera el texto de las lecciones. Son muchos los que necesita la América en lo económico y en lo político para no dar traspié en su carrera. Yo, siempre lleno de deseos a favor de las nuevas repúblicas, voy a expresarle lo que me inspira la noticia de su Obra.

Si hay poquísimos, especialmente en estos países, que estudien metódicamente los principios de Economía Política, son aún más raros los que saben aplicarlos a los casos respectivos que ocurren. Leen la cartilla de Say o los elementos de Mill; hablan en los corrillos o tertulias. Pero colocados en un destino o llamados a una discusión se ven muy embarazados, y no atinan en las aplicaciones o son equivocadas las que hacen. Yo quisiera que UD. que ha reunido en un libro lo más útil que se ha escrito en Inglaterra, Francia, Italia y Alemania, diese más importancia a sus trabajos uniendo con la teoría indicaciones oportunas de los que conviene hacer a los Estados Americanos, para su riqueza y prosperidad. Su obra tendría entonces doble precio en el nuevo mundo, y su alma gozaría la satisfacción de haber señalado el camino a Sociedades nacientes que necesitan guía o preceptor. Las ciencias derivan su gloria de la aplicación de sus principios a las necesidades de los hombres y pueblos. El comercio marítimo, la navegación, los viajes, la geografía son los títulos grandes de la Astronomía. Ya es antigua en muchos puntos la física de Nollet, pero su método será eternamente útil. Manifiesta primero los fenómenos, los explica después, y hace últimamente aplicaciones a los usos de la vida. No habría en la población inmensa de ignorantes uno solo que despreciase las ciencias si aplicando la Teoría a la práctica se les hiciese sentir toda su utilidad.

Yo espero de la Obra de UD. toda la que promete su título. Cuando se termine la revolución que aflige todavía a esta República, sabremos aprovechar las luces que derrame en ella. Los pobres huyen de los cuarteles y los propietarios repugnan los empréstitos que se les exigen. A los días de convulsiones y trastornos sucederán al fin los de sosiego y tranquilidad; y entonces los libros económicos podrán desarrollar toda su influencia. La guerra empobrece; y la Economía Política enriquece. *7 de octubre de 1828.*

Recibí en el corriente mes el tomo primero de su Curso de Economía Política que Ud. se sirvió remitirme. Su lectura me hace desear vivamente el segundo. Es una obra bien pensada y bien escrita. Su digno autor y mi apreciable amigo supo leer las que se habían publicado desde la creación de la ciencia, extraer los mejores pensamientos, añadir los propios y formar de unos y otros un cuerpo de doctrina que celebraría fuese texto en las escuelas o clases que convendría establecer en todos los Estados del mundo, y especialmente en los del nuevo. La América, es como es como dice Ud, la cosechera del oro y la plata, un depósito inmenso de riquezas escondidas en su vasto y hermoso continente. Si se ignora la ciencia de la riqueza, ¿cómo podría facilitarse, mejorarse y adelantarse en producción y progresos?

Y si no se desarrolla la que existe en su seno, si no se da ilustración a sus pueblos, ¿será posible conservar las instituciones liberales que detesta la clase que en todos tiempos y países ha sido enemiga da ellas?. Ud. ha hecho un bien muy grande a la América dando en la lengua que hablamos sus hijos lecciones importantes de Crisología o ciencia de la riqueza. Yo procuraré que se aprovechen cuando cese la guerra civil, y la paz nos haga respirar una atmósfera menos turbada y mefítica. Pero puede Ud. entre tanto hacer otro beneficio de igual importancia. Acaba de escribir su Curso de Economía Política: tiene presente toda la ciencia. ¿Quién otro podría con más facilidad que Ud. escribir un ensayo sobre la Jurisprudencia con sus relaciones con la Economía Política?

El mes anterior recibí la de 14 de agosto último, y en el presente llegó al fin a esta ciudad el cajón que me remitió Ud. con 40 ejemplares de su Curso de Economía Política, Ya están en mi poder; y he hablado a diversos amigos para que procuren su venta. Uno de ellos es Don Manuel Jonama, paisano de Ud., que sabe estimar su mérito y compadecer sus desgracias.

Yo también soy sensible a ellas. Ni la riqueza, el poder, ni los cetros y coronas me hacen ilusión. Los Sabios son para mí los primeros Seres de la especie humana. Cada uno tiene su escala, y esta es la mía.

La asamblea acordó el establecimiento de una Sociedad Económica. Yo fui electo Director, y en este concepto dije el discurso que tengo el honor de dirigir a Ud. En él verá la justicia que hago a la Europa, a los Sabios y a Ud., que es uno de ellos. Tengo derecho para no ser confundido con aquellos que por ignorancia o prevención se manifiestan hostiles contra los hijos de esa parte luminosa de la Tierra. Amo a la Europa y a los que son su ornamento más bello. Escribí el año de 1824 cuando era individuo del Poder esta República. diese protección a los Europeos que viniesen a esta República.

Volví a tomar la pluma en favor de ellos el de 829 cuando fui electo Director de la Sociedad. Yo celebraría que Ud. oyese la voz de los extranjeros que existen en esta capital. Todos conocen que no soy enemigo suyo, y sé que algunos han escrito sobre esto a sus correspondientes.

No es omnipotente mi voluntad. Si lo fuera, permítame Ud, decir que la República se presentaría en distinto aspecto. Tendría en su seno a varios Sabios europeos y sabría premiar a los que no pudiesen venir a ser hijos suyos y se interesasen por su independencia y prosperidad.

Si no se obra así, yo al menos haré lo que sea posible. Cultivaré su digna correspondencia, y cuando quieran ocuparme, acreditará mis Servicios.

Yo tomaré en la venta de sus libros todo el interés que merecen; y le iré remitiendo su producto luego que haya conductor seguro o se proporcione giro de letras. No he dicho que Ud. piensa en segunda edición, porque esto perjudicaría al expendio de la primera. Salgamos de la una; y después trabajará Ud. en la perfección de la otra.

Le escribí manifestando el aprecio que he hecho del primer tomo, y me anticipo a creer que el segundo será también digno de él. Siga Ud. dando luces a la tierra. El astro más benéfico es el sol.

Pero envíeme también los papeles públicos que merezcan leerse. Si en todas partes se desean, en esta remotidad es más vivo el apetito. Quiera Ud. saciarlo, y ocupar a su afmo, servidor.

GAINZA, GABINO (*)

(*). Gabino Gaínza y Fernández de Medrano, nació en Pamplona España, el 26 de octubre de 1753 y llegó en 1820 a Guatemala como Subinspector de Milicias. El 9 de marzo de 1821, el brigadier Gaínza

sustituyó al teniente general Carlos Urrutia y Montoya como Jefes Político Superior. Falleció en México en 1822.

No fue el gobernador español D. Gabino Gaínza quien hizo a Guatemala independiente de España. Antes que Gainza pisara este suelo, los hijos de Guatemala publicaron pruebas incontestables que acreditaban el convencimiento de sus derechos. Antes que Gaínza soñara venir a la América, Guatemala publicó desde octubre de 1810 pensamientos que manifestaban sus deseos y hacían conocer el plan que había formado para asegurar su independencia. Cuando Gaínza trabajó en el sur contra la de la América, el gobierno español le dio gracias por la habilidad que había acreditado americanos en dividir a los americanos. En México se reimprimió la real orden y admira que ahora no se tenga presente publicar que un gobernador español ha hecho que la parte más preciosa de la América sea independiente de España es chocar con todas las verosimilitudes.

Si Gaínza no resistió nuestra independencia del gobierno español, fue porque no tenía las fuerzas necesarias para resistir la masa de opinión que lo obligó a ceder. Guatemala quería ser independiente. El pueblo de esta capital reunido el 15 de septiembre de 1821 manifestó claramente su voluntad, los demás de las provincias la acreditaron del mismo modo; y en toda la América se oían iguales acentos. ¿Qué podía hacer Gaínza colocado en medio de ella sin fondos ni fuerzas bastantes para luchar con tantas voluntades?

O'Donojú, virrey español, firmó en Córdoba la independencia de N. España. Se dirá por esto que la de México fue obra de un gobernador español y cuando lo fuese positivamente, ¿daría esto derecho alguno a la antigua sobre la Nueva España?

Lo que fue obra de Gaínza y de otros colaboradores suyos fue la sujeción de Guatemala a México; la humillación de nuestra patria

que siendo nación libre y soberana y teniendo tantos derechos para serlo se vio arrojada al estado humilde de provincia sometida al gobierno mexicano. No fue su voluntad libre y espontánea la que la degradó hasta este extremo. Lo he manifestado otras veces en diversos escritos. Acompaño ahora la representación que dirigió a

México la diputación provincial de Guatemala; y recuerdo la gaceta del gobierno mexicano de aquella época en la cual se publicó que con dirección a esta provincia había pasado el río caudaloso de Tehuantepec una división numerosa y bien disciplinada.

GONZALEZ, SARAVIA, MIGUEL (*)

(*). *Militar y político español.*

Sería prudente el plan de su vida si realizara el que se propone seguir. Libros, Ejercicios rurales, Sociedad de naturalistas. Eso sería un Edén, menos peligroso que el de Adán porque no habría manzanas ni Evas.

Todo es pequeño al lado de las Ciencias. Cultívelas Ud, con ardor, y siga persuadido de la voluntad constante con que soy su amigo.

Haga al P. Fr. Matías una visita a mi nombre. Dígale que deseo saber cuál es ahora la obrita que trabaja o el pensamiento que le ocupa. Le encargo también que haga olvidar el título de Campana chiapaneca que piensan dar al Periódico proyectado.

GREGOIRE, ENRIQUE

Publiqué otra vez los principios del verdadero Derecho de gentes, designados por un escritor capaz de fijarlo. Vuelvo a publicarlos ahora porque hay verdades que deben repetirse.

Gravémoslos hondamente en nuestra memoria, penetrémonos de su importancia y justicia; juremos defenderlos con el sacrificio (si fuere necesario) de nuestra misma existencia; y si alguna vez hubiere motivos justos para temer que sean violados, volvamos los ojos a la verdadera fuente de donde fluía el torrente que amanece. Hay ríos que corren del norte u occidente a los rumbos opuestos, y su origen está en el sur u oriente, o cerca de nosotros mismos.

DE HERRERA, DIONISIO (*)

(*). *Primer Jefe de Estado de Honduras.*

El Jefe de Estado de Honduras es hombre de bien, observador de la ley, y amigo de la especie humana. Si ha habido derecho para agraviarle en el sol a la faz del mundo, él lo tendrá también para defenderse con igual publicidad. Tiene honor, familia y propiedad.

Pero supóngase que sea un déspota. El despotismo del jefe de una nación, ¿dará derecho a un Estado de ella para separarse del gobierno legítimo y ponerse bajo la protección del gobierno de otra nación extranjera? La tiranía del jefe de un Estado ¿lo dará a un departamento para separarse del gobierno legítimo y ponerse bajo la protección del gobierno federal? La Constitución no aprueba estos actos. Manifiesta clara y expresivamente lo que debe hacerse en uno y otro caso; y lo que dice la ley es lo que debe hacerse.

HUMBOLDT, ALEJANDRO (*)

(*). *Geógrafo y naturalista alemán.*

Humboldt, el hijo amado de la fortuna, posesor de los dones que ésta regala a sus favoritos, rico y titulado, querido de unos, respetado de otros, sacrificó a las ciencias estos goces pacíficos. Salió del antiguo al nuevo mundo, y recorrió las dos Américas durmiendo en playas cubiertas de cocodrilos, internándose en bosques poblados de tigres, pisando las nieves de los Andes, subiendo al Chimborazo, y trepando al pico de Orizaba, levantando planos y determinando posiciones para conocer este inmenso continente, para desmentir a los que hacían cuadros horrorosos de esta bella mitad de la tierra, para vindicarnos de las injurias de Pauw (*Abate holandés que escribió las Investigaciones científica sobre los americanos*) y los que decían, que los americanos somos condenados a la ignorancia por el influjo del clima.

Humboldt y su digno compañero Bonpland (médico y naturista francés) encontraron después otras especies en la misma América del

Sur. No habían recorrido más que una parte de ella, y su colección de 1803 antes de concluir su viaje pasaba de 4.200 plantas en países, dice, donde la naturaleza se complace en derramar sus gracias y multiplicar vegetales de nuevas formas y de fructificaciones desconocidas.

El barón de Humboldt hizo al nuevo mundo un viaje que hará inmortal su nombre. El año de 1799 se embarcó en La Coruña. Y después de haber recorrido mucha parte de la Sur América salió de Lima el 25 de diciembre de 1802, llegó a Guayaquil primero, después a Acapulco, en 22 de marzo y luego a México en abril de 803. Fue observador ilustrado e infatigable y escribió su Ensayo político sobre el reino de Nueva España.

Este hombre respetable hizo su viaje a la América en los años de 1799 a 1804 cuando estábamos todavía distantes de proclamar Independencia. Y desde entonces dijo: "En cada provincia hay un número pequeño de familias que ejercen una verdadera aristocracia municipal. Ellos quieren más bien estar privados de ciertos derechos que partirlos con todos, ellos aborrecen toda constitución fundada en igualdad de derechos. *23 de mayo de 1828.*

Sigo aprovechando las pocas ocasiones que se presentan para reiterar mis consideraciones al Observador ilustrado de la América. ¡Qué inmensa me parece Señor la distancia que separa al nuevo del antiguo mundo! Yo quisiera que no hubiera océano divisorio, que se acercaran uno a otro y formaran un solo continente para que las luces del segundo iluminaran al primero!

La América comenzó a ser más grande desde que UD. comenzó a reconocerla, observarla y describirla. Todos los americanos deben gratitud a sus trabajos, y yo quiero ser en este país el primero a manifestar la mía.

Guatemala, colocada en posición geográfica más feliz que México, situada en medio de la América sobre tierras fecundas de diversas temperaturas, regadas por ríos que pueden ser navegables, poblada de vegetales infinitamente variados en sus géneros y especies, rica en minerales, apenas trabajados hasta ahora por escasez de fondos, máquinas y mineralogistas, con puertos a uno y otro océano y en disposición de acometer la obra más grande en que puede pensarse de abrir por el lago de Nicaragua la comunicación de ambos mares, sería una de las naciones más expectables del Universo si ojos como los de Ud. supieran verla y manos como las suyas pintarla o describirla.

..quisiera que si Ud. hace segundo viaje al nuevo mundo se sirviera comenzarlo por Guatemala, que es una de sus más bellas partes y no fue observado como las demás por el genio de Ud.

Yo volví de México a fines de 823, y una de las cosas en que me entretuve al hacer un regreso tan dilatado como penoso fue la de tomar las alturas con el termómetro metido en el agua hirviendo, método de don Francisco Caldas a quien conoció UD. en la otra América. Deseaba también tomarlas con el barómetro para comparar unas con otras las alturas barométricas intermométricas. Pero me rompieron en Venta Salada el barómetro y quedé desde entonces reducido al termómetro. Ocupado en el gobierno no he tenido tiempo para coordinar mis apuntamientos. Algún día lo tendré y entonces presentaré al juicio y corrección de Ud. la tabla que formé de alturas desde México hasta esta capital.

¡Qué gozo tan vivo sería el mío, Sr. Barón, si viera a UD. en estas tierras tan dignas de sus miradas! ¡Qué grande comenzaría a aparecer esta naturaleza fecunda y majestuosa! ¡Cuántas conquistas haría en las ciencias físicas y naturales! ¡Cuánto bien recibiría mi patria!

A nombre de ella me atrevo a suplicar a Ud. que si lleva pensamiento de volver a México, comience su viaje por este país. El nombre que tiene Ud. aquí le atraerá las consideraciones de que es digno, y yo, ofreciéndome a su disposición, tendré el honor de conocerlo, de acompañarle tal vez algunos días y de reiterar las seguridades del respeto y voluntad con que soy su más atento y seguro servidor. *29 de octubre de 1829.*

MORA, JOSÉ JOAQUÍN (*)

(*). *Publicista español.*

Cada una de las obras que ha publicado usted para ilustración del nuevo mundo es un título que le da derecho a mi estimación. Los hombres que cultivan las ciencias con ardor son los primeros en mi escala. Yo veo en ellos el origen de todos los bienes porque la ilustración es para mí la fuente de donde fluyen cuantos pueden gozar las sociedades. Siga usted Sr. Mora, enviando luces al nuevo mundo desde la primera ciudad (Londres) del antiguo. Ya ha escrito los catecismos de Geografía, de Agricultura, Química, etc, ¿Cuándo escribirá el de la ciencia de los legisladores? ¿El de la ciencia de los gobernantes? ¿El de la ciencia de cada una de las clases respectivas de funcionarios? *3 de julio de 1828.*

El Sr Mora fue infatigable en sus traducciones y opúsculos; y antes de ser invitado por Buenos Aires para la Dirección de sus estudios tampoco se le ha acreditado la gratitud que merece por tantos títulos.

Envío algunos papelejos que he escrito y han publicado otros, o he dado yo a luz: por la necesidad de ocurrir a los intereses de mi casa.

NEWTON, ISAAC

Isaac Newton gloria de Albion, honor de la especie. Si alguno negare el principio pensador, no le hagas raciocinios. Presenta, viajero, las obras de este bretón. Vivió 80 años. Murió el 20 de marzo de 1727.

PENA DE MUERTE, LOS PÍCAROS Y OTRAS HIERBAS

GUERRA CIVIL

Una Constitución que iguala ante la ley a lo omnipotentes y a los que eran nulos, debía ser origen de guerra intestina. Los primeros apuraron los esfuerzos para hacerla desaparecer, los más ilustrados de los segundos agotaron los suyos para conservarla, y lo más ignorante del pueblo, juguete siempre de los que debían ser su guía, se vio invocado por unos para mantener y llamado por otros para sofocar la ley fundamental que le favorecía.

La guerra que ha devastado a la República ha sido guerra de Constitución, y continuará o se reproducirá mientras subsistan los d mismos elementos.

La República, que tiene elementos para ser la más feliz y tranquila de la América, se halla en posición muy triste. De los cinco Estados que la componen, el del Salvador, el de Honduras, el de Nicaragua, y según se dice el de Costa Rica en choque con el gobierno federal, y el jefe del de Guatemala fue arrestado en 6 de septiembre del año anterior por el mismo gobierno. Ya se ha llegado a las armas. Ya están encendidas las teas de la guerra civil.

Cuando se apaguen y restablezca la paz y sosiego tendré la satisfacción, dulce para mí, de llevar a efecto los pensamientos que tengo para servir a mi patria y corresponder a las miras bienhechoras de la Sociedad.

Los acaecimientos de la República son serios, y las teas de la guerra civil están encendidas. No debe sin embargo perderse la esperanza del remedio aunque la enfermedad, sea grave... Desde que gritamos Independencia debimos prepararnos a sufrir acciones y reacciones. Las habrá en todas las repúblicas de América, las habrá sin duda alguna en esa donde vive Ud. (José del Barrio) y a pesar de haberlas, no debe perder ninguna de ellas su existencia política. No habría una sola nación soberana en toda la tierra ni hubiera derecho para despojarlas de su las revoluciones intestinas que hubiese en ellas.

Sostenga Ud, con energía el principio dictado por la justicia de que el gobierno, de una nación no tiene derecho para intervenir en los asuntos de otra, manifieste que ya terminarán los disturbios de esta república y se ratificarán entonces los tratados, hable con el Sr. Gual de cuyos talentos y justificación tengo muy buenas noticias. El derecho de gentes jamás se viola sin derramarse mucha sangre, y la humanidad exige que se economice.

La República de Centro América, por la cual he escrito, he trabajado y he sufrido tanto en tanto tiempo, se halla en situación muy delicada. Ya está encendida la guerra de las hogueras intestinas. El gobierno federal ha reunido tropas para defenderse. Ya está dado el primer impulso. ¿Cree Ud. se acabará en breve el movimiento?

Desde la época de nuestra independencia empecé a manifestar en papeles públicos los males de la guerra civil. Desde el año pasado dije: "La Constitución no prohíbe su derogación o mutación. Si tiene vacíos o defectos, deróguese o varíese del modo que ella misma designa. La variación será entonces pacífica, sin riesgos, ni movimientos. Pero intentándola de otra manera, se marcharía sobre peligros y podría haber resultados dolorosos. Las leyes en las posiciones críticas, la guía más segura. Yo no fui oído. La República sufre y con ella estamos sufriendo los que amamos sinceramente la paz, sosiego y reposo.

La marcha de los sucesos es rápida. La tropa que el gobierno federal tenía en Honduras y arrestó al Jefe de aquel Estado, C. Dionisio de Herrera ha sido completamente derrotada por la fuerza combinada de algunos hijos del mismo Estado y otros del Salvador y Nicaragua. El 10 de noviembre próximo comenzó el ataque a las 12 y duró hasta las 2 de la tarde, De la fuerza combinada no hubo más pérdida que la de un muerto y un herido, y de la federal hubo la de dos piezas de artillería, 39 soldados y dos oficiales muertos, y otros heridos. La fuerza combinada siguió su marcha después de la victoria entró el 12 en Tegucigalpa, tomó dos cañones, 26 cajones de parque, algún tren de artillería, y más de 400 fusiles. Después se ha dirigido hacia el Norte. El 25 estaba en Ocotepeque y a la fecha se considera en Chiquimula. Antes de ayer llegaron aquí los oficiales derrotados en Honduras, que son Anguiano, Milla, Bolaños, Hernández y Sáenz, Arce a quien se ordenó que entregara a Cáscaras el mando de la columna entró de noche en esta capital el 23. La fuerza salvadoreña que había en la ciudad de San Salvador salió de ella para atacar a Cáscaras, y éste ha escrito que no teniendo a sus órdenes más que 705 hombres, no consideraba prudente entrar en acción y había resuelto volver a Santa Ana. Se ha decretado tercer empréstito de 50.000 pesos que se están exigiendo de los que tenemos algún capital. Antier comenzaron rogaciones en todas las iglesias. Se han dictado otras medidas, y de todas se infiere el cuidado del gobierno ¿No se había excusado tanto daño si se hubiera oído mi voz el año anterior de 826? ¡Cuántos males se sufren cuando no se ha aprendido a ver futuro en el seno de lo presente!

Se acabó el de 1827, y empieza el de 1828. Nuestra cara república no ha hecho progreso alguno, ha retrocedido por el contrario espacios inmensos. Tres acciones militares: la Arrasola, la de Milingo y la de Santa Ana han sido sangrientas. Triunfaron el gobierno de Guatemala en la primera, y el del Salvador en la segunda y tercera. Listas de casas allanadas, de ciudadanos arrestados, de soldados prisioneros, heridos y muertos son las tablas tristes del Anuario. No ha habido Tribuna Nacional. Se han multiplicado en el púlpito los sermones políticos, en las iglesias los novenarios y letanías y en las calles las procesiones.

Si un año es hijo que le precede, ¿cuál será el de 1828 que va a suceder al de 1827? San Salvador que en la acción de Santa Ana tomó el cañón, más de mil fusiles, algunos cajones de parque, y varios oficiales y soldados que se pasaron a su ejército, está aumentando sus tropas; y Guatemala que ha sufrido aquella pérdida ocupa al mismo tiempo en reunir y organizar las suyas. Ambos atletas se preparan para nuevas luchas. Yo soy espectador sensible de ellas. Observo todos los movimientos desde el seno de mi estudio; y me afecto bastante cuando considero que desde 826 pronostiqué los males que sufrimos; y no fui oído por los que debían evitarlos. Los que querían antes un Congreso extraordinario, opuesto a artículos expresos de la Constitución, se convienen ahora en un congreso ordinario, pero formado de nuevos diputado. Los que pidieron al principio que se restableciese el congreso que había, están ahora firmes en su opinión. La ley fundamental manda que los diputados funcionen en dos legislaturas; los pueblos eligieron a sus representantes en 825 para que funcionaran en las legislaturas de 826 y 827; los representantes funcionaron en la de 826, la intriga impidió la de 827.12 ¿A quién debe hacerse placer? ¿A la intriga que no quiso que hubiera segunda legislatura? ¿O a la ley que quiere que haya segunda legislatura y que funcionen en ella los que fueron elegidos?

Se dice que se ha pedido (no sé por quién) auxilio militar a México. Ignoro si es positivo. Aun siéndolo creo que México no lo prestaría; y aun queriendo franquearlo, pienso que Ud. cumpliría sus obligaciones manifestando que el gobierno de una nación no puede mezclarse en los negocios o disensiones de otra, y que nuestra Constitución prohíbe expresamente que tropas extranjeras se introduzcan en nuestro territorio sin licencia de nuestro Congreso.

3 de enero de 1928

Son grandes los acontecimientos aquí y allí. En esa república el vicepresidente arrestado como cómplice en la conspiración meditada contra la Constitución de su patria, y en ésta los Estados del Salvador, Honduras y Nicaragua luchando contra el presidente desde que empezó a obrar contra la ley fundamental de la suya.

Los periódicos de esa Capital manifiestan que sus Editores o no la conocen o afectan ignorar el origen, caracteres y objeto de nuestra revolución. Dígales que sobre los sucesos de un país donde no hay libertad de imprenta debe suspenderse el juicio hasta que la haya. ¿Cómo es posible conocer la verdad cuando no habla más que una de las partes? ¿Sería justo el juez que fallase por la voz de uno solo de los contendores?

Después de la acción de Santa Ana se han sucedido con rapidez los acontecimientos. El ejército del Salvador ocupó aquella ciudad, y tomó muchos fusiles, bagajes y cartas de los oficiales de éste. Se han publicado varias en la imprenta de San Salvador. El comandante de aquel Estado envió un paquete de impresos a Morales, ministro de Colombia. Este lo llevó a Arce para que no hubiera presunciones; y a su presencia se leyó impresa una carta reservada de 9 de diciembre en la cual el P. don Juan José Aycinena escribió a su hermano don Antonio: "que Arce por su ignorancia, por su estulticia, por su inmoralidad" (son sus palabras) no merece mandar que tiene disgustado a todo el Estado; y en todas partes donde esté, se dejarían sentir las influencias de su ignorancia y falta de honor, que el decreto de 5 de diciembre en que el mismo Arce convoca un nuevo congreso es ilegal y arbitrario; pero que no le desagrada porque en él tendrán los de aquí mayoría de diputados, podrá separarse a Arce del

Gobierno, y se dividirá a los de San Salvador admitiendo unos y repugnando otros.

Otra de las cartas es una de 10 de diciembre en que don Mariano Aycinena dijo a don Francisco Cáscaras que sería útil que las compañías del ejército ocupasen las haciendas del Salvador y cogiesen y trajesen ganados para venderlos y reponer a su tiempo a los propietarios. Los del Salvador vieron y publicaron esta carta y enviaron avanzadas que han extraído ganado caballar y vacuno de las haciendas de Guatemala. A la noticia de las avanzadas del Salvador se dispuso, que saliera esta tropa...

Félix Mejpia y Juan de Dios Mayorga (íntimamente ligados con el gobierno federal) son los Editores del Diario de Guatemala que ha comenzado a publicarse. En él se dijo que huyeron los inidividuos de la gran Guardia que marcharon a batirse con la tropa del Salvador que ocupó a Chiquimula. Los de la gran Guardia sintieron esta expresión, vieron el 29 por la tarde a Mejía y Mayorga platicando en la calle, salieron armados 20 y tantos, llevaron al cuartel a Mejía y Mayorga rodeados de sables, y querían capotearlos; pero Mayorga ofreció darles satisfacción, y quedó concluida una aventura que alarmó bastante a los Editores.

Continúan los empréstitos forzosos, y yo soy víctima de ellos. Se me han exigido 300 pesos en 19 de marzo, 600 en 28 de idem, 400 en 24 de abril, 8 caballos en mayo, 12 bueyes en junio, 8 novillos en julio, 500 pesos en diciembre de 827. Todos los caballos útiles de mi hacienda en 8 enero próximo, 2.000 pesos en 11 de idem, de mi de panela que venía de mi hacienda, fueron saqueadas en Canales por avanzadas de este ejército. Se ha observado que el Dr. Martínez, los Asturias y yo somos los sujetos a quienes proporcionalmente se exigen mayores sacrificios. Creo que en la Historia natural Linneo no me habría puesto en la clase en que habría colocado a Martínez y los Asturias.

Ha seguido la revolución en esta república. Son grandes los sucesos ocurridos, y serán mayores los que ocurran sucesivamente. Creo que en el presente mes habrá una decisión decisiva y si no me engaña el aspecto de las cosas, me parece que no será este gobierno sino el de los Estados del Salvador, Honduras y Nicaragua el que cantará victoria.

Yo preví sus funestos efectos desde la primera infracción de nuestra ley fundamental. Los anuncie desde 1826 en mi Redactor general, predije sus principales consecuencias, indiqué el medio legal de evitarlas. Pero las pasiones no oyen jamás los acentos de la Razón. Todo se ha ido cumpliendo progresivamente. La guerra ha tomado un carácter que horroriza a la humanidad, los propietarios somos víctimas de empréstitos repetidos, el comercio está paralizado, la agricultura casi abandonada, diversos pueblos desiertos, los partidos cada vez más irritados; y la república volviéndose un caos de sangre y horror.

¡Qué diversas son nuestras posiciones! Ud. (Manuel Mier) y sus dignos compañeros hacen en esta tierra de paz observaciones sobre su temperatura, latitud, longitud, vegetales, minerales, etc. y yo las hago en un país de guerra sobre la que se hace sin saber el objeto de ella los más de sus agentes.

Son infinitos los conocimientos que se adquieren y las que observaciones que se hacen en una guerra civil. Yo veo claras como los días de primavera las historias de Atenas, Roma, etc., desde que empecé a observar la que aflige a esta República. Una luz muy grande ha iluminado lo que era obscuro o tenebroso. Yo veo en su verdadero aspecto lo que en aquellas capitales se presentaba a veces con falsas apariencias. Pero estas adquisiciones son muy costosas, señor Terán. No es lo mismo hacerlas viendo derramar sangre humana que lograrlas cortando flores y contando estambres y pistilos. Siga Ud. su marcha para bien de las ciencias y provecho de la América. Yo continuaré la mía haciendo votos por la paz; y cuando la haya en mi cara Patria, le comunicará sus observaciones en período tan triste.

Nuestra posición es más triste. No se ha terminado la guerra civil. Para formar o aumentar el ejército salen patrullas por las calles, rodean las iglesias, entran en ellas, llevan al cuartel a los que encuentran; y a algunos que corrieron por miedo en los días de la última pascuales hicieron fuego, hirieron o mataron. Las contribuciones se han aumentado. Los empréstitos forzosos son repetidos, y no guardan proporción con el haber de los vecinos. A individuos de familias ricas se ha exigido mucho menos que a otros que no son del número de ellas. No basta acreditar escasez positiva de numerario y ofrecer bienes para que se embarguen y cubra el préstamo que se exige. Se ha de dar dinero, y en caso contrario se pone un piquete de soldados a la puerta del infeliz que no lo tiene. Las prisiones continúan. El 29 del pasado se puso en una de las bartolinas de la cárcel común a Don Antonio Rivera, magistrado de la Corte Suprema de Justicia. D. Manuel José Arce sigue en la Antigua. Pasó oficio pidiendo el gobierno de la república, y don Mariano Beltranena que es quien lo tiene le contestó que no era tiempo oportuno de entregárselo. Arce dirigió segunda nota diciendo que se le manifestase categóricamente si se le entregaba y expresasen los motivos en caso de negativa; y se le respondió que no era decoroso al gobierno manifestárselos. Yo no hago más que indicar a Ud. (José del Barrio) algunos hechos. Cuando haya libertad de escribir, serán muchos los que discurran sobre ellos.

En Centro América, mi cara patria, continúa la guerra civil. La sección que no ha querido jamás nuestra constitución política influyó para que el Congreso eligiera a presidente al C. Manuel Arce. Este dirigido por ella intentó variar la ley fundamental. Los Estados de Salvador, Honduras y Nicaragua resolvieron sostenerla. Empezó la guerra. Arce quiso tomar el mando del ejército federal sin haber sido nunca verdadero militar. Después de la derrota que sufrió en Milingo el gobierno que había quedado en manos del vicepresidente Mariano Beltranena le ordenó que entregara el mando del ejército al brigadier Cáscara, y viniera a reasumir el de la república. Vino a tomar el de la República, y después que lo tomó, se le privó de él diciéndole la asamblea de este Estado que la opinión pública le era contraria, y haciendo de este modo que volviera a entregar el gobierno al Vicepresidente. Este es quien lo tiene ahora; y aunque Arce lo ha reclamado después, se le ha negado. Los mismos que influyeron en su elección han influido en su deposición.

Arce reclamó desde La Antigua la presidencia. Se dijo después que se meditaba revolución para reponerlo. Don Carlos Salazar fue arrestado y expatriado a Ciudad Real. Arce dejó su familia en Chimaltenango, y marchó al Estado del Salvador. Un oficial del ejército federal lo detuvo en el camino y dio cuenta al gobierno. Este contestó que se le dejara en libertad. Arce fue a Santa Ana, y desde allí ha dirigido nota quejándose de la detención que sufrió y volviendo a reclamar la presidencia. Mr Perks (aventurero francés de origen inglés), su amigo, ha sido expulsado de la república. Se dice que Arce continúa en Santa Ana. La guerra con San Salvador sigue entre tanto.

Se celebró un Tratado que se imprimió en la gaceta de este gobierno antes de saber si lo ratificaría el del Salvador. Sucedió lo que creyeron algunos. San Salvador no ratificó el Tratado, se han vuelto a romper las hostilidades; y la República sigue en guerra. Son efectivamente muchas las reflexiones que he hecho desde el seno de mi biblioteca. Podría escribir un tomo sobre guerras civiles. Pero es trabajo largo. Ahora narro sin dar juicios, ni soltar opiniones.

Continúa la marcha de la revolución. Los comerciantes ven reducido a un pequeño mercado el giro que antes extendían por toda la república. Los propietarios que tenemos fincas en las provincias nos vemos privados de sus proyectos, las contribuciones siguen; y después de tantos empréstitos exigidos en los meses anteriores se piensa en otro que acabará de arruinarnos, si llega a decretarse. Si Ud. (José del Barrio) volara a Centro América lloraría viendo su triste estado.

Sufro mucho viendo que no la haya en nuestra cara Patria, Felicítese Ud. al considerar que existe en un país donde las agresor divergencias de opiniones no han legado cuantos horrores. Una guerra externa une a todos los hijos de la nación contra el extraño. Pero las intestinas hacen enemigos encarnizados a los que debían ser hermanos bien amados.

Sigue la revolución de esta infeliz república. Ha habido dos acciones y en ellas ha sido derrotado en Quezaltepeque por los del Salvador don José Valdés, a quien conoce Ud. No hay tráfico, no hay comercio. No hay alegría en Centro América. Todo es cuidados, alarmas, y suspiros; el 30 del anterior hubo prisiones de orden del gobierno.

Los hacendados sufrimos mucho. Año y meses ha que no recibo noticia alguna de las haciendas que tengo en Honduras. No hay ingreso en mi casa. Sólo hay gasto, y las contribuciones se han aumentado. Es triste esta posición. Hablemos de otra cosa.

3 de septiembre de 1828

La de las disputas que han agitado a esta república no está todavía concluida. A la derrota de Domínguez en Gualcho el mes de julio siguió la de Valdés en Quezaltepeque el de agosto y a una y otra ha sucedido la rendición de Mejicanos en septiembre. La tropa federal mandada por don Manuel Montúfar sitiaba a San Salvador desde marzo último. Se volvió la tortilla, y los sitiadores se vieron sitiados. Se fue estrechando el sitio por los salvadoreños, Montúfar pidió al fin capitulación, se celebró esta el 20 del pasado, y en cumplimiento de ella los de Guatemala desocuparon a Mejicanos, entregaron a los salvadoreños las armas, municiones y pertrechos; y quedaron prisioneros 11 oficiales hasta que se haga la paz. Ojalá cese una guerra que nos está devorando con más rapidez que los fuegos más voraces.

En Londres se estableció una Sociedad de Amigos de la paz. Sería importante que en las Republica de América se estableciesen iguales sociedades, y que las establecidas tuviesen correspondencia con la de Londres.

Al fin de la guerra, cuando se haga la paz, debe publicarse el párrafo hermoso de Segur, que está en la Revista Enciclopédica.

Interesa para diversos objetos escribir los Anales del Civismo, o la acciones de los ciudadanos que en la presente revolución se han distinguido en el restablecimiento del orden. Debe tener presente el discurso de Gregoire.

Progresaba la República, tranquila y contenta, en el seno de la paz, cuando en 1825 dieron el primer paso los que habían meditado su trastorno. En 1826 empezó a estallar la revolución maquinada por los mismos. En 1827 alzó su frente orgullosa y estúpida el despotismo más irreligioso, más inmoral y más inhumano. Los propietarios fueron saqueados, con el nombre de empréstitos, en sus casas y haciendas; los pobres arrancados de sus ocupaciones inocentes y llevados a los campos de muerte y horror, y todos privados de las garantías más respetables, de los derechos más sagrados.

1829

En mis anteriores escribí tristemente del Estado de la República, En esto hablaré idioma muy diverso. Cesó al fin la guerra, Seño Pecchio. Empieza por último la paz.

A fines del mismo año de 1826 empezó la revolución que no olvidarán jamás los anales de Centro América. Desaparecieron los Poderes Constitucionales, quedó solamente el despotismo incendiado de pueblos, destructor de hombres, devorador de capitales; los Estados de El Salvador, Honduras y Guatemala se alzaron contra él en uso de sus derechos, y la justicia triunfó al fin como era de esperarse.

La Asamblea Nacional decretó, el Congreso Federal sancionó y la Nación entera proclamó la Constitución Política de la República. Manuel José Arce nombrado Presidente por el Congreso, Mariano Beltranena, elegido Vicepresidente por el mismo Mariano Aycinena suplente de la Corte Suprema y los demás funcionarios que tuvieron parte activa en la revolución juraron cumplirla y hacerla guardar. Era respetable este juramento y les imponía obligaciones muy serias. Lo olvidaron sin embargo, y se volvieron contra la ley fundamental que con tanta solemnidad habían prometido observar y ejecutar. Maquinaron el plan malhadado de abolirla, y esta maquinación fue el origen de sus desgracias, y las de la República.

Se embarazó la reunión del Congreso convocado legítimamente por el Senado en 1826, se impidió la del mismo Senado que debía existir según la ley; se arrestó a los Jefes del Estado de Guatemala y Honduras que eran muy adictos a la Constitución, se disolvió la Asamblea que funcionaba en esta capital y se vio obligada a vagar por Chimaltenango, San Martín y Quezaltenango, se desorganizó el Estado de Guatemala y el de Honduras; y a Diputados, Consejeros, Jefes y Magistrados amantes de la Constitución se sustituyeron otros que no lo eran, se atacó a los Estados del Salvador y Honduras se violó la neutralidad del de Costa Rica y las divisiones intestinas del de Nicaragua; se hicieron cálculos falsos y fundándose en ellos se siguió la guerra con furor.

Desaparecieron los Poderes constitucionales y quedó solamente un despotismo inhumano, ordenando sangre y muerte, devorando las propiedades y devastando la República. Arce atacó la base primera de todo sistema constitucional, reunió los tres poderes, se erigió él legislador, dictó leyes contra los artículos más expresos de la Constitución, decretó prisioneros y declaró fuera de la ley a patriotas dignos de consideración, hizo uso de la fuerza para hizo sostener sus decretos, puso en movimiento a toda la República.

Beltranena tomó el bastón que había quitado a Arce el mismo partido a quien había servido, lo retuvo hasta el fin de la revolución sin embargo de las reclamaciones del segundo, siguió el plan de destructor de hombres y propiedades que antecesor.

Este es el proyecto de resolución que presentaron el 20 de julio de 1829 los Diputados Lorenzana, Gálvez, Menéndez, Barrundia, Vasconcelos y Salazar. En el dictamen dicen que León ha sido bastante tiempo el teatro del robo, de la sangre y de las venganzas. Antes del artículo primero, está un párrafo trunco.

El Gobierno del Salvador pasó nota a Morazán diciendo que León, Managua y Segovia, donde figuran los jefes políticos y municipales, están por una parte; y Granada y Nicaragua, donde figura el Vice-Jefe Argüello, están por otra; que Argüello conocerá la necesidad de soltar el mando, cuando sea garantizado en su persona y propiedades y se le haga entender que ningún auxilio de ningún Estado protegerá una porción contra otra porción, que puede encargarse el mando, mientras se verifican las elecciones al Coronel J, A. Márquez, que esta medida debe investirse de un lenguaje que una al prestigio la urgencia de su adopción y reservarse la misión de fuerzas para en caso necesario.

Morazán no se conforma con esta medida. Dice que no es posible que puedan unirse los partidos por el temor de que el más fuerte haga triunfar su opinión en las elecciones, que sólo una fuerza al mando de un jefe bastante autorizado puede poner término a tantos males, que la fuerza no debe bajar de mil hombres, que a más de esto debe darse orden a los jefes de los Estados del Salvador y Honduras para que faciliten los soldados necesarios con el fin de llenar las bajas, que para los gastos de la expedición se reúnen aquí los fondos federales, o faciliten los Gobiernos del Salvador y Honduras la cantidad precisa.

El Gobierno apoya lo que propone Morazán y dice que siendo semejante funcionario desconocido por la Constitución cree conveniente que el Congreso lo nombre. La nota del Gobierno es de 3 de julio.

En los meses anteriores una revolución destructora de hombres y propiedades conmovía la República, y era imposible en circunstancias tan tristes operar cosa alguna. Cesó al fin en abril último la guerra intestina que producía males tan graves, y una de mis primeras atenciones fue volverla al objeto primero de la Sociedad.

Terminó al fin la guerra intestina que comenzó en 1826, y ha sido devoradora de hombres y propiedades. Hemos sufrido daños incalculables, la República ha retrogradado espacios inmensos.

El hacha de la revolución derramó la sangre de los operarios, destruyó la propiedad de los capitalistas, y sofocó la voz de los hombres de luces en los últimos años. No han quedado más que escombros, fragmentos o ruinas. *29 de noviembre de 1830.*

El 12 de abril de 1829 terminó la guerra en Guatemala. Pero no se ha acabado todavía la revolución. Un movimiento fuerte, profundamente impreso en toda la masa, no cesa en breve tiempo. Después de un incendio largo quedan chispas en los escombros y cenizas. Cortada la vegetación que cubría un terreno, el movimiento mismo del hacha arroja semillas que germinan y dan brotes.

Todos los pueblos de la tierra han sido y serán en todos los siglos y climas, divididos en dos clases: los propietarios o capitalistas y los que no lo son. Los primeros no tienen en Centro América representación especial y los segundos son representados por el Congreso y Senado. Este y aquél, derivados de un mismo origen, son (en lo general sin perjuicio de algunas excepciones) penetrados de un mismo espíritu. El Congreso es un Senado de muchos individuos, el Senado es un Congreso de pocos vocales; y el Ejecutivo no tiene el derecho de sancionar. La Marcha de la Constitución no ha sido tranquila. Hubo revolución sangrienta y horrible en 1826, 1827, 1828 y 1829. La hubo en 1831, la hay al presente, y el motivo de ellas ha sido la Constitución. El Poder Ejecutivo se levantó contra ella en años anteriores. Unos han querido variarla y otros han luchado por conservarla.
1832

INDIOS

Centro América, república de extensión más grande que España estaba también dividida en pequeñas naciones de indios, independientes del imperio mexicano y gobernados por reyes electivos unos y hereditarios otros, contrarios entre sí; pero enemigos acérrimos de la dominación a que aspiró siempre México.

Las principales eran: la nación de los Zutuhiles cuya capital estaba en Atitlán, que ahora se llama Sololá; la de los Quichés que tenían la suya en Utlatán, gobernada por el rey Kikab, señor de muchos vasallos; la de Ruiaalxot compuesta de Comalapa, Sacatepec, etc.; las de Sapotitlán, Soconusco, Verapaz, etc,; la de los Cakchiqueles o Guatemalas que tenían su corte en Patmamit, en el lugar donde ahora está Tepanguatemala, cuyo último rey fue Ahpotzotzil que tenía tantos pueblos que hizo soberano de muchos a su hermano Ahopoxahil.

Pero sus instituciones políticas, el celo con que defendieron su libertad en diversas acciones, las lenguas que hablaban y los fragmentos que han quedado de sus antiguas poblaciones manifiestan a quien sabe ver con imparcialidad que en aquella época lejana eran de las naciones más civilizadas de la América.

Sabían los indígenas de aquellos pequeños reinos que una Nación no tiene derecho para oprimir o conquistar a otra; y por ese conocimiento sostuvieron su independencia cuando la vieron amenazada primero por los mexicanos y después por los españoles, Sabían que la soberanía reside originalmente en el pueblo; y convencidos de este principio elegían ellos mismos sus reyes, en algunos reinos, para dar la corona a los más beneméritos y los declararon hereditarios en otros para evitar las guerras y males consiguientes a la elección de monarcas. Sabían dar a sus lenguas cakchiquel, quiché y zutuhil la organización que se admira todavía por los que han sabido estudiarlas. Sabían observar los movimientos principales de los astros más expectables, deducir de ellos la distribución del tiempo y arreglar sus oficios cívicos y sus labores rurales.

Dedicados a ellas, protegidos por sus Gobiernos, tranquilos en sus hogares, vivían, en sus pueblos gozando los frutos de su suelo sin pensar en tierras lejanas, ni en la opresión de pueblos remotos, cuando llegó el siglo XV, eterno en la historia, por sucesos que tuvieron influencia en todos os los tiempos y países.

La municipal prohibía que los españoles y ladinos se estableciesen en pueblos de indios; y Órdenes posteriores mandaban el cumplimiento de la ley. Todas, dictadas con el objeto de que el indio no fue vejado u oprimido por los demás ciudadanos levantaban, sin embargo, un muro de separación en una clase a otra, la marcha la civilización era detenida, y el indio después de tres siglos no sabe hablar el idioma de Castilla por dos razones: 1. Porque la ley le ha alejado de los que podían enseñársela; 2. Porque no ha tenido confianza de los ladinos y cuando no hay confianza, se inventa o conserva una lengua que haga impenetrable la expresión de sentimientos

Merezcamos la confianza del indio, acérquense a él todas las clases, reúnanse en los ayuntamientos de los pueblos los indios y los ladinos; y entonces la porción más grande de estas provincias, la que tiene más derechos a nuestra protección avanzará en cultura, aprenderá el idioma que debe unirnos a todos; y será más feliz. Los indios forman parte de la población; y es imposible que haya prosperidad en una nación donde no la gozará el máximo.

No será el indio un ser degradado, que en su misma cara, en los mayor en los surcos de su frente, manifiesta las señales de su humillación. Será lo que es el hombre: un ser noble que en la elevación de sus miradas da a que conocer la de su esencia.

Desde el Centro de la América llamaré su celo a la porción de americanos que tienen más títulos para interesar. Desde Guatemala imploraré su protección en beneficio de la raza más digna de ella.

Los indios son, entre los individuos de la especie, los seres más infelices. Los indios sufren lo más doloroso de la infelicidad. Yo reuniré mis pensamientos sobre esta clase miserable y desvalida; y los presentaré en una memoria a la censura ilustrada de esa digna Sociedad. Las fuentes de donde los hombres derivan riquezas son la enseñanza, el sacerdocio, el comercio, la industria y la agricultura. Los indios no son profesores, sacerdotes, comerciantes, ni artesanos. Son labradores y no tienen tierras propias. El gobierno debe mejorar su suerte haciendo que sean algunos artesanos, otros dependientes de comerciantes, algunos de colegios, etc.

MAÍZ

El maíz que viene bien en todas las provincias puede prepararse de un modo que casi triplica el alimento. Después de hacerle molido hasta reducirlo a harina se va echando ésta en corta cantidad en el agua, que con la sal correspondiente se ha de poner al fuego de antemano, moviéndola con una pala de madera que no forme burujos.

Cuando hierva el agua se echa en ella la harina precisa para dar consistencia a los puches que se formarán luego que esté de punto, lo que se conoce sí no se hunde la pala, poniéndola en medio de la olla; y después se comen con leche o mantequilla y azúcar que se echen en el centro del puche. Cada libra de harina condimentada de este modo, a más de dar un plato regalado a poco gasto, tiene la ventaja de producir dos libras y trece onzas de puches, según las experiencias de un exacto.

MEDICINA

Hagamos lo que hicieron los hombres antes que se formase la ciencia que se llama Medicina. Estudiémonos a nosotros mismos, observemos cuáles alimentos alteran nuestra salud, cuáles vientos la trastornan, cuáles causas la destruyen. Hagamos una colección de observaciones, y seamos creadores de una Medicina, pequeña como nosotros; pero fundada en hechos y útil para estar sanos, alegres y contentos.

MINAS

Hablar de metales es hablar de la América. La riqueza prodigiosa de sus montañas ha enlazado o identificado las ideas más distintas: la fecundidad inagotable de sus minas ha hecho una sola voz de tres voces diversas. Digámoslo con dulce satisfacción: Oro, plata, América son palabras que significan una misma cosa.

Tiene todos los metales que hay en ellas. La cordillera que la atraviesa es la misma que ha dado tantas riquezas en Potosí y producido tantos metales en Guanajuato. Son ricos en oro y plata minerales que posee. Los tiene de hierro y plomo. Hay cobre en abundancia; y se cree que no falta el cinabrio.

Faltan luces; escasean los brazos; y no hay caudales. La minería es abatida; y los metales están en las piedras brutas donde los escondió la naturaleza.

5.706 millones de pesos habían dado las minas de América desde 1492 en que se hizo su descubrimiento hasta 1803. Un hombre diestro en cálculos de riqueza pública decía en aquella fecha, que 133 millones de pesos existían en oro y plata labrada en los países civilizados de América, y que 133 millones habían pasado a Asia de las costas occidentales de ella. Suman las dos partidas 286 millones, y deducidos estos de los 5706 quedan 5420 millones.

Esta es la cantidad que la América ha dado a la Europa: esta es la masa de oro y plata que las manos del indio ha sacado de las rocas duras de nuestras montañas, este es el numerario que el comercio ha llevado de nuestros puertos a los de España; de los de España a los de Inglaterra, Francia, etc.; y de los de Inglaterra, etc. a los del Asia.

Quien haya aprendido a pensar deducirá de aquí verdades importantes. Se fijará al menos en las siguientes, y de ellas inferirá consecuencias productivas de otras igualmente fecundas.

1. El indio a quien se ha supuesto indolente y perezoso es activo y capaz de los trabajos más duros. Sus brazos son los que rompen montañas, y pulverizan peñas para sacar el oro y la plata que exporta el comercio, sus manos son las que han hecho esos millones que suponen cantidad tan grande de trabajo.

2. El oro y la plata ha sido el objeto principal de la atención, y existiendo el oro y la plata en montañas que se levantan en medio del nuevo continente, la población se ha unido en el centro, las costas han quedado yermas, sus caminos intransitables y los puertos abandonados.

3. El oro y la plata no quedan en el lugar que los produce. Una fuerza irresistible los lleva a los países donde hay frutos y artefactos, a los países donde la industria presenta obras que pueden satisfacer nuestras necesidades, a los países donde el labrador hace vegetar el lino y el artesano sabe tejer sus hebras. Que se hagan reglamentos y tomen, las medidas que se quieran. Si el rico de América no tiene en ella frutos que le regalen telas que le vistan, sus pesos irán a Ceilán a buscar canela y a Granada a comprar sedas.

4. Si la plata va a los países a donde la llama la industria, su extracción de las minas es sin embargo de muy provechosa.

Ignoran aún los primeros principios los que desdeñan la minería. La plata es materia primera para diversas partes; y las materias primeras son de utilidad indudable. La plata es moneda; y la moneda fue inventada por la necesidad que el comercio tenía de ella. La plata es una mercadería preciosa que ahorrando cambios tiene la singularidad grande de facilitar por uno solo todo lo que necesita su poseedor.

5. Siendo una la cordillera que atraviesa a Guatemala y pasa por Nueva España, existiendo en una misma zona y estando en diversos puntos a igual temperatura, México acuña millones y Guatemala sólo da cantidades mezquinas. Este efecto supone causas activas que han influido en su producción; y tendiendo la vista por todas las posibles, si la riqueza de nuestras minas es igual a la que tiene las de Nueva España la meditación no descubre otras que las siguientes: México da honor a los mineros, establece escuelas para su instrucción, les proporciona brazos para los trabajos, y les facilita fondos para las explotaciones.

6. La minería tiene derecho a protección muy distinguida porque sufre en lo más esencial lo que no sufren la industria y agricultura. Siembra el labrador; y el valor de sus frutos es fijado por su voluntad y la de los compradores, teniendo siempre presente los gastos de producción. Hila y teje el artesano, y el valor de sus telas es señalado también por su libre consentimiento y el de los que tratan con él. Trabaja el minero, y el precio de sus metales es señalado por la ley y uno mismo para el año de abundancia y el de escasez, para el tiempo en que crecen los gastos y para aquel en que se disminuyen, para Tegucigalpa donde la minería no tiene auxilios y para Guanajuato donde se le franquean en abundancia.

Pensamientos tan benéficos no tuvieron efecto alguno. No vino a México el deseado profesor (solicitado por el general de Guatemala al virrey de México), y el ramo importante de minería siguió en su atraso antiguo o verdadero abandono.

Son ahora muy diversas las circunstancias. El espíritu de especulación que se manifiesta tan activo o en Londres, se ha vuelto con particularidad a las minas de ésta y otras naciones de América. Debemos procurar que se mantenga vivo; y con este objeto se publicarán sucesivamente los ensayos de minerales venidos del Estado de Honduras donde la naturaleza se ostenta más rica y fecunda en esta especie interesante de riqueza. No han sido escogidos con arte los minerales ensayados por el C. Muñoz y hay otros de otras minas que parecen más ricos, y serán también ensayados oportunamente. Unos y otros prueban nuestros elementos de riquezas; unos y otros deben estimular a empresas útiles para la explotación de nuestras minas de oro, y plata, y a inquisiciones importantes sobre las de azogue o cinabrio.

PENA DE MUERTE

En la plazuela de Guadalupe de esta capital se ejecutó el 15 del corriente la pena de muerte en José Molina. Este infeliz tuvo la desgracia de cometer dos homicidios. Comenzó su proceso el 18 de diciembre de 1816; en 20 de igual mes de 1817 declaró la Real Sala no ser de los comprendidos en la gracia de indulto; siguió su causa según su estado; el 26 de octubre de 819 fue condenado a pena capital con dictamen de asesor por el Sr. Alcalde 2°. D. Antonio Batres Asturias; siguió el reo o su procurador la apelación que interpuso y se le otorgó y el 12 del presente fue aprobada la sentencia por la Audiencia territorial.

Es el espectáculo más triste a que pueden precisar las funciones de la judictatura; es la escena más dolorosa para las almas sensibles.

PÍCAROS

...no hay pícaros en ninguno de los tres Reinos de la Naturaleza. Los hay sólo en la especie humana. Sabedlo, hombres orgullosos, Este es uno de los timbres exclusivos de la familia que se cree primera entre todas las del globo.

Los malos gobiernos, las leyes mal calculadas, las falsas religiones, los usos, las costumbres, los idiomas, las opiniones, los empleos, los oficios, el espíritu de corporación, el calor, el frío, la humedad, la sequedad, la atmósfera, el sistema físico de cada país, influyen en la producción de tantos bichos. En una estación debe haber más pícaros que en otra, por otra, porque en unas hay más necesidades que en otras, y las necesidades estimulan a serlo; en unas se afecta la máquina de distinto modo que en otras; y las afecciones del cuerpo incluyen en las del alma. Si se pensara en la clasificación de Pícaros se sucederían otros los sistemas, como se han sucedido en la de serpientes y víboras. Uno los clasificaría por las causas que influyen en su producción, otro por la especie y cantidad de daño que hacen, otro por la fisonomía política, literaria, etc. con que se ocultan. Otro por la pasión que sirven. Al fin se adoptaría el último por ser más nuevo o por la necesidad de fijarse en alguno. Formada entonces la nomenclatura, se observarían a vista de un Pícaro sus caracteres distintivos: se buscaría la clase, orden, género y especie a que correspondiese; y puesto en la que le toca, se sabrían sus artes, su objeto y medios viendo los de su género.

Hay picarillos en la infancia, en la juventud, en la virilidad y en la male vejez. Pero el viejo ha observado sus propias picardías, las del hombre viril, las del joven y las del infante; el hombre viril, las suyas, las del joven y las del infante; el joven, las propias y las de la infancia; y el infante sólo las suyas. El viejo es pícaro más experimentado y por consiguiente más pícaro. Esta es la escala en igualdad de casos

Uno y otro, el pícaro y el hombre de bien trabajan para poseer el objeto respectivo de sus deseos. Pero el primero dilata, extiende los suyos a todo lo que apetece, cree consumir menor cantidad de movimientos para llegar al término de sus votos: y por la libertad que da a sus deseos y la economía de trabajo prefiere la picardía a la hombría de bien. La picardía es en este sentido una especie de pereza.

El ejercicio es, en esta clase, maestro como en las demás. Un pícaro se vuelve más pícaro ejercitando la picardía.

Un pícaro conoce a otro pícaro al momento por una palabra, un ademán, una mirada. Un justo tarda mucho en conocerle; no le conoce a veces hasta después de ser inmolado. Los primeros hablan un mismo idioma, y los segundos no entienden el de los pícaros.

Hay pícaros que desenvuelven en sus planes tantos talentos como los creadores de las ciencias. Hacer que millones de hombres libres fuesen esclavos de un individuo, es problema, resuelto por César, más difícil que los de Arquímedes. Las ciencias han sido creadas por pícaros y hombres de bien; y sirven a unos y otros.

AGRICULTURA

Seamos justos y adoremos la razón. La agricultura es la madre de la riqueza y los intereses de la agricultura exigen que el propietario sea el labrador de su propiedad; que las tierras sean baratas, y sus frutos libres de gravámenes excesivos; que haya equilibrio en las clases, y no pese sobre el trabajo de todas las riquezas de una sola.

El plátano, el añil, el nopal, la cañamiel, el maguey, el dindon, el pavo real, la guacamaya, el quetzal, el bálsamo, la albahaca, la canela, el oro, la plata, el zafiro, el rubí y el topacio: estos son, hijos de la India y la América, las producciones de nuestro suelo.

Guatemala (*) situada en la zona donde es más rica y majestuosa la vegetación, Guatemala colocada en la zona de la India Oriental, Guatemala que ofrece tantas maravillas vegetales en sus costas, a las márgenes del Lempa, en las riberas del Chamelecón y a las orillas del Tinto, del Salamá y Nicoya, no ha merecido que los sabios vengan a estudiar sus plantas. Mociño (naturalista mexicano) es el único que observó algunas; sus excursiones fueron rápidas y sus apreciables trabajos no son en nuestra provincia conocidos como era útil.

La América y Guatemala (parte hermosa de la América) tienen vegetales suyos o indígenas; y vegetales de otro suelo, pero aclimatados en ellas, vegetales americanos y vegetales europeos, asiáticos y africanos. En las tres clases más interesantes de vegetales: en los medicinales, en los alimenticios y en los fabriles, la América y Guatemala (centro hermoso de la América) tienen muchos que les dan superioridad en su paralelo con Europa.

Multiplíquese las farmacopeas: auméntense los catálogos de materias médicas. La América brota en abundancia vegetales activos para llenarlos; la América da remedios que en vano se buscan en otros países, El jugo del hule, el zumo de agraz, las dos especies de sangre de drago, la guayaba, las achemillas y las potentillas que se distinguen entre los astringentes; el marañón, el tiepatli y nuestros pimientos que son corrosivos activos; la cicuta, la yerba mora, el toloache y el tabaco que se recomiendan entre los narcóticos; el tamarindo, la pila y los tumbirichis que refriegan, diluyen y atemperan; la cañafístola, el mechoacán, la jalapa y la yerba del zorrillo que poseen la virtud de purgar; el guayacán que equivale a casi todos diaforéticos; el bálsamo de Guatemala que tiene entre los menagogos un nombre tan justo; la algalia y el huaco que merecen la calificación de antivenenos; todos estos son vegetales de nuestro suelo, producciones benéficas de Guatemala y Nueva España.

Todas las diuréticas o su mayor número son también plantas de América, lo son las polígalas mexicanas y virginiana que hacen tanto bien remediando tantos males, lo es la violeta estrellada que posee tantas virtudes. Y la quina, ese árbol bienhechor que ataca el mal que destruye más hombres; ¿no es uno de los presentes más grandes que la América ha hecho a la Europa y al mundo entero?

Poseemos los vegetales más útiles a la humanidad doliente. Los indios fueron sus primeros descubridores: los sabios avanzaron sus descubrimientos; y la especie humana sufre menos por las producciones de la América y los trabajos de sus hijos.

Se llenan sin embargo las boticas de drogas extranjeras, se desdeñan vegetales frescos y activos por remedios viejos y desvirtuados, se da riqueza a otras tierras y no se procura la de las nuestras.

Alimenticios. No hablemos de la yuca que en vano quiso disputarse a la América y da un pan nutritivo, más inalterable que el del trigo. No hagamos el elogio de las papas que el antiguo continente debe al nuevo que dos hombres beneméritos, Parmentier (agrónomo y economista francés) y el Conde de Rumford (Benjamin Thompson, físico noerteamerincano), hijo de la América, propagaron por Europa; y en el espacio de 20 años socorrieron dos veces a la Francia en tiempo de hambre horrorosa. No trabajemos el panegérico del maíz que regala en diversas formas; hace en diversos aspectos ventajas distintas al trigo, alimenta millones de desvalidos en América, y se ha presentado a la Europa como socorro útil en períodos de escasez. No tratemos de la anona, ese manjar de la América regalo y admiración de cuantos la prueban. No recordemos tantas raíces alimenticias, tantas hojas regaladas, tantas frutas sabrosas. Fijemos los ojos en el plátano que tanto abunda en nuestra provincia. Sólo este vegetal bastaría, cuando no hubiese otros, para hacer precioso el suelo que lo produce.

En la originalidad de su fisonomía, en la belleza de su forma, en el esmalte y extensión de sus hojas, en el poco costo de su cultivo, en el corto tiempo que tarda para fructificar, en la fecundidad con que se produce, en la cantidad alimenticia de su fruto, en la harina que da cuando es verde; en los manjares a que se presta cuando es en sazón, en todos los elementos que forman el valor de un vegetal se distingue el plátano, gloria de América, riqueza de sus hijos, hermosura de la tierra.

No es árbol hojoso que llena con sus ramas espacio muy grande. Es pequeño el que ocupa; y el racimo que da es una colección de muchos frutos.

En 100 vs. cuadradas de tierra, daría el plátano 65.340 libras de cantidad nutritiva, y alimentaría con ellas 10.890 individuos. En una legua cuadrada de 5.000 vs. daría 3.267.000 libras de cantidad nutritiva y alimentaría 544.500 individuos.

Recórrase el Globo entero: examínese todas las gramíneas o cereales, obsérvense todas las plantas que siembran los labradores. ¿Hay en toda la extensión de la tierra un vegetal que en igual espacio de tiempo y de suelo pueda alimentar igual número de individuos? más de medio millón de personas?

Otros países sufren hambres desoladoras a épocas determinadas sin duda por leyes necesarias. Es preciso que los gobiernos dicten providencias, que las academias ofrezcan premios y los sabios apuren los secretos de la Química para dar alimentos a pueblos donde escasean.

En Guatemala no se sufren sensaciones tan dolorosas. La tierra brota espontáneamente vegetales diversos para alimento del hombre. Sin las penas del arado, sin los trabajos de las siembras, sólo con pasear los campos encuentran los infelices flores nutritivas y hojas alimenticias, mameyes y papayas, piñuelas y anonas, nueces y tunas, jaguas y cocos, guanábanas y piñas, manzanillas y jugo, nances, y jocotes, etc.

Fabriles. También los vegetales que sirven a la industria son abundantes en nuestra provincia. Podemos decirlo con doble orgullo, no hay arte u oficio que no encuentre en ella sus primeras materias.

Guatemala es, como toda la América, el país de las gomas y resinas para los barnices; la patria del hule que Vicente Cervantes supo describir y manifestar sus diversos usos; Guatemala tiene para aceites multitud de semillas oleosas que el talento sabría aprovechar; si el talento se extendiera a otros objetos que no fueran oro y plata, Guatemala produce distintos vegetales que servirían para hacer papel; si se pensara en esta fábrica que debe ser la primera para los que amen la ilustración de su patria, Guatemala posee bosques de robles y encinas de diversas especies, provechosas para objetos distintos y estimables por las parásitas que vegetan en ellas. Guatemala es la tierra del añil que hacía en otro tiempo su riqueza, y ahora es en decadencia sensible porque no ha habido talento para saber prevenirla. Guatemala comienza a proteger sus nopales, y creará este artículo de riqueza si sabe aplicar los principios de la Economía Política sobre industrias nacientes.

Guatemala es poseedora de otras plantas útiles para el arte interesante de los tintes. Guatemala es el lugar del tabaco que da en esta provincia 318.889 ps. de utilidad líquida, dio en Nueva España 4.092.629 en 1802 y sembrándose en los lugares más inmediatos a las costas o venciéndose los obstáculos que hacen costoso su flete, podría ser, como es en Virginia y Brasil, uno de los artículos más ricos de exportación. Guatemala da en abundancia el maguey que forma en México una de las rentas más lucrosas. Guatemala tiene varias plantas de frutos sedosos que algún día sabrá aprovechar la industria y hacerlos fuentes nuevas de riqueza. Guatemala es productora de algodón que sirve a nuestros tejidos, sostiene las fábricas de Europa, da un poder colosal a la Inglaterra que lo fabrica, y debía por estos títulos ser el primer objeto de los gobiernos de América. Guatemala tiene en su reino vegetal cuanto es posible desear para una agricultura rica, Guatemala tiene en sus plantas cuanto debe haber para una marina poderosa.

Bosques dilatados de las especies más útiles para construcción hermosean sus costas al norte y al sur. Alquitranes y breas abundantes enriquecen sus provincias marítimas. Algodonales excelentes para lonas cubren la superficie cultivada de ellas. Geniquenes útiles para cables brotan espontáneamente en su suelo. Minas de hierro y cobre sobran en montañas que son patria de aquellos metales. Hombres que corten maderas que no tienen propietarios tampoco faltan. Cortijos de ganados, tierras de cultivo que provean carnes y granos en las mismas costas y puertos diversos existen en ellas de capacidad bastante aún para un comercio inmenso.

No es en Europa donde se supone el origen primitivo de la uva. Se cree que el Asia es la que ha dado al mundo aquel fruto inestimable, delicia y fuerza del hombre.

El reino de Chile, dice Molina, es el país de la fecundidad, la tierra que por antonomasia puede llamarse productora.

También lo es Guatemala, colocada en posición geográfica más feliz que la de Chile, también en ella germinan las semillas y fructifican las plantas del otro continente, también en ella se reproducen con abundancia las berzas que repollan, las frutas que regalan, los que alimentan.

Guatemala es una de las provincias más fecundas de la América ecuatorial, Guatemala se basta a sí misma en los vegetales consumibles en lo interior y exportables a otros países. Su agricultura es pobre sin embargo, es acaso la más atrasada de la superficie entera de las naciones civilizadas. La Europa hace extracciones inmensas de un suelo infinitamente menor que el de América. La Habana en 1818 exportó 207.378 cajas de azúcar y 779.618 arrobas de café. Las exportaciones de Nueva España en 1803 fueron 27.251 arrobas de grana1.573 de granilla, 786 polvo de grana, 509,216 de azúcar, 968 millares de vainilla, 5.755 quintales pimienta de tabasco, 18.820 de algodón, 4,912 de zarzaparrilla, 19.496 tercios de harina, 3.000 cueros al pelo, 1.022 arrobas de anís, 3.959 libras de caceo de Soconusco, 149.069 libras de añil, etc. El suelo de Guatemala produce todos estos artículos, los produce en abundancia, los produce de calidad distinguida en los países que pueden consumirlos. No hay exportaciones a pesar de esto; no hay agricultura, no hay riqueza en el país donde la brota la tierra, 1821.

La de esta nación comparada con el estado que tenía cuando empezó existir parece avanzada en sus progresos. Pero cotejada con el grado de a extensión o perfección a que puede elevarse, nadie dudará de sus atrasos.

No hay mucho tiempo que la grana, cosechada por nuestros mayores y abandonada por sus hijos, era fruto que no se cultivaba en nuestro suelo. Suben ahora a cerca de cuatro millones los individuos del vegetal donde se cría la cochinilla; empiezan a ser ricas las cosechas; cada año serán más abundantes.

En los primeros tiempos no se hacía exportación alguna de añil; en los que siguieron comenzó a realizarse la extracción de algunas libras: y en el Estado que publicamos de su número y valor, único que por ahora hemos podido formar, se admira con placer el adelantamiento de uno de los artículos más hermosos de riqueza.

Dos millones de pesos llega a dar nuestra agricultura en un solo artículo de exportación. ¿Pero cuántos son los que podemos tener, y no tenemos todavía? ¿Cuántos son entre aquellos que tenemos los que pudiendo recibir una extensión inmensa se ven reducidos a un área muy estrecha? ¿El espacio de tierras incultas no es más grande sin comparación que el de terrenos labrados?

Está atrasada la agricultura de una nación de territorio tan vasto como fecundo. Está en abatimiento sensible la de Guatemala que se halla en una de las posiciones más felices del globo.

No hay hombre que no ame las riquezas. No hay labrador que no desee extender su cultivo y mejorar sus cosechas. Todos los agricultores quieren ser ricos y poderosos. Si unos no labran sus tierras, y otros no extienden el cultivo de las que siembran es porque hay causas que embarazan la energía de sus deseos; es porque su mano, débil todavía o poco fuerte, no puede remover los obstáculos que se oponen a su voluntad.

¿Cuáles son las causas que impiden en nuestra República los progresos de la agricultura? ¿Cuáles son los estorbos que detienen al labrador para no dar extensión a su cultivo?

Ved aquí un asunto que reclama imperiosamente la atención: un negocio que debe interesar a todos los que amen sinceramente la independencia absoluta de la patria.

No hay labrador que no haya sentido la acción triste de las causas que le retraen de dar extensión a sus siembras; no hay uno que no haya sufrido pérdidas y pensado en el origen de ellas.

Yo quisiera que no se perdieran los pensamientos de la experiencia; quisiera que los labradores escribieran sus observaciones y las remitieran francas de porte a la imprenta de este periódico. En él las publicaremos gustosos, añadiremos nuestras reflexiones, defenderemos su causa, y nos complaceremos en mejorar su suerte o cooperar para que sea menos desventurada.

¿Hay clase más digna del celo y cuidados que la de esos infelices por cosechar los granos que nos alimentan sufren las cargas de la sociedad y apenas sus ventajas?

Amigo constante de los vegetales porque veo que una sola semilla puede hacer rico al país que la cultiva y fomenta, he procurado que germinen en Guatemala las que no son conocidas en su suelo. El año anterior de 1814 propuse al gobierno que se pidiesen a México estacas de olivos para que la República tuviese este artículo nuevo de riqueza, y acordado así, el C. José Sacasa trajo las que están dando brotes que llenan de delicias y anuncian los olivares que tendremos algún día. En el presente suplico al Congreso se sirva aprovechar la ocasión que se ofrece tan felizmente. El C. Juan de Dios Mayorga, nuestro enviado cerca del gobierno mexicano, debe regresar a esta capital después que llegue a la de Nueva España su sucesor. Puede traer semillas y estacas de vegetales que todavía no tenemos, puede traer las del maíz que da 400 fanegas de cosecha por una de siembra, las de diversas especies de peras que son desconocidas aquí, las de otras plantas de provecho y regalo.

El C. Mayorga es activo y sabrá hacer este servicio a la Patria. Yo pido al Congreso se digne acordar: 1o. Que el gobierno le recomiende de que cuando verifique su viaje a esta capital traiga semillas y estacas bien conservadas de los vegetales que no existiendo en nuestras tierras pueden ser de mayor provecho; 2o. que ponga a su disposición 100 pesos para gastos de conducción de las que trajere.

CACAO

Esta semilla reducida a pasta y revuelta con otro tanto de azúcar compone el chocolate, nuestra bebida predilecta, el desayuno general de nuestra tierra, de pobres y ricos, enfermos y alentados. Es preciso ser muy pobre, como los jornaleros mozos de hacienda y gente de trabajo, para no tomar por la mañana su chocolate; y los que no pueden tomarlo puro porque cuesta más caro, lo toman compuesto con harina de maíz (pino) u otros menjunjes. Muchas personas lo toman por la tarde sin ganas y otros de vicio, hasta tres veces al día. En todo Centro América, ya se sabe, es bebida de primera necesidad, pero en Guatemala es pasión. Aquí lo hacen con muchas ceremonias y circunstancias según el ritual. Primero se reduce el cacao a pastas medio molidas y así se guarda bien envuelto en bramantes y petates alzado y colgado en los corredores; y allí permanece uno, dos, tres, diez y más años, mientras más viejo, mejor.

Aquí tienen la costumbre de beberlo muy caliente, casi hirviendo, cosa que le quieta todo el gusto porque si la lengua y el paladar se queman, no pueden sentir sabor de nada más que de fuego. Por eso hay aquí tantos flatos, histéricos y afligidos, efecto de las bebidas y comidas calientes. Las mujeres que beben muchos chocolates son histéricas, no tanto por ser chocolate, sino por beberse caliente. En los conventos ha habido siempre mucho histerismo, vapores, flatos, visiones y otros desvaríos, porque allí se bebe mucho chocolate hirviendo.

En el día observamos que se va olvidando en Guatemala el gusto al Chocolate, e introduciéndose el del café, bebida de moda. Lo fue el primero y es preciso que pase y venga quien lo subrogue. Comparado el cacao, el café y el té, todos dan la preferencia al primero en punto a la salud, pero la salud no es cosa de importancia y se puede disimular. Lo que a nosotros nos importa aquí en Guatemala es fomentar la agricultura, aquella siembra que más nos produzca, lo que más cuenta nos tenga, lo que decía Juvenal:

> Omnis enim populo mercedem pendere jussa est
> Arbor, et ejectis, mendicat silva, camenis

> A todo árbol que habite en el Estado
> Obligársele debe a que dé fruto
> Y, todo campo abrirse con arado
> Para que el pueblo pague su tributo

CARNE

El 12 de julio último presenté una exposición pidiendo a este S.P.E. se sirviese restituir inmediatamente al Pueblo el goce del derecho que tiene para ser provisto de sus alimentos en concurrencia libre, y que, si no había lugar la restitución del Pueblo, se me permitiese al menos el uso libre de mis ganados conforme al derecho natural, a las leyes fundadas en él, y al art. 175 de la Constitución de la República.

El 19 del mismo mes presenté segunda exposición suplicando el despacho de la primera, y manifestando que el giro de ganado es el único que sostiene mi casa.

El 28 de dicho mes se sirvió el Ministro comunicarme la providencia que acordó el S.P.E, mandando que se restablezcan las posturas diarias conforme al reglamento de 29 de octubre del año anterior; que en ellas no sean admitidos como postores sino aquellos que enteren a prorrata la cantidad que los privilegiados ofrecieron para conseguir el privilegio exclusivo de ser ellos solos los abastecedores; y que a estos se vaya reintegrando por la Administración de alcabalas con el producto del nuevo impuesto del real por arroba. El mismo día 28 dirigí al Jefe Departamental una exposición en la cual manifesté que reservando el derecho que me da la ley estaba pronto a dar la parte que me correspondiese; pero que pedía se excusase el doble trabajo de desembolsar dicho impuesto para volverlo a recibir, y se mandase al Receptor que llevase la cuenta correspondiente.

Todavía no se me ha comunicado resolución alguna sobre este punto, y sin tener noticia de la que se haya dictado he sabido en esta fecha, que se ha fijado cartel avisando que hoy a las 12 comienzan las posturas (que en la providencia anterior se había mandado que comenzasen el 5): que suban hasta 3 libras de carne y que de esta cantidad arriba se hagan en dinero, y que este sea para la hacienda pública.

A su vista hago desde luego presente con todo el respeto debido:

1º. Que el Poder legislador en su decreto de 27 de octubre último no manda que las posturas se hagan en dinero aplicable a la hacienda pública sino en onzas o libras de carne en beneficio del Pueblo.

2º. Que el Poder ejecutor en la providencia que me comunicó 4 días manda que se restablezcan las posturas conforme a su reglamento de 29 de dicho octubre, y en este reglamento tampoco previene que se hagan en dinero.

3º. Que conceder diariamente el privilegio exclusivo del abasto de carne a quien ofrezca más dinero es lo mismo que otorgar mensualmente el mismo privilegio a quien prometa más numerario, y si el Poder ejecutor se sirvió acordar que cese el uno, debe disponer que no empiece el otro.

4º. Que concediendo dicho privilegio a quien tiene más dinero, se estancaría el abasto de un alimento de primera necesidad en los pocos individuos que tienen numerario, y quedarían excluidos los que no lo tengan.

5º. Que los privilegiados en quienes ha estado estancado el abasto de carne tienen el dinero que les ha proporcionado el estanco, y que quienes realmente no hemos sido privilegiados ni pública ni secretamente, estamos sin dinero porque el estanco nos ha embarazado el tráfico de nuestros ganados.

6º. Que el art. 28 de la Constitución del Estado dice que todos los habitantes de él deben ser protegidos en el goce de su libertad y propiedad: que ninguno debe ser privado de estos derechos sino en los casos prevenidos por la ley y con las formalidades legales y ninguna ley manda que para disponer de lo mío ofrezca dinero.

7º. Que el art. 31 de la misma Constitución dice que ésta garantiza el uso libre de los bienes de todos los habitantes y la justa indemnización de aquellos cuyo sacrificio exija con grave urgencia la necesidad pública legalmente justificada; y las necesidades del pueblo lejos de exigir sacrificios, demandan la libertad de uno de sus primeros alimentos.

8º. Que, si el dueño de artículos de lujo puede venderlos libremente sin ofrecer dinero, el de artículos de primera necesidad debe por mayoría de razón tener igual derecho.

9º. Que si a los labradores, artesanos y comerciantes no se impone un impuesto tan crecido, al propietario o abastecedor tampoco debe imponérsele.

10º. Que rematar el abasto en quien tiene más dinero es restablecer (suplico se me permita decirlo respetuosamente) el estanco; y éste en un artículo de primera necesidad está prohibido por las leyes antiguas y modernas y es contrario a los principios de las Ciencias Económicas

Teniéndolo presente y reservando mis derechos pido a este S.P.E. se sirva restituir inmediatamente al Pueblo el goce del derecho que tiene a ser provisto de sus alimentos en verdadera libertad y que, si no ha lugar la restitución del pueblo, se me permita el uso libre de mis ganados conforme a las Constituciones de la República y del Estado y que entre tanto, no me pare perjuicio ninguno de los acuerdos dictados. *1 de agosto de 1832.*

En acuerdo publicado el 31 de julio próximo se sirvió este S.P.E. mandar que las posturas de abasto de carne suban hasta 3 libras; que las pujas sobre esta cantidad se hagan en dinero y el dinero sea aplicable a la hacienda pública.

Yo hice presente el 1 de este mes, que los propietarios que no hemos podido disponer de nuestros ganados estamos escasos de ganado y no podemos por esta razón hacer pujas en numerario. Supliqué en su consecuencia que el S.P.E. se sirviese reformar el acuerdo y pedí la libertad del abasto de carne.

El S.P.E. se ha servido oír mi exposición y disponer que las pujas sean en carne y la mitad de su valor aplicable a la hacienda pública. Yo he visto con reconocimiento que se haya removido aquel obstáculo y deseo que el mismo Poder que lo ha allanado, se sirva completar la obra removiendo los demás estorbos y restableciendo la alegre y fecunda libertad.

Esta es la que desea el Pueblo, la que exige el interés del Estado, la que recomienda la voz unánime de todos los Economistas, la que proclama el derecho natural.

No fue el Poder Ejecutivo el primero que la hizo cesar. Fue el Poder Legislativo el que en su decreto de 27 de octubre último la abolió o restringió acordando el establecimiento de posturas. Pero el mismo Poder Legislativo ha dado al Ejecutivo facultades extraordinarias en los ramos de hacienda, guerra e instrucción pública, y el uso más noble que puede hacer de ellas es de acortar el restablecimiento de la libertad plena en el abasto de un alimento de primera necesidad.

La libertad no embaraza la exacción de los impuestos que deba pagar el ganado. Habiendo libertad, pueden exigirse los que correspondan así como habiéndola en los demás artículos de giro, se cobran los que deben exhibir.

El abastecedor paga (a más de los derechos de hospital, policía majada y tablas) la alcabala de consumo, el impuesto de un real por arroba de carne y la mitad de las pujas que se ha acordado en la última providencia.

Dígnase el S.P.E. simplificar el sistema mandando que se reduzcan a una sola contribución todas las que se exigen; dígnese nombrar una comisión que fije la cuota de ella con presencia de los gastos que sufre el propietario, para que en vista de su dictamen acuerde el S.P.E lo que estime justo.

Yo deseo que se concilien los intereses del público, de la hacienda y de los abastecedores, y fijo en este deseo suplico al S.P.E. se sirva acordar la libertad del abasto de carne y simplificar el sistema de exacción.

La atención de Guatemala está al presente ocupada en tres cuestiones. ¿El abasto de carne debe ser libre como el de granos y mercaderías? ¿Debe restringirse rematándolo diaria o mensualmente en quien ofrezca más carne? ¿Debe coartarse rematándolo diaria o mensualmente en quien prometa más dinero?

Devastadas las haciendas en los períodos horribles de las guerras intestinas, obligados los propietarios a presentarse a la autoridad municipal a pagar multitud de derechos y enterar, a más de todo esto, alguna cantidad de dinero para poder vender lo que es suyo, oprimido con el peso de gastos de cría, gastos de vendaje, gastos de administración y gastos de acarreo, gravado con los impuestos de primicia y diezmo en unos lugares, y de 4 reales por cada caballería de tierra en otros, con los de alcabala de extracción, alcabala de consumo, hospital, policía de un real por cada arroba de carne, majada y tablas; monopolizado o estancado en pocas manos, el giro de ganado desaparecerá del Estado infeliz de Guatemala; serán desiertos tristes los llanos que antes se veían pintados con novillos de diversos países, vegetarán para podrirse y volverse tierra las plantas que los engordaban, si continúa un sistema tan sensible como gravoso. El sistema de libertad es un sistema de atracción, y el de postura un sistema de repulsión. El primero es de tolerancia justa y benéfica y el segundo de intolerancia injusta y dañosa.

Un propietario se presenta gustoso a un mercado en donde conserva toda la dignidad de hombre libre que vende lo que es suyo a la hora que le agrada, en el lugar que le place y al precio que le conviene. Pero sufre mucho cuando no se le permite hacer pactos sino en la sala de la municipalidad, a las doce del día, y ofreciendo precisamente algún dinero.

Las posturas son fuente verdadera de muchos males. Condenan a humillaciones, coartan la libertad, quitan el tiempo que tiene tan precioso, pueden dar ocasión para que se formen ligas o monopolios, alejan a los pequeños propietarios, embarazan la concurrencia. Las postura si no corresponden al siglo XIX. Pertenecen a los siglos obscuros del feudalismo cuando se daba a vasallos, por el dinero que ofrecían, el privilegio de vender algunos artículos de giro.

El Estado de Guatemala es el más grande entre los cinco que forman la República. Sus tierras son dilatadas y fecundas, sus pastos y abundantes, sus abrevaderos copiosos, y sus salitrales multiplicados. No tiene sin embargo el ganado que necesita para su consumo interior. Es preciso que lo alimenten los Estados de El Salvador, Honduras Nicaragua, y llegará a ser herbívoro si continuara el sistema de Impuestos inmoderados, de posturas y de estanco.

Para que cese una dependencia tan vergonzosa, para que tenga en su mismo seno lo que necesita para su existencia, es necesario que se y proteja la cría del ganado, y el fomento de este artículo exige libertad plena. Es lozana y frondosa la planta que crece libremente, y marchita desmedrada la que se oprime y ata con diversas ligaduras.

¿Cuál fue en Guatemala el precio de la carne desde que se estancó este artículo en pocas manos? ¿Cuántas eran las onzas que se deban al público desde una fecha tan funesta? ¿Cuántos eran los pobres que desde entonces vivían privados de un alimento tan precioso? ¿Cuántos eran los que sustituían la carne de carnero a la de novillo?

Que haya carestía de carne en un país en donde no hay ganado es sin duda un mal necesario. Pero que se sufra aquella plaga, habiendo ganado y pidiendo sus dueños que se les permita la libertad de su expendio, esto es el máximum de la desgracia, el extremo último del dolor.

También en Guatemala son uniformes la opinión, la experiencia y la razón.

El pueblo suspira por la libertad absoluta en el abasto de carne. Diversos pobres han venido en distintos días a darme gracias por haberla pedido en diferentes representaciones; y los hombres de principios desarrollan los que tienen contra las posturas y a favor de la libre concurrencia. En los tiempos de libertad, el consumo era mayor que en los de monopolio; y el consumo más grande de un artículo prueba siempre, en igualdad de circunstancias, su mayor cantidad o mejor calidad. Si es absolutamente libre la venta de artículos de lujo y de primera necesidad, debe serlo también la de carne, que es un alimento precioso. Si no hay posturas, ni remates en el giro o expendio de los primeros, tampoco debe haberlos en el de los segundos.

Mandar que no pueda expender su ganado sino aquel que se presente ante las municipalidades a las 12 precisas del día, acordar que haya posturas, y no pueda hacerlas sino aquél que haya dado cierta cantidad de dinero, disponer que las pujas suban por lo menos a tres libras de carne, es embarazar la concurrencia libre de vendedores, alejar de ella a los pobres y a los que tengan numerario, oponer obstáculos a los forasteros, estancar el abasto en un círculo pequeño de ricos, señalar precio a lo que es ajeno, y herir en lo más vivo el Derecho santo de propiedad.

Si un gobierno mandara que no se pensase, escribiese, sembrase, fabricase, vendiese ni cambiase, sino a las 12 del día, ¿a presencia de los municipales y dando previamente alguna cantidad de dinero él habría quien creyese justa su orden? ¿No pensarían todos, que era una violación del derecho de propiedad, que consiste en la facultad de disponer libremente de lo que es propio?

¿Cuál es el objeto que puede proponerse un gobierno acordando el sistema de posturas que lo ataca? ¿Favorecer a algunos abastecedores? ¿Proveer al público de carne buena y barata? ¿Proporcionar al erario los derechos que sea justo exigir? ¿Ocurrir a los gastos de una guerra intestina o exterior? ¿Reintegrar a los que dieron dinero para tener el privilegio funesto de ser abastecedores exclusivos?

En prueba de mis Memorias dirijo la que escribí sobre el abasto de carnes, y la exposición que hice y firmó el Alcalde 2º. de esta ciudad. Parece increíble lo acordado por el Gobierno. ¡Yo mismo lo he visto y no ceso de admirarme! ¡Decretar sobre un alimento de primera necesidad impuestos tan crecidos¡ ¡Atacar el derecho de propiedad, sacrificar el bien del público por el de pocos particulares!

CLASES SOCIALES

Ved allí la lucha de las clases unas con otras, la guerra de las opiniones, la divergencia de los intereses, la oposición de los sentimientos.

Cada clase es como la de los sacerdotes de Egipto. Tiene sus secretos o misterios, sus opiniones e intereses, no quiere hacer traición a ellos, trabaja por el contrario para mantenerlos inalterables en el pueblo; y la enseñanza sale corrompida cuando la dan labios que prefieren los intereses de su familia o clase, a los de la verdad. ¿Dará un hombre prevenido por las preocupaciones del orgullo lecciones imparciales de derecho público? ¿O enseñará con placer los principios de una constitución formada sobre bases prudentes, pero liberales? Hay excepciones en todo lo general. El caballero Filangieri supo manifestar a las naciones las verdades que les interesan. El conde Stanhope fue defensor acérrimo del pueblo, y el conde de Mirabeau un Júpiter tonante a favor del mismo. Pero las leyes no deben decretarse por las excepciones que ofrecen ejemplos particulares. Los individuos son por la naturaleza de las cosas llamados a propagar las opiniones y sostener los intereses de la clase a que pertenecen. Si alguno no tiene otros que los de la verdad, es necesario que pruebas intachables hablen a su favor.

Hombres, semejantes en la superficie exterior y diferentes en la estructura interna de su organización, se unieron en sociedad y comenzaron a formar lo que se llama Estado o nación.

Al principio, cuando sus necesidades eran pocas y sencillas, cada uno podía satisfacerlas por sí solo sin servirse de los brazos de otros. Pero en los siglos posteriores, desarrollándose y multiplicándose sucesivamente, no pudo un individuo solo abrazar todos los trabajos necesarios para llenarlos. ¿Cómo era posibles ser simultáneamente labrador, artesano, arriero, mercader, sacerdote, etc?

El hombre sintió la necesidad de dividir el trabajo. Hubo oficios, artes y ciencias; para cada oficio, arte y ciencia fue necesaria una educación particular más o menos dilatada, costosa y desagradable; la diversidad de conocimientos y hábitos morales; y la variedad de aptitud y moralidad hizo nacer la de sus valores.

Hubo ignorantes e ilustrados, pobres y ricos, poderosos, opresores y oprimidos, hubo clases separadas unas de otras por la diferencia de costumbres, capacidad, intereses y capitales; hubo desigualdad y brotaron las pasiones y vicios cuando que existen cuando unos pueden todo lo que quieren y otros son impotentes aun para lo que deben querer.

Un número grande de individuos ignorantes y pobres forma una parte o sección del Estado, un número menor de sacerdotes, ministros del culto establecido, forma otra; un número más pequeño de ricos, poseedores de las luces necesarias para conocer sus intereses, forma otra; un número mínimo de hombres dedicados al estudio de las ciencias, forma otra.

La primera sección tiene el poder del número, la segunda el del sacerdocio, la tercera el de la riqueza, la cuarta el de la ilustración.

El poder del número es el más débil de todos. Una piedra no tiene otro que el de su peso; en un animal sólo existe el de sus músculos, y en un hombre ignorante y pobre tampoco puede haber más que el de su fuerza física. Tiene necesidades y carece de recursos para satisfacerlas. No ha cultivado sus talentos, ni es capaz de conocer las artes de la astucia que quiere sacrificarle o los resortes de un plan combinado para destruirle. Recibe pasivamente las ideas que le comunican, las creencias que le enseñan, las opiniones que le dictan y los movimientos que le dan el interés de unos y la ambición de otros, Es esclavo, siervo, jornalero, artesano o dependiente. Y el mismo número que mirado en un aspecto aumenta su poder, multiplicando la fuerza de cada individuo, visto en otro lo debilita, multiplicando los jornaleros, artesanos y dependientes, y haciendo por esta multiplicación que sean bajos los salarios y precios de los artefactos. Todo es en daño de los infelices. Su ignorancia hace su miseria, su número influye en su pobreza, y su pobreza ocasiona su ignorancia.

El poder civil o temporal del sacerdocio, pequeño en su origen, se fue aumentando con los siglos. Los eclesiásticos forman un cuerpo compuesto de miembros que existen en diversos Estados y dilatan por todos ellos sus relaciones; se subdividen en diversas sociedades o comunidades, y cada una ofrece distinto punto de contacto con las secciones más interesantes del pueblo: unos dan lecciones a la juventud, otros auxilian a los agonizantes, otros sirven a los enfermos, unos dan lección, otros asisten a los convalecientes, otros catequizan a los infieles, etc.; son confesores de los reyes, príncipes, magistrados etc., y penetran los secretos más íntimos de los palacios y familias; pueden facilitar o dificultar los matrimonios que los enlazan e influyen en sus destinos; tienen el derecho de hablar a los pueblos reunidos en los templos y darles dirección como párrocos, obispos, etc.; imprimir las ideas o sentimientos que quieren inspirarles con todo el poder de las ceremonias, símbolos imágenes, etc., son ministros o vicarios de Dios. Señor universal de todo; y la idea del poder del uno se extiende al de los otros.

Los ricos reúnen simultáneamente muchos poderes. Ejercen el que les dan sus capitales y relaciones, disponen del que tiene el número, siendo dependientes suyos los pobres; participan del de la religión, haciendo donaciones o limosnas a los templos y sus ministros, disfrutan hasta cierto grado el de la ilustración, teniendo tiempo, recursos y medios para adquirirla.

Armados con todos estos poderes, se hacen dueños de los empleos que comunican el de la autoridad, o dominan a aquellos que los sirven.

Las leyes son en lo general dictadas, modificadas y variadas según el interés de su clase. Se han creado cámaras de pares o grandes, y no se tiene por ley sino la que es aprobada por ellos. La propiedad, de que son señores, ha merecido consideración más grande que la vida de los pobres. Se ha impuesto pena capital al hurto en diversos códigos de diferentes naciones. Se hace esclavo a los hijos de un continente para que haya operarios en los cañales y cafetales de otro; se han hecho grandes revoluciones y derramada bastante sangre para tener o dar más extensión a las relaciones de su interés.

El poder de la ilustración, noble en su objeto, pacífico en sus medios, es trascendental en sus efectos. Los sabios son los soles del mundo político. De ellos salen los rayos que dan luz a todos los oficios y profesiones útiles; de ellos emanan los que disipan las nieblas o vapores de la superstición, los que ponen en claro los horrores de la tiranía, los que hacen sentir al hombre su dignidad y conocer sus derechos, los que hacen ver el caos de la anarquía y las bellezas del orden. Fuertes con la fuerza de la razón, publican verdades inspiradas por ella misma. Pero este mismo oficio, el más noble de todos los oficios, esta función, la más sublime y benéfica, este trabajo, que debía ser título de gratitud, es origen de persecuciones. Un sistema de error no se consolida y perpetúa sino porque hay poderosos interesados en su establecimiento. Escribir contra él, conocerlo, dudar, es delito que no se perdona jamás. Se da veneno a Sócrates, se carga de cadenas o Anaxágoras, se asesina a Ramus, se pone en un calabozo a Galileo, se proscriben las producciones hermosas del siglo XVIII, se persigue a sus autores, se sofoca la libertad de leer y escribir. Los que debían tener el poder más grande, son débiles, deprimidos y degradados. Los que debían ser sus defensores, son instrumentos de los tiranos que los oprimen. El pueblo a quien defiende Arístides vota el destierro de Arístides.

Cada fracción o clase tiene poder muy diverso, y no debe esperarse jamás un equilibrio perfecto entre ellas. Es preciso confesarlo. No hay en las ciencias políticas, estática exacta como en las matemáticas. Esta es una de las mil desgracias de la especie humana. Pero puede haber aproximación: puede pensarse. Oídlo, hombres sensibles, amigos ilustrados de la humanidad... puede pensarse en aumentar los poderes de las clases débiles sin ofender la razón y disminuir los de las fuertes sin agraviar la justicia... puede... debe hacerse lo que inspira la razón y dicta la justicia; y la razón jamás aprobará, y la justicia nunca permitirá que se hunda en la nada a unas clases y se eleven otras a lo más alto del poder. Dar a las primeras lo que necesiten para ser o tener existencia, poner límites en las segundas a tanta sobreabundancia de poder, es restablecer las cosas al orden de la razón y justicia, impedir crímenes y multiplicar virtudes; quitar lo más horrible y sustituir lo más bello que puede adornar a los Estados.

La de los nobles de Venecia fue sutil en la opresión y fría en la que crueldad. Un consejo formado de ellos proscribía el mérito y castigaba el pensamiento. El pueblo debía estar hundido en la nada; y el que subía empujado por las fuerzas de su talento era sospechado al instante, condenado sin proceso, ejecutado sin dilación. No hay en un gobierno aristocrático otros intereses que los de la aristocracia: no se tiene otro objeto que el de su conservación. Si agota las fuerzas que lo sostienen no las encuentra en el pueblo que oprime, va a buscarlas en naciones extrañas. Poco importa la patria, de tanto precio para la razón y la virtud. El aristócrata ingrato la ofrece, como si fuera propiedad suya, al conquistador que promete conservarla superior al pueblo sacrifica a un yo criminal, millones de hombres inocentes, que no han cometido otro delito que el de no sufrir más tiempo la opresión.

La opinión que en Grecia y Roma se creía viles las ocupaciones importantes de la industria y comercio embarazaba en los ciudadanos que no querían vivir degradados al derecho que tenían para elegir libremente la profesión u oficio que les conviniese. Los de artesanos, mercaderes y artistas estaban en manos de esclavos. El pueblo era pobre, sometido a la influencia de los ricos, poseedores de los empleos, tierras y esclavos; y su pobreza influía en su ignorancia y poca moralidad.

El sistema mercantil nacido en la época oscura del feudalismo y conservado hasta el último siglo; ese sistema injusto que por favorecer al fabricante despojaba al labrador del derecho que tiene para exportar y llevar al mercado de más consumo sus granos y materias primeras, y arrebataba al pueblo el de comprar los artículos mejores o más baratos que manufacturase el extranjero, produjo, como era preciso, sus naturales efectos. Autorizó el monopolio, que no es otra cosa que dar a un número pequeño y quitar a la universalidad de individuos el derecho que deben disfrutar todos para disponer libremente de sus haberes; elevó al mínimum y humilló al máximum, hizo nacer las pasiones del orgullo y vanidad en el primero, y las de abatimiento y miseria en el segundo.

En un país donde el pueblo no sea llamado a elegir y ser electo: donde no tenga personeros que sostengan sus derechos ni Sabios que se los manifiesten, donde el sistema económico no tienda a distribuir la riqueza; donde una pequeña clase sea la que se aproxime a los empleos; donde la división de propiedad territorial haya sido viciosa desde su origen, es preciso que nazca el espíritu de familia y que se vaya fortificando con el tiempo.

Llegó al fin como en la de España: se juró la Constitución política, el pueblo entró al goce de sus derechos, nosotros tuvimos el placer puro de sostenerlos; y el espíritu de familia vio mal su grado al artesano de honor gozando el que le era debido.

Pero apenas se anuló la ley; apenas se quitó al pueblo el derecho de elegir, comenzó otra vez el espíritu de familia a operar en las elecciones. Volvimos a ver sus hermanos sucesores de hermanos y primos sucesores de primos.

No agraviamos a ninguno, no fijamos la atención en los funcionarios. Lo que la llama y debe reclamarla es la acumulación de tantos empleos, la aglomeración de tantos sueldos, el hacinamiento de tantos derechos en individuos que por sus enlaces forman una sola familia.

Treinta mil individuos se computan en esta capital: más de un millón se calculan en todo lo que se llamaba Reino de Guatemala. ¿Y en treinta mil, en un millón de individuos hay igual familia que tenga el tercio al menos de los empleos, sueldos y derechos que disfruten de esta capital? ¿En la provincia de León, en la de San Salvador, en la de Comayagua, en la de Chiapa, en Sonsonate, en Quezaltenango, en la Antigua, en Escuintla, en Verapaz, Chiquimula y Sololá; en toda la extensión de esta área inmensa no habrá una familia de mérito? ¿Y la opinión pública en tal, estado de cosas será a favor del espíritu de familia?

¿Cuál será, el término de la lucha entre las clases privilegiadas y los pueblos de Europa? ¿Triunfará la justicia? ¿Será victoriosa la razón?

Mirad el globo entero. En toda su superficie se ven ricas y poderosos las capitales donde existen los gobiernos; pobres y desvalidos los pueblos distantes de ellos. En las mismas capitales, la clase más aproximada al Gobierno es la que tiene más poder. En la misma clase Gobierno, las familias que se unen más al Gobierno, son las más poderosas. Es que el Gobierno dicta leyes y nombra a los que las ejecutan; y los que están más cerca del Gobierno, tienen más influjo en las leyes y sus ejecutores.

Observad los Gobiernos. Sus leyes y nombramientos tienden al bien de las capitales donde existen, de la clase que se les aproxima, de las familias que se les acercan.

Habrá ricos y pobres, ignorantes y sabios, porque, en el sistema de las sociedades, es difícil y acaso imposible distribuir las fortunas y dividir las luces con igualdad absoluta. Pero el pobre y el millonario, el ignorante y el sabio, serán iguales ante la ley, la riqueza no será título para oprimir, la ilustración no se ocupará en engañar, se acercarán las distancias; y el hombre andrajoso, sabiendo que es ciudadano como el rico, será menos vil o más digno de la especie de que es individuo.

Las influencias de los siglos en que se desdeñaban las letras se sienten hasta ahora en muchos individuos de las clases ricas, el peso de las edades oscuras en que no se veía la trascendencia de la ilustración gravita todavía en los pueblos.

La aristocracia municipal de Guatemala era, como todas las aristocracias, enemiga decidida de los derechos de igualdad. Pero supo, como las demás, hablar idioma que no era el de su pecho. Para elevarse más sobre las que se llamaban castas, para no estar sometida a un Gobierno que daba a los españoles los empleos más importantes, para subir a los primeros puestos y gobernar desde allí a los pueblos, quiso la Independencia y trabajó para ella con aquel objeto.

Los propietarios, exhaustos por tantos empréstitos forzosos que nos han exigido, no tenemos fondos para otros nuevos; los del pueblo, sensibles a tantos muertos y enfermos, rehúsan presentarse a las armas.

CRÍTICA

En una nación que comienza a existir, en un sistema que empieza a formarse, debe haber inexperiencia, equivocaciones y errores. Si los hombres de probidad y luces no pueden publicar las que les ha dado el estudio, su vida y la experiencia de muchos años, ¿a qué abismo serán llevados los pueblos que no han proclamado su independencia para ser infelices sino para mejorar sus destinos gozando suma más grande de felicidad?

CONGRESOS

Los congresos, elevados sobre casos particulares, fijos en relaciones generales, abundan en principios, en teorías, en planes de legislación; y los gobiernos, instituidos para ejecutar, acostumbrados a dar dirección a los pueblos, observar su movimiento, y descubrir las causas que los aceleran o retardan, abundan en hechos, tienen datos y hacen cálculos. Los primeros reúnen las luces de la ciencia legislativa; y los segundos tienen las observaciones de la experiencia

Las cortes o asambleas no dan al mundo decisiones en general. Las dan a un pueblo determinado; y los pueblos no son semejantes ni en los elementos de que se componen, ni en los estados por donde pasan, ni en la posición en que se hallan.

El primer Congreso Federal abre sus sesiones y comienza sus trabajos. Es vasto el campo que presenta a su celo, y lisonjeras las esperanzas de su cultivo.

Los pueblos se prometen cosechas ricas y hermosas. Han elegido diputados a los que han juzgado dignos de serlo; a los que han creído posesores de todas las calidades que exige título tan grande; a los que han considerado penetrados del fuego único que debe animar a los representantes de una nación.

No se oirá en este salón lo personal, individual o privado. Sólo resonará lo nacional, lo público, o de interés universal para la República. Si queremos que el pueblo cumpla la ley, ame lo justo, respete la autoridad, y guarde consideración a los que la ejercen, seremos los primeros a dar lecciones de respeto a la ley y autoridad, de amor a la justicia, y consideración a los funcionarios celosos en el lleno de sus amores ala deberes. Esta sala puede ser el punto de donde salga partida la opinión y divididos los sentimientos en lo más esencial y delicado, o el centro de la unidad o armonía; puede ser el origen triste de los partidos y facciones, o el principio feliz de la unión de todas las clases en derredor de la Patria; puede ser la fuente de donde fluya el mal o el nacimiento de donde emane el bien. La elección está en nuestras manos. Los legisladores deben ser los primeros modelos. Este salón será el templo del Decoro, de la Prudencia y del Patriotismo juiciosos. En las discusiones seremos oradores modestos porque la modestia aumenta los valores y del raciocinio y las fuerzas del convencimiento. En las votaciones seremos, como la razón fría y tranquila que decide en calma sin el calor de los partidos.

"Aquí estamos nosotros los representantes de ese pueblo patriota", decimos los diputados del Segundo Congreso Federal. Nosotros juramos que este salón no será el de las pasiones que se disputan vergonzosamente un imperio justo, sino el de la razón imparcial; legisladora de Centro América; juramos que nuestra voluntad privada no será jamás antepuesta a la voluntad pública de la nación, juramos sostener con nuestros votos, y si fuere necesario, con nuestra sangre el decreto de lo de julio de 1823, en que la Asamblea

Nacional declaró que estas provincias son independientes de España, de México y de cualquiera otra porción del antiguo y nuevo mundo, juramos consolidar la independencia absoluta de esta nación interesando a todos los ciudadanos de la República en la causa justa de la patria, y desarrollando con prudencia la Constitución política que decretó la Asamblea Nacional y sancionó el primer Congreso Federal, juramos sostener el Art. 1º. que declarando soberana a la nación hace que todos los pueblos tengan interés en sus existencia, el 8º. que declarando federal el gobierno de la República de Costa Rica, Nicaragua, Honduras, San Salvador y Guatemala un ser que no tenían antes, ni podrían haber si volvieran a estar sujetas a la antigua o nueva España, el 11º. que declarando religión de la República a la católica manifiesta la consideración que debemos tener a los ministros dignos de ella, el 12º. que declarando a la República asilo sagrado para los extranjeros designa las protección que debemos dar a los que vengan a ser hijos suyos verdaderos, amantes sinceros de su prosperidad, y el 69 que numerando las atribuciones del Congreso nos manifiesta la obligación que tenemos de plantear el sistema general de educación, facilitar a los talentos los medios de cultivarlos, proteger a los labradores, artesanos y comerciantes, y crear la riqueza y prosperidad de una república que puede ser grande y poderosa si queremos positivamente que lo sea.

Tal es el juramento que acabo de hacer y han prestado anteriormente los individuos de este Congreso. Para ser fiel a él, para no apartarme jamás de los deberes em que me constituye, voy a comenzar el ejercicio de mis funciones presentando medidas que me obliguen a cumplirlos haciendo proposiciones que me hagan objeto de odio y execración universal si alguna vez me separo de la línea que debe seguir un diputado.

No hay poder que no sea servido por hombres, y los hombres (hablando en general sin ofender a ninguno en particular) pueden abusar de la autoridad que se pone en sus manos, Por este temor, justo sin duda, y digno de la previsión del legislador, la ley ha declarado el derecho de recusar a los jueces, el de apelar y suplicar de sus determinaciones, el de declarar la responsabilidad y juzgar a los agentes del Poder Ejecutivo, el de formar causas a los diputados y mandar sean públicas sus discusiones.

Lo son las de este Congreso, y lo han sido las de los que le han precedido. Pero la publicidad que han tenido sus sesiones no llena los objetos grandes que la ley se propuso al acordarla. Distante de este lugar los individuos de los pueblos que componen la República, ocupados en sus oficios respectivos los habitantes de esta capital, el número mínimo de los que concurren a las discusiones es nulo comparado con el máximo de los que no las oyen o presencian.

La nación ve el texto de la ley, pero ignora la razón que la ha inspirado. Ve lo que se decreta u ordena, pero no sabe el principio de utilidad de donde se ha deducido el decreto o la orden. Ve lo odioso de lo que se manda, y no ve lo que hace desaparecer esa odiosidad. Publicándose diarios de las sesiones del Congreso y Senado de la República, y de las Asambleas y Consejos de los Estados, habría doce focos grandes que reuniendo las luces de los diputados las derramarían por toda la República.

La nación tendría entonces la balanza comparativa del pro y contra se hallaría en aptitud de pesar el bien y el mal de una ley. Los pueblos verían en toda su luz las razones que la fundan y el espíritu que la ha dictado. Los ciudadanos llenos de conocimientos podrían hacer uso del derecho de petición que ahora es casi nulo por falta de ellos. Los jóvenes elegidos algún día para ser nuestros sucesores tendrían rasgos luminosos y acaso modelos de elocuencia deliberativa. Los Estados sabrían cuáles son las opiniones de sus diputados, y el celo que hayan desplegado en sostener sus derechos, o la indiferencia con que hayan visto sus intereses, o la infidelidad con que les hayan hecho traición. La historia biográfica, literaria y política tendrían datos exactos para juzgar a los que han merecido los votos de los pueblos, para manifestar los progresos de una de las ciencias más importantes, y pintar la marcha de la nación en la época interesante de su nueva existencia. Las leyes serían estudiadas con placer, concebidas con facilidad, y retenidas fielmente. La República, poco conocida de las naciones extrañas, adquiriría crédito en ellas; y el crédito es siempre origen de muchos bienes. La opinión pública obtendría hechos inequívocos para ser remuneradora justa, para censurar o elogiar, para borrar el nombre de algunos y hacer eterno el de otros. Los diputados deben ser los oradores de la nación, los protectores de sus derechos, los conservadores de sus fueros. ¿Puede ser justo que los pueblos no oigan jamás la voz de sus defensores?

Todos los Congresos de las naciones que han establecido gobiernos representativos tienen diarios que publican sus discusiones y propagan los conocimientos. ¿Sólo el de la República de Centro América, sólo el de Guatemala tendrá la desgracia de no publicar jamás sus sesiones?

Guatemala tiene una gloria que ignoro hayan tenido las demás Repúblicas de América, la de haber escrito un hijo suyo una taquigrafía nueva en diversos aspectos. Los Congresos de las otras naciones tienen taquígrafos que escriben los discursos de sus diputados. ¿Y el de Guatemala será el único que carece de ellos?

En toda nación que tenga gobierno representativo debe haber un periódico que publique las discusiones de su Congreso, Parlamento o Cortes. Es gasto preciso y productor de muchos bienes. Debe decretarse su erogación en el caso de no bastar para cubrirla el producto de la subscripción que debe abrirse.

Hay verdadera inmensidad en los negocios que pueden ocupar el celo de un Congreso que quiera corresponder a la expectación de los pueblos. Pero todos ellos, cualquiera que sea su número, pueden reducirse a pocos puntos cardinales.

En una nación que acaba de proclamar sus derechos, la independencia debe ser el objeto primero de sus cuidados. Para sostener o consolidar la independencia son precisas dos fuerzas: la moral y la física. Para formar la fuerza moral es necesario arreglar la instrucción pública y para crear la fuerza física es necesario organizar el Ejército. Para los gastos que exigen la instrucción pública y el ejército es preciso la Hacienda Nacional. Para tener Hacienda Nacional es necesario la Riqueza. Y para que haya Riqueza es preciso fomentar la Agricultura que hace dar frutos a la tierra, la Industria que mejora o embellece los frutos de la Agricultura; y el Comercio que transporta los productos de la Industria.

Independencia apoyada en dos fuerzas. Instrucción Pública creando la fuerza moral, Ejército formando la fuerza física, Hacienda Nacional dando fondos para los gastos de la Instrucción y el Ejército, Agricultura, Industria y Comercio enviando caudales a la tesorería de la nación. Este es el cuadro que el Congreso debe tener siempre delante de los ojos, estos son los puntos que deben ocupar nuestra atención, estos son los negocios en que debemos pensar.

Que la comisión de agricultura piense al fin en la madre primera del hombre manifestando las causas que la tienen pobre y reducida a un pequeño número de artículos de exportación, y proponiendo medidas activas para hacerla rica y extensa.

Que la comisión de industria se acuerde de los artesanos, fábricas y manufacturas proponiendo cuanto sea útil para plantear en nuestro y suelo algunas de las que faltan y son más necesarias.

Que la comisión de comercio medite planes y presente arbitrios para dar extensión al de la República multiplicando sus relaciones y elevándola al grado a que puede subir.

Yo deseando por una parte que se haga justicia al celo de las comisiones que trabajan, y queriendo por otra que se llenen las miras del Reglamento, propongo al Congreso se sirva acordar:

1. Que los lunes de cada semana manifieste la secretaría: 1. ¿Cuáles son las comisiones que han trabajado?, y 2. ¿Cuáles son las que no han trabajado en ninguno? 3. Que asuntos continúan pendientes en cada una de ellas.

2. Que en el caso de no haber asuntos despachados por las llenar las horas que según el Reglamento deben durar las sesiones del Congreso, todos los individuos de ellas sean obligados a completar las horas que falten trabajando en los negocios propios de sus comisiones respectivas.

En los Congresos ha habido siempre y es natural que haya divergencia de opiniones. Formados de individuos de diversos estados, de diversas profesiones, de diversas edades, de diversos intereses, de diversas educaciones, es preciso que los sentimientos y votos sean también distintos.

Las sesiones del Congreso deben empezar a las 9 de la mañana y concluirse a la una de la tarde. En estas cuatro horas un diputado está ocupado en oír las notas del Poder Ejecutivo sobre diversos puntos y las proposiciones que se hacen sobre negocios de hacienda, guerra, instrucción pública, relaciones exteriores, etc., y en discutir sobre el asunto puesto a discusión. A la una de la tarde sale, fatigada la cabeza, a gozar en su casa, de las horas precisas de descanso. A las 4 vuelve a la sala de comisiones a examinar con sus compañeros algunos de los expedientes pasados a su vista; y al principio de la noche estudia y medita alguno de los puntos que se han de discutir en el Congreso o despachar en las comisiones de que es individuo. ¿Y los demás que despachan las comisiones de que no es vocal? Y los que se proponen de repente y se declaran del momento, ¿a cuál hora del día o de la noche podrán ser estudiados, examinados y meditados? Llamada la atención a tantos asuntos de especie tan diversa, presentado en este momento un negocio de rentas, en el que sigue otro de marina, en el que sucede otro de educación, y en los demás, otros de guerra, de tranquilidad pública, de tratados de comercio, etc. ¿podrá el talento más vasto formar al instante juicio exacto, decir discursos razonados y dar votos juiciosos sobre todos? .El hombre ilustrado, laborioso, retirado de la sociedad y sus entretenimientos, ¿no sentirá penas infinitas para dilatar su atención a un espacio tan extenso de negocios y dar lleno completo a los deberes de Diputado? Y el que no tiene principios, ni ama el trabajo, ni sabe arrancarse de los paseos y diversiones, ¿podrá cumplirlos y corresponder a las confianzas del pueblo?

Yo pido permiso para decirlo, El Congreso, en su actual organización, es necesario que cometa errores dolorosos; y el Senado instituido para rectificarlos, dando sanción a lo justo y negándola a lo que no lo es, ha sido concebido de una manera que dificulta el lleno de su instituto.

…cuando las cámaras nacen de un mismo origen y representan una misma clase, cuando el Ejecutivo no tiene derecho alguno de sanción, los efectos producidos por sistema tan triste son absolutamente diversos. El Poder legislador marcha a la omnipotencia y el ejecutor elude o cumple fríamente leyes dictadas muchas veces contra su opinión. Las leyes tienden al beneficio de una clase y al daño de otra. La clase beneficiada las recibe con entusiasmo, y la perjudicada las mira con horror. La ley no marcha tranquila, en paz y sosiego. Unos quieren sostenerla, otros pretenden sofocarla. Se suceden unas a otras las guerras intestinas. Cada partido que triunfa se siente sobre ruinas y la total de la República será al fin el último resultado.

La marcha de Centro América atesta estos principios. La Constitución ha creado dos Cámaras: el Congreso y el Senado; pero manda que una y otra salgan de un mismo origen: dispone que ambas representen un mismo pueblo. El mismo partido que triunfa en las elecciones elige a los individuos del Congreso y a los Vocales del Senado. La masa del pueblo, representada por el primero, lo es también por el segundo; y de las dos clases en que se dividen las naciones del mundo, la una no tiene Cámara que la represente y la otra tiene dos que la sostengan.

CONQUISTA

Los conquistadores son como los animales carnívoros: tienen caracteres genéricos, y caracteres específicos.

Género: El carácter genérico es la injusticia sostenida por la fuerza y la intriga. Todos los conquistadores son usurpadores violentos que quebrantan las fronteras de una nación, invaden su territorio, insultan a los pueblos, huellan los derechos más sagrados, emplean toda clase de arterías, mañas o astucias para ejecutar sus proyectos, caminan sobre sangre y muertes para llegar a su fin,

Especies: Son muchas las que deben distinguirse. He visto los campos y no he acabado de numerar todas las especies de plantas venenosas. He leído la historia, y no he podido contar todas las especies de conquistadores. Toman distintas máscaras; se esconden bajo diversas formas; se ponen diferentes nombres. Se llaman protectores unas veces, pacificadores otras, etc.

Las especies que he determinado hasta ahora con caracteres inequívocos, son las siguientes:

Especie 1a. Un hombre ambicioso quiere ser rey o emperador. Trepa al trono, y se sienta en él. Pero teme que los otros reyes repugnen ver su mismo rango a un hombre nuevo. Les declara guerra, y se vuelve conquistador para derribarlos y colocar a sus amigos o parientes. Bonaparte era conquistador de esta primera especie. Fingiéndose muy republicano al principio; engañando a los partidos, intrigando y creándose fuerzas se elevó a emperador. Pero consideró que legítimos se coaligarían para echarlo a tierra. Se volvió en consecuencia conquistador de España, de Nápoles, de Holanda, etc., para hacer reyes a sus hermanos y tener en ellos un apoyo de su trono. Se derramó la sangre inocente del español, del napolitano, etc., para que Bonaparte y sus parientes estuviesen altamente colocados; se atropelló lo más sagrado para sostener lo más injusto.

Especie 2a. Los grandes de una nación ven que los pequeños quieren que no haya privilegios, ni distinciones que no estén fundadas sobre el verdadero mérito. Temen que triunfe el mayor número y para distraerlo hacen que el gobierno de la nación, se torne conquistador, y mande a los pequeños a matar a los pueblos vecinos. Los patricios o grandes de Roma fueron conquistadores de esta nación especie. Veían las pretensiones del pueblo; y para alejarlo de ellas, o entretenerlo hicieron que el gobierno romano fuese conquistador y lo enviase a conquistar la Sicilia, la España, la Francia, la Inglaterra, etc. Todos los pueblos del mundo conocido entonces fueron hollados en sus derechos, saqueados en sus bienes, y violados en sus personas para que los patricios conservasen sus privilegios o rango elevado.

Especie 3a. Los grandes de una nación presienten que la constitución política de ella tiende a hacer a todos iguales ante la ley. Ignoran que el virtuoso ha de merecer siempre consideraciones que no se han de dar al vicioso; ignoran que el sabio ha de ser superior al ignorante, etc. No tienen fuerzas en la propia nación para impedir que llegue el caso temido de igualdad legal; las piden ocultamente al gobierno de otra nación vecina y con ellas pretenden sujetar, o hacer esclava a su misma nación patria. Los grandes de Génova fueron conquistadores de esta tercera especie. No poseyendo cuando su patria era libre todos los mandos o empleos que tenían cuando no lo era, trabajaron subterráneamente para que gobiernos extraños enviasen fuerzas opresoras de la república.

Cuando en un país ha habido mutación de gobierno, las conquistas de esta especie son las que deben vigilarse más. Variado el sistema, los amigos del antiguo régimen quieren que la nación retrograde al que tenía antes.

Especie 4a. Los grandes de una nación ven que la nueva legislación deroga sus antiguas distinciones; y el rey, el emperador o el jefe que manda ve también que esa misma legislación pone frenos a su autoridad. Se unen pues los grandes con el rey, emperador, o jefe para que no sea libre su patria; no tienen esperanza de encontrar fuerzas en su nación, y las solicitan de gobiernos extraños. Los grandes de España y el rey Fernando 70. son conquistadores de esta cuarta especie. Se restableció la constitución que restringía las facultades de Fernando y derogaba los abusos de los grandes; formaron liga desde luego; pidieron fuerzas al gobierno francés; y con las que les envió Luis 18 destruyeron la ley fundamental que habían decretado las cortes, y sujetaron a los pueblos infelices al poder arbitrario que los tiene subyugados. Se despreció la voluntad ilustrada y justa de la acción; se holló la constitución política que le prometía felicidad; se deprimió a los pueblos; se atropelló el derecho de gentes para que el rey sea absoluto; y los grandes continúen siéndolo contra lo que dicta la razón.

La injusticia siempre irrita a quien la sufre; y la de los conquistadores de la primera, segunda, tercera y cuarta especie no puede ser más clara. Los pueblos se exaltarán a vista de ella lucharán para defender sus fueros y libertades; habrá choques violentos; y la tierra, tan empapada en sangre, volverá a inundarse en ella. Sed justos, hombres de todos los países; respetad en vuestros semejantes vuestros mismos derechos; convenceos al fin de que sólo la Justicia hace durar siglos la paz, el sosiego y el orden. Si no respetáis los fueros y libertades del mayor número, ¿queréis que ese máximo respete las pretensiones del mínimo?

¿No veis que el hombre más poderoso que vieran los siglos; Bonaparte y su inmenso ejército desaparecieron últimamente cuando en sus combinaciones esperaban triunfos más brillantes?

Cálculos falsos han hecho esperar a diversos gobiernos muchas ventajas de la extensión vasta de dominios. Esas esperanzas han llevado el espíritu de conquista a los países más remotos, han puesto en movimiento a la tierra, y hecho la desgracia de los hombres.

Al fin triunfará la Razón, autora de cálculos verdaderos; y la América es la que hará oír sus acentos. No son conquistas lejanas (dice a la Europa, y se repite a sí misma) las que convienen a los Estados. Lo que les interesa es su felicidad interior, su buena administración, su gobierno justo y paternal. Si la atención del que los rige se divide en una inmensidad de pueblos, distritos o partidos, será muy pequeña la parte que toque a cada uno de ellos. No serán oídas como merecen todas sus quejas, ni socorridas como tienen derecho todas sus necesidades, ni desarrollados como pudieran serlo todos los gérmenes de su riqueza. Se vuelve la vista a las tierras que no se poseen y no se piensa en las que se tienen desiertas o baldías, se conquistan hombres nuevos, y no se da a los antiguos toda la atención de que son dignos, se adelanta en una parte, y se pierde en otra.

Sucede a los gobiernos lo mismo que a los propietarios. Las heredades más bien cultivadas, los cortijos mejor atendidos son los pequeños. La mente más vasta no puede administrar como corresponde un terreno inmenso. El celo se debilita cuando se parte en una multitud de objetos.

No hay conquista que no sea ruinosa en su origen y últimos resultados. Se hacen quebrantando las leyes más sagradas de gentes seduciendo o declarando guerra a pueblos que no han hecho daño hollando su independencia y destruyendo su libertad. Se conservan manteniendo tropas permanentes, vejando, oprimiendo, y empleando todas las especies de injusticia de que hace uso el despotismo o arbitrariedad. Los pueblos se irritan con tantos rigores. No son parte integrante de la nación a que corresponden en apariencia. Son enemigos interiores que aborrecen al gobierno y trabajan subterráneamente en el restablecimiento de su libertad. La proclaman al fin cansados de sufrir; empieza otra guerra tan destructora como la que fue necesaria para conquistar, triunfa por último la justicia; y después de guerras, proscripciones, sangre, muertes y horrores, el conquistador vuelve a quedar reducido al territorio que tenía al principio antes de ser ambicioso y usurpador.

Esa es la historia de la ambición que quiere libertad para sí, y no respeta la de los demás, ese es el cuadro de los hombres que por adquirir una legua hacen daños que no pueden calcularse.
6 de octubre de 1826.

Tres siglos de dominación española fueron tres siglos de un gobierno que anonadó la mayoría de los pueblos y creó y elevó la aristocracia eclesiástica y civil. Cerró los puertos de América a todas las naciones, los abrió solamente a España; y el comercio quedó estancado en manos de los españoles que tenían relaciones en la Península. Los empleos eran confiados a españoles o hijos de españoles que por la riqueza de su casa podían ir a Madrid a pretenderlos. Los que no eran de sangre limpia eran excluidos de todas las carreras de honor. Se embarazaba la instrucción y no se fomentaban los ramos de riqueza. Se habían extinguido las familias de los príncipes y caciques e indígenas más ilustrados y solo se había dejado lo más estúpido y miserable. Los eclesiásticos habían sido agentes de la conquista y continuaban siendo instrumentos de gobierno.

Un sistema tan equivocado de Administración debía hundir en la nada al máximum y elevar al mínimum. El primero era absolutamente nulo, y el segundo tenía los poderes de la autoridad y de la riqueza.

El sistema colonial, que gravitó cerca de tres siglos sobre la América, ha sido la suma de los sistemas más funestos que han oprimido a los pueblo.

Autorizó la opinión que envilecía las artes y oficios, abandonándolos a los brazos degradados de lase que llamaban la castas, estableció la inquisición, que embarazada el desarrollo de la facultad de pensar, elevó a ley el sistema mercantil, decretando, para sostenerlo, las penas más injustas, quitó a los mineros, que llamaba clase importante y privilegiada el derecho de extraer su oro y plata, ÿ a los agricultores, que creía dignos de protección, el de exportar sus frutos a las plazas donde valían más; cerró los puertos del mundo a todas las naciones del antiguo, la conquistadora excepto, sujetó los intereses de millones de hombres a los del comerciante Cádiz; hizo aparecer delito enorme lo que llamaba contrabando y no era más que el uso que hacía de su propiedad un propietario legítimo; cerró las puertas del honor a los individuos del pueblo, y estancó los primeros empleos en los hijos de España más adictos al sistema de aquella deplorable época **(a),** mantuvo a los indígenas en la más estúpida ignorancia y los condenó a tutela perpetua en consideración a la ignorancia en que los tenía; mandó que en los reinos conquistados por la fuerza no se cultivasen los frutos ni estableciesen las fábricas que se cultivaban y estaban establecidas en los reinos conquistadores; fundó pueblos en la parte central del Continente, lejos de las costas puertos de extracción, aisló América, y la separó de las naciones donde se cultiva y hace progresos la razón; hizo sufrir los horrores de la esclavitud, condenando a ella a los indios que donaba a los conquistadores y encomenderos y permitiendo el tráfico de negros para los trabajos de las minas y cultura de los campos; hizo pobre al país de la riqueza, anonadó un mundo entero.

(a). El editor de la Biblioteca colombiana que empezó a publicarse en Lima el año de 1821, manifiesta, que de 170 virreyes que gobernaron la América, 166 fueron españoles, y 4 solamente americanos y que de 602 capitanes generales, 588 fueron españoles y sólo 14 americanos.

Si se ejecutan los planes de esclavitud que maquina la ambición, es porque faltan luces para prevenirlos, luces para conocerlos y luces para saber sofocarlos.

Una nación que domina a otra sabe que cesará la dominación al momento que la dominada comience a pensar y ser rica. Este secreto le revela el plan de su gobierno. Trabaja para sofocar el pensamiento y embarazar la riqueza, mantiene ignorantes y pobres a los pueblos sometidos, funda el sistema de su administración en la ignorancia y pobreza, busca en estas tristes garantías las de su dominación violenta y en el siglo de las luces, en la edad de las ciencias, es libertad para sí misma e injusta para los pueblos que quiere mantener sojuzgados.

CONSTITUCIÓN

La ciencia constitucional menos adelantada que las naturales y exactas, es entre las políticas la que ha hecho menores progresos. Son muchas las causas de su atraso; y sería importante que se desenvolviesen en un ensayo bien escrito.

Desde el siglo XV gobiernos absolutos fueron los que empezaron a mandar en Europa y en América; y los gobiernos de aquella clase son los enemigos más fieros de las ciencias, especialmente de las políticas. Las relaciones de los pueblos dan impulso a sus progresos, el comercio abre y estrecha aquellas relaciones; y el comercio ha estado siglos estancado por el monopolio. La América hasta ahora ha abierto sus puertos, los de la India continúan cerrados al mayor número de pueblos, el Asia está aislada y el África sigue pobre y bárbara, no haciendo casi otro tráfico que el más depresivo para la especie humana.

Los experimentos son los que adelantan las ciencias; y los experimentos fáciles en las físicas y matemáticas, son muy costosos en las constitucionales. El análisis de una piedra, la disección de un reptil son experiencias que pueden repetirse sin trabajo ni gastos. Pero la felicidad o ruina de una nación es prueba que no puede hacerse sino temblando, meditando aun las sílabas, pensando aun en las comas.

La ciencia constitucional es la más difícil de todas, la que abraza más relaciones, la que exige talentos más profundos. El sublime de una carta fundamental no consiste en coordinar, divididas en secciones o títulos, proporciones abstractas o generales. Consiste en dar a cada pueblo la constitución que le convenga en su actual estado de miseria o riqueza, de civilización o ignorancia, de moralidad o inmoralidad, de población homogénea o heterogénea; consiste en que la ley sea tan adecuada a la nación que no pueda serlo a otra distinta. Deseamos que lo tengan presente los Congresos que van a dar constitución a los Estados que no la tienen, y que convencidos de la dificultad de la obra que es encomendada a sus manos, empleen todo su celo en hacer la que pueda ser más conveniente a los pueblos en su actual posición.

Las sociedades políticas tienen en su marcha cuatro Estados: el de instituciones democráticas, ele de instituciones aristocráticas, el de Monarquía y el de despotismo. Elíjase lo que se quiera. Damos el derecho de elección. ¿Si nuestro Estado en 811 era el primero, por qué se deseaba una Constitución tan aristocrática? ¿Si era el segundo, por qué se declararon los derechos de la Democracia? ¿Y si era el tercero, o el cuarto, por qué se publicó la primera, y se dieron a luz los segundos?

Decir en la Declaración de los Derechos del Ciudadano, que la legislatura es propiedad de la nación, y querer en la Constitución que los Diputados a Cortes no sean elegidos por el pueblo, decir que los derechos del ciudadano son la igualdad y la libertad, y privar al pueblo aun del de elegir Regidores y Alcaldes; decir que todos son iguales y libres, y sujetar a todos a la más dura aristocracia, éste es un fenómeno que por nuestro amor a Guatemala sentimos que se haya visto en Guatemala.

El espíritu de familia ha sido el primer origen de estas incidencias. La Constitución, extendiendo el Bien a todos, irá formando el espíritu público; y cuando lo haya con toda la energía y latitud que debe tener; cuando la ley grande que ahora comienza a plantearse haga nacer los sentimientos benéficos de fraternidad; cuando las sociedades políticas sean compañías como quiere la constitución, entonces las elecciones serán un cálculo pacífico hecho tranquilamente por amigos de la Patria. ¿Quién es el que puede hacer mayor bien al público? Este será el problema que resolverán los electores, el pueblo disfrutará los beneficios de su resolución; y sin ofensas o agravios marcharemos todos al objeto que debemos proponernos.

Los más de dos papeles públicos que se han dado a luz, respiran mucho amor al nuevo sistema. Me lisonjeo que Guatemala abrigue ideas tan liberales y benéficas; pero quisiera que no se quedara en esto. Las obras son la mejor prueba del patriotismo. Cuando observemos la ley aunque hiera nuestro amor propio e interés particular sin buscarle interpretaciones para eludir sus defectos, entonces seremos verdaderamente liberales, amantes de la Constitución. Entonces podremos reclamar con desembarazo las infracciones de la ley sin riesgo de que echen en cara el mismo defecto.

Debe ser la expresión del principio grande de la sociedad o compañía y de las consecuencias que se derivan de este principio.

Debe ser uno porque es uno el principio, y las consecuencias que se deducen de un principio, no deben formar todos, o cuerpos diversos.

Debe ser extensivo a todos, porque todos son individuos de una misma sociedad o compañía.

Debe ser formado el bien general de todos, porque todos son compañeros o socios, y no hay compañía o sociedad cuando lo útil es para unos y lo gravoso para otros.

La constitución inglesa celebrada con tanto entusiasmo no tiene el carácter justo de partir de un principio y ser consecuente en todas sus deducciones. Creando dos Cámaras, divide en dos la sociedad que debe ser una y señalando a las ciudades número diverso de Diputados, se desvía del principio, base de la sociedad o compañía. La superioridad de nuestra Constitución es indudable en este punto. Se aproxima más a la unidad, se acerca más al principio social; y no produce las diferencias enormes de clases consiguientes a la separación de cámaras.

..es inexacta la división de Códigos fundamental, Civil, Criminal y Mercantil, porque el Código debe ser uno, y las secciones solamente diversas. Debe fijarse el principio de sociedad o compañía: deducirse las consecuencias: clasificarse las que se infieran en la primera sección las que designan la forma de Gobierno; poner en la segunda las que se llaman leyes civiles; subdividirla en cinco especies: 1a.la de leyes comunes a todas las clases; 2a. la de leyes rurales para los labradores y mineros; 3a. la de leyes fabriles para los fabricantes y artesanos; 4a. la de leyes mercantiles para los agentes del comercio; 5ª. la de leyes respectivas a los funcionarios; colocar en la tercera sección, las denominan leyes criminales y subdividirla en dos especies: las que deben formar la escala de los delitos y las que deben manifestar la escala proporcional de las penas.

Lejos de los gobiernos las teorías brillantes, pero falsas y funestas al fin, en el movimiento de los siglos. Se equivocó el celebrado Licurgo; se equivocó el profundo Montesquieu; se equivocaron todos los que se han desviado del principio sencillo de compañía o sociedad.

Si en las convenciones mezquitas del interés, no se cree que la haya, cuando el lucro es para unos pactos y la pérdida para otros, en los pactos grandes de las sociedades políticas, ¿podrá existir cuando la ley dé goces a unos y trabajos a otros?

Oídlo, hombres que amáis a los hombres: El principio de donde debe partir todo Código Legislativo es hacer que sean socios todos los individuos de la sociedad. El Código que tenga este carácter será justo y duradero como la verdad que le sirve de base. El Código que no lo tenga será injusto y desaparecerá al momento que haya ilustración.

Terminó el año de 1820 y comienza el de 1821. En el primero se publicó y juró la Constitución. En el segundo se irán acordando los decretos y medidas que exige su cumplimiento.

La marcha de la prudencia es lenta como la de la naturaleza y el arte. Desarrollándose poco a poco un germen diminutísimo se eleva el árbol que refresca con su sombra y regala con sus frutos. Poniéndose un canto sobre otro se levantan los palacios, admiración del talento.

La ilustración se irá extendiendo gradualmente, el espíritu público se irá formando del mismo modo; y cuando se dé a todas nuestras necesidades la atención que reclaman, el sistema de la razón, se irá planteando con la circunspección que exige la transición de un gobierno a otro.

Es preciso difundir los principios y derramar los conocimientos que deben servir de base a la Constitución que se forme. Una ley fundamental que elija y combine los Poderes que han de regir a millares de individuos es la obra maestra del espíritu humano. Si no se forma la que exige la ilustración del siglo, si la liberalidad de sus principios nos reúne en un punto los intereses del máximo, las consecuencias podrían ser tristes y los resultados funestos.

Es preciso discurrir arbitrios y planear medidas para que el genio de las divisiones no embarace nuestra más perfecta felicidad, para que las provincias de América mediten el mayor bien posible de la patria, y acordes en él, uniformen la opinión y sentimientos. El bien social es obra de la sociedad y no hay sociedad habiendo divergencias en los pueblos y provincias.

Es preciso un Poder Legislativo que forme las leyes, y un Poder Ejecutivo que las cumpla y haga guardar.

Es preciso una ley fundamental que designe aquellos Poderes, que demarque la extensión de sus atribuciones, y señale la forma con que deben ser ejercidas, y esta ley grande es lo que se llama Constitución.

Pero los momentos en que se va a establecer o consolidar un Gobierno son en la historia de las naciones los momentos más delicados. Vivimos en el siglo XIX; y el siglo XIX es siglo liberal; siglo filosófico, siglo humano, amigo de los hombres, bienhechor de los pueblos. Existimos en América; y la América, merced al gobierno español que la ha regido, es el país donde la sociedad se ha visto dividida en más sociedades, donde los hombres se ven partidos en más clases. Estamos en la época peligrosa en que alzado el peso opresor que gravitaba sobre los pueblos, cada uno de éstos impelido por su elasticidad respectiva, es temible que siga movimientos diversos.

Pero formar una Constitución que sea como una perpendicular que no se incline injustamente a unos más que a otros, formar una ley que contente a millones de hombres, formar un código que concilie tantos intereses disidentes, formar un pacto que quite a unos y dé a otros, dejando contentos a los primeros y satisfecho el apetito de los segundos. ¡Oh América bien amada! He aquí uno de los pasos difíciles que faltan, he aquí el escollo donde se han estrellado algunas naves que habían salido del puerto ufanas, alegres, con vientos favorables en popa.

No es imposible evitar escollos, ni quiere mi pecho que lo sea. Pero es útil conocer los que haya para no estrellarse en ellos; es provechoso designar los peligros para saberlos prevenir.

Cuando se trataba de independencia, la armonía de intereses era para los americanos tan precisa como la unión en un punto, de cuerpos impelidos a él por fuerzas iguales. Era natural que todos dijesen: El administrador debe residir en la misma hacienda o cortijo. Querer que el administrador esté en un lugar y la hacienda en otro es querer que la hacienda esté mal administrada.

Cuando se habla de Constitución política, la unión de intereses es por el contrario la obra más difícil que puede pensarse. Cada clase quiere Constitución distinta, cada corporación tiene deseos diversos. Todos ansiaron la abolición del Gobierno viejo para mejorar sus destinos; y al tratarse de establecer el nuevo, cada uno quiere el que conviene más a sus intereses, el que asegura más su propia suerte, que protege más su Yo personal.

Si triunfan unos, los otros podrían acaso unirse con vínculos estrechos; y la unión de éstos podría crear una fuerza superior a la de aquéllos.

Sólo una Constitución que asegure el mayor bien posible del mayor número posible puede unir a su favor el mayor número posible; sólo una ley de aquella clase puede tener a su favor la fuerza de ese mayor número posible.

Los trabajos constitucionales son entre los legislativos los de mayor complicación y trabajo; los que exigen combinaciones más profundas, y se extienden a espacios más dilatados. Una constitución bien o mal meditada decide los destinos desgraciados o felices de una nación; asegura su libertad, o prepara su esclavitud, la eleva al poder, o la hunde en el abatimiento.

La comisión, convencida por una parte de esta verdad, deseosa por otra del bien de la nación, has buscado luces donde ha esperado encontrarlas; han examinado las constituciones modernas de más crédito; ha procurado penetrar el espíritu de las antiguas. No han sido sin embargo lisonjeras sus esperanzas. Ha deducido por el contrario un resultado triste; pero cierto y capaz de demostrarse. Una constitución perfecta es problema que todavía no se ha resuelto.

En todas las que se han meditado hasta ahora, en las que parecen más bien combinadas y con influencia más benéfica en la suerte de las naciones, descubrirá defectos quien se detenga a analizarlas.

Una ley fundamental formada con prudente sabiduría es el objeto final de una nación que se ha puesto en movimiento para ser independiente y feliz.

El artículo que en la constitución permite su modificación, revocación o variación, es un artículo sabio, que bien manejado puede ser instrumento de paz, dando a los dos partidos esperanzas de variar o modificar los que sean dignos de modificación. Sería importante: 1º. Que se fundase una Sociedad de Amigos de la Constitución; 2º. Que se publicase un Constitucional que en su primera parte explicase sucesivamente los artículos de la Constitución y en la segunda publicase las noticias y doctrinas convenientes para difundir el espíritu constitucional; 3º. Que se escribiese un Catecismo de la Constitución y se aprendiese en las escuelas.

Todos los Estados de la República, todos los pueblos de los Estados juraron la Constitución. He aquí el pacto de que se celebró de nuestra justa independencia. ¿Si son sagrados los contratos de los particulares, no lo serán los de los Estados? Si son respetables las leyes civiles, ¿no lo serán las fundamentales?

Las repúblicas se organizan por la ley, existen por la ley, se conservan por la ley. Este es el carácter que las distingue de las monarquías absolutas. En aquellas manda la ley y el poder Ejecutivo no es más que ejecutor de la ley. En estas la voluntad del rey dispone de todo a su placer.

No hay infracción de la ley que no produzca efectos infinitos, productores de otros que también lo son. Es preciso que suceda así.

El estudio de la naturaleza del hombre, la observación atenta de su elasticidad lo manifiestan con evidencia.

La nación juró y proclamó con entusiasmo esta constitución. La nación empezó a marchar pacífica y alegre por la senda que le designa.

Puede ser reformada o adicionada la constitución. ¿Quién puede dudarlo? ¿Cuál es la obra de los hombres que no esté sujeta a las reformas o adiciones?

Pero reformándose o adicionándose la ley del modo y bajo la forma que expresa la ley, no puede haber riesgo alguno. ¿Cuál es el delito, o donde está el cargo de que somos reos obrando conforme a la ley? La constitución da a los representantes del congreso federal y a las asambleas de los Estados el derecho de proponer reformas o adiciones. Siendo ellos los que las proponen, la ley sería cumplida y la paz no se vería alterada.

Queriendo reformarse o variarse la ley de un modo contrario a la ley, los peligros pueden ser grandes. ¿El pueblo vería con indiferencia la abolición de la ley que lo declara soberano, que le abre las puertas de los empleos, y le da el derecho de elegir a sus diputados, a sus senadores, a sus magistrados, a su presidente y vicepresidente? ¿No habría guerras civiles? ¿No sufriríamos por ellas los que amamos el orden constitucional, el sosiego, y tranquilidad? ¿No se volvería el Centroamericano contra el Centroamericano? ¿Y los esfuerzos que deberían ocuparse en hacer jardín este suelo hermoso y fecundo no se encarnizarían en cubrirlo de sangre y cadáveres?

¡Ley! ¡Ley! Ella es la que salva a las naciones en sus más inminentes peligros. El plan de la ley es en las crisis más grandes, el plan menos arriesgado, el más seguro, el más útil, el menos costoso. ¿Si no hubiera una sola asamblea que quisiera proponer reformas o adiciones, si no pudieran reunirse seis representantes que quisieran hacer igual propuesta, ¿sería prudente que se luchase contra la voluntad general de la nación? Y habiendo asambleas o representantes que deseen alteraciones o reformas, sería justo que se olvidase el camino llano de la ley, y se eligiese el que puede tener precipicios, o estar cercado de abismos?

Lo que llama justamente la atención de Ud. (José del Barrio) ocupó la mía desde que tuve noticia de los tratados de Panamá. Desde entonces manifesté con más empeño la necesidad urgente del Congreso, y en los últimos números del Redactor puede leer, algunos de mis pensamientos, y deseos.

"Un gouvernement sage ne tente jamais de faire par la rigueur ce qu'il peut faure bien mieux par l'adresse et le temps".

"Un gobierno sabio no intenta jamás por la fuerza lo que puede hacer mejor por la astucia y con el tiempo".

Hay defectos en nuestra Constitución; pero ella misma dice cómo puede ser variada o derogada, y este plan sería legal y su ejecución no derramaría sangre.

Mi estimado amigo, no ha llegado aún el escrito. Pero recibo por el anterior los dos ejemplares que me remitió del impreso: ¿Tenemos Constitución?

Siento vivamente que haya comenzado a escribirse contra la de esa república. Así empieza a dividirse la opinión, esa división formando dos partidos, los partidos chocan al fin, su choque produce guerra civil; y las guerras intestinas envuelven a los pueblos en todo el caos de males que son consiguientes.

¿Hasta cuándo se conocerá que una ley fundamental decretada por la nación o sus legítimos representantes no puede variarse sin revoluciones horrorosas, a menos que la variación se haga del modo designado por la misma ley? En Buenos Aires han sido seguidas unas tras otras las revoluciones porque han sido incesantes los conatos de mudar las formas de su gobierno. El reposo de Colombia ha sido turbado por haberse querido alterar su Constitución. En Centro América dijes desde el año anterior que si se intentaba reformar o derogar nuestra carta constitucional de una manera diversa de la prescrita en ella, habría guerra civil, sangre y muertos. Yo no fui oído; y por no haberlo sido estamos sufriendo todos los males de la guerra intestina.

Dar al pueblo una Constitución liberal que sancione los derechos lisonjeros de desigualdad y libertad, y querer después variarla de repente, ¿no será exponerse a que se alarme ese pueblo y quiera sostener su carta? Los brazos que mueven los cañones, las manos qué manejan los fusiles no son del mismo pueblo?

Es doloroso que las repúblicas de Centro América empleen en mutaciones repentinas de constituciones el tiempo que debían ocupar en consolidar su independencia y hacer progresos de riqueza. Cuánto habrían avanzado en uno y otro si no se hubieran perdido tantos días en tantas variaciones hechas con tan poca o prudencia y menor previsión.

Pero los momentos presentes no son los de la oportunidad. En Londres la crisis comercial embarazó los grandes proyectos; y en Centro América la revolución ha impedido los pensamientos de beneficencia. ¿Debe existir la ley fundamental decretada por la Asamblea, sancionada por el Congreso y jurada por la nación? Esto es lo que ocupa al presente la atención de todos. Unos dicen sí; otros dicen no; y esa cuestión es (a mi juicio) la que están discutiendo los fusiles y cañones.

Puede ser que me equivoque. Pero sea la que fuere, convendría que la ilustrase la Razón y la decidiese el Congreso; y ni lo uno ni lo otro se verifica pues no hay de hecho libertad de imprenta, ni existe en sentido alguno el Cuerpo Legislativo. Sigue la revolución su marcha; y me parece que no habría si se hubiera oído mi voz.

Vuelvo a repetirlo. Para prevenir la revolución dije desde octubre del año pasado: "Las Constituciones de otros Estados no pueden ser abolidas ...o variadas hasta que pase el término que prefinen. La de nuestra República puede ser reformada en cualquier tiempo; y ella misma designa el modo con que debe serlo. Si se quiere revocarla, procédase como manda en el último de sus capítulos. Este medio será legal y evitará guerras intestinas".

La carta penúltima en que Ud., me dijo que se estaba tratando de reformar la Constitución, me hizo concebir esperanzas lisonjeras, pero el dictamen de la Comisión ha enlutado las que tenía. No doy mi voto a la nueva organización que se propone del Poder Ejecutivo. Descubro en ella graves inconvenientes, y consecuencias funestas. El Poder electoral es lo primero que las Repúblicas de América deberían reformar porque seremos infelices mientras las elecciones se hagan como se hacen. El Poder Legislativo es lo segundo que reclama la atención. Los propietarios no tienen las garantías que deben tener. ¿Qué importa que el acto de acordar contribuciones no sea atribución del Ejecutivo, sino del Legislativo? Si el Legislativo está compuesto de individuos que no son propietarios, los impuestos y leyes sobre propiedades, lejos de tener límites irán llegando sucesivamente a extremos muy dolorosos, No hay legislatura que no aumente empleos y contribuciones.

En tanto que no se reforme el sistema de elegir, y de legislar, serán pequeños nuestros adelantamientos en Riqueza y propiedad general.

La Constitución Política de una nación es siempre objeto de las atenciones. Obra diariamente en todas las clases e individuos, se siente cada día su influencia dañosa o benéfica.

Los pueblos de Centro América han fijado sus pensamientos en la que comenzó a regirlos desde 1824. Cada partido la ha visto en distinto aspecto, o por distintas fases. Han sido diversas las observaciones, se han formado opiniones diferentes. Se pidió la decisión a la fuerza en años anteriores, se espera ahora de una convención o Congreso Constituyente, se pregunta, se consulta, y convención, y estos primeros pasos llenan de gozo a los que conocen todos los valores de la paz.

¿Debe abolirse la Ley Fundamental que nos ha dirigido por espacio de más de ocho años? Derogada por autoridad legítima, ¿cuál es el sistema de gobierno que debe adoptarse? ¿Será el central que reúne los Poderes en un centro? ¿Será el federal, simplificado de la manera que exigen nuestras necesidades?

La que se llama Era Constitucional empezó en Europa a fines del siglo próximo, cuando se veían los horrores del despotismo que se había sufrido, y no se miraban los infiernos de la anarquía que no se había experimentado, cuando los talentos vagaban en los espacios de las abstracciones y no habían descendido al de los experimentos, cuando escribían de Ciencias Políticas filósofos espirituales, distantes de la materia, lejos de los pueblos, retirados del mundo, sin conocimiento práctico de los asuntos, cuando no estaban todavía probadas en las Secretarías y oficinas las teorías de los gabinetes.

Era preciso que las Constituciones tuviesen el sello de la experiencia, era necesario que empezasen a sufrir los males de los gobiernos que se llamaban Constitucionales los mismos que habían sufrido los de aquéllos que se denominaban absolutos.

No buscamos el Bello relativo, no aspiramos a aquel Perfecto proporcional a nuestro Ser. El entusiasmo del patriotismo no quiso pensar en la humildad de nuestras aptitudes. Voló a un Bello ideal, a un hermoso imaginario, a un Perfecto de que no somos capaces. Del mismo salón de donde salió el Decreto que acordó tertulias patrióticas en los pueblos más estúpidos de indígenas para que en ellas se discutieses los principios políticos de las naciones más ilustradas de Europa, salió también la Constitución que en la Capitanía General de

Guatemala creó una República Federal y cinco Estados soberanos, un congreso y cinco asambleas legislativas, un senado y cinco consejos de Estado, un Presidente y un Vicepresidente de la República, cinco jefes y cinco vice jefes de los Estados, una Corte Suprema y cinco Cortes Superiores de Justicia, y una Secretarías para todas estas autoridades, y la multitud de funcionarios que exigen seis Gobiernos Supremos, establecidos en una sola República.

Vista esta Constitución en su aspecto político, examinado en el económico, considerada en el moral, meditada en el literario, presenta sin duda reflexiones tan tristes como trascendentales. Yo indicaré algunas y de ellas se deducirá la necesidad de su reforma.

Cuatro son los poderes creados por la Constitución: el electoral, el legislador, el ejecutor, el juzgador, y ninguno de ellos se presenta bien organizado.

Se decretó en 1824 una Constitución que exige aptitudes, o capacidades superiores a las que existen en la República.

El movimiento del tiempo lo ha ido manifestando; y la experiencia ha hablado su idioma acostumbrado de hechos. Muchos desean Reforma constitucional, otros la repugnan. Creo que triunfarán los primeros; pero no sé si habrá acordarse la que conviene. Temo que suceda lo que Horacio decía a los Poetas:

"In vitium ducit culpe fuga si caret arte".

"El deseo de evitar una falta conduce al vicio cuando carece de arte".

Y pienso que no serán durables las reformas que se decreten aún en el caso de ser juiciosas. El siglo en que vivimos es el de los partidos, es decir, de las acciones y reacciones. No cesa el choque del espíritu con la materia, de los capitalistas con los sans-culottes, de los hábitos monárquicos con los deseos republicanos.

DIPUTADOS

Los Diputados son escogidos por los pueblos para llenar el lugar que debían ocupar ellos mismos, son la misma Nación en imagen o representación, son en cuanto al ejercicio, el soberano moral.

Los pueblos creen que desde el momento en que elevan a Diputado a un ciudadano particular, debe cesar el hombre privado, y no existir más que el hombre público, debe morir el Yo, y no vivir más que la Nación; debe acabarse el individuo y no quedar más que la patria. Deben cesar las atracciones y repulsiones individuales, y no haber más que los sentimientos dulces y sublimes del patriotismo.

Yo me extiendo más. ¿El Gobierno representativo subsistirá en realidad cuando no hay entre los pensamientos de un Diputado y los del pueblo que lo ha elegido una comunicación abierta y necesaria? ¿Cuando los representados no ejercen una vigilancia general? ¿Cuando no tienen el derecho de proclamar libremente o hacer que se proclame con franqueza la opinión nacional de los representantes deben que siempre ser órgano?

CONTENIDO

¿CÓMO DEBEMOS TOMAR UNA TAZA DE CHOCOLATE? 1
PAÍSES Y CONTINENTES 3
CONQUISTADORES, TIRANOS Y HÉROES 125
PENA DE MUERTE, LOS PÍCAROS Y OTRAS HIERBAS 163